ZWINGLIANA

BEITRÄGE ZUR GESCHICHTE ZWINGLIS DER REFORMATION UND DES PROTESTANTISMUS IN DER SCHWEIZ

HERAUSGEGEBEN VOM ZWINGLIVEREIN

REDAKTION:

ALFRED SCHINDLER

HEINZPETER STUCKI

BAND XXIV

1997

THEOLOGISCHER VERLAG ZÜRICH

ZWINGLIANA ist eine Mitgliederzeitschrift des Zwinglivereins Zürich.

ZWINGLIANA erscheint ab Band XX 1993 einmal pro Jahr in einem Band.

Redaktion:
c/o Institut für schweizerische Reformationsgeschichte
Kirchgasse 9
CH-8001 Zürich

Nichtmitglieder können ZWINGLIANA ausschließlich über folgende Adresse beziehen:

Theologischer Verlag Zürich
Postfach
CH-8045 Zürich

ISSN 0254-4407

ISBN 3-290-17161-2

INHALT

Benützungshinweise

Die verwendeten bibliographischen Sigel stammen aus: Theologische Realenzyklopädie. Abkürzungsverzeichnis, zus.gestellt von Siegfried Schwertner, 2. Aufl., Berlin 1994.
Die Angaben der Bibelstellen richten sich nach der Zürcher Bibel.

Außerdem werden folgende Abkürzungen verwendet:

HBBibl	Heinrich Bullinger, Werke, 1. Abt.: Bibliographie, Zürich 1972ff.
HBBW	Heinrich Bullinger, Werke, 2. Abt.: Briefwechsel, Zürich 1975ff.
HBT	Heinrich Bullinger, Werke, 3. Abt.: Theologische Schriften, Zürich 1983ff.
HBLS	Historisch-biographisches Lexikon der Schweiz, 8 Bde., Neuenburg 1921–1934.
SI	Schweizerisches Idiotikon. Wörterbuch der schweizerdeutschen Sprache, Frauenfeld 1881ff.
S	Huldreich Zwingli's Werke. Erste vollständige Ausgabe durch Melchior Schuler und Joh. Schulthess, 8 Bde., Zürich 1828–1842.
Z	Huldreich Zwinglis Sämtliche Werke, Berlin/Leipzig/Zürich 1905ff. (Corpus Reformatorum 88ff.)
ZS	Huldrych Zwingli, Schriften, 4 Bde., Zürich 1995.
Zwa	Zwingliana. Beiträge zur Geschichte Zwinglis, der Reformation und des Protestantismus in der Schweiz, Bd. 1ff., Zürich 1897ff.

Die weiteren Abkürzungen lehnen sich im allgemeinen an die Abkürzungsverzeichnisse in Z und HBBW an.

Ernst Gerhard Rüsch

10. Februar 1917 – 8. April 1997

Bürger von Brunnadern und (seit 1957) auch von St. Gallen, hatte der Verstorbene nach Absolvierung der sanktgallischen Kantonsschule in Basel Theologie studiert und war am 19. Mai 1940 ordiniert worden. Sein Wirken als Gemeindepfarrer, Gymnasiallehrer, Schulleiter und Bibliothekar – verteilt auf die Kantone St. Gallen, Graubünden, Thurgau und Schaffhausen – hier datiert nachzuerzählen kann nicht die Aufgabe unserer Erinnerungsworte an diesen vielseitig begabten Reformationshistoriker sein.

Seine ungewöhnliche Arbeitskraft hatte es E. G. Rüsch erlaubt, parallel zu den hauptberuflichen Verpflichtungen auch nach Erlangung des Doktortitels aufgrund der von Prof. Fritz Blanke genehmigten und bereits wieder nach St. Gallen weisenden Dissertation über «Tuotilo, Mönch und Künstler» (1952) weiterhin mit der Zürcher Fakultät in Verbindung zu bleiben, an der er sich 1954 mit «Toleranz. Eine theologische Untersuchung und eine aktuelle Auseinandersetzung» (1955 publiziert) habilitiert hatte. Die dann während 22 Jahren gehaltenen Vorlesungen, namentlich über Fragen der systematischen und der historischen Theologie, stießen auf breites Interesse. 1970 zum Titularprofessor ernannt, schloß Rüsch sechs Jahre später sein akademisches Wirken ab.

Dem Zwingliverein diente E. G. Rüsch als Vorstandsmitglied von 1951 bis 1972; am 11. Oktober 1958 (damals fanden noch alljährlich Abendfeiern zum Gedenken an Zwinglis Tod statt) hielt er einen Vortrag zum Thema «Die Frau im Schrifttum Zwinglis». Als frühes Beispiel der Mitarbeit an der Zwingliana nennen wir Rüschs 1959 in Band XI veröffentlichten Aufsatz über die Beziehungen der St. Galler Reformatoren zu Calvin. Spätere, namentlich Zwingli und Bullinger betreffende Beiträge fanden wir in den Bänden XII und XV–XVII. Da eine Bibliographie fehlt, läßt sich im übrigen die Gesamtheit seiner Publikationen nur schwer überblicken. Erwähnt sei hier zunächst das Werk: Oswald Myconius, Vom Leben und Sterben Huldrych Zwinglis, das älteste Lebensbild Zwinglis, lateinischer Text mit Übersetzung, Einführung und Kommentar, St. Gallen 1979 – typisch für sein Schaffen, daß er Quellentexte nicht nur in der Originalsprache zur Verfügung stellte, sondern auch eine subtile Übersetzung und einen kenntnisreichen Kommentar beisteuerte. Sein bevorzugter Arbeitsbereich hingegen war die stadt-sanktgallische Reformation sowie ihre Prägung und Leitung durch Vadian, den Stadtarzt und Bürgermeister Joachim von Watt (1484–1551).

Für Ausbau und Vertiefung der Vadian-Forschung hatte der Historische Verein des Kantons St. Gallen schon in früheren Jahrzehnten wichtigste

Grundlagen bereitgestellt: Vadians «Deutsche Historische Schriften» (drei Bände, 1875–79), dann die Vadianische Briefsammlung der Stadtbibliothek St. Gallen (sieben Bände, 1890–1913) und ab 1945 die von Werner Näf, dem Verfasser der zweibändigen Biographie, angeregten «Vadian-Studien». Um deren Fortsetzung machte sich zunächst Pfarrer Dr. phil. Conradin Bonorand (1914–1996) verdient.

E. G. Rüsch seinerseits beteiligte sich erstmals 1985 an der genannten Reihe, wobei von seinen drei damaligen Beiträgen der wichtige Aufsatz über «Vadians Stellung zur Konzilsfrage seiner Zeit» hervorgehoben sei. Und schon 1988 setzte der Verstorbene die genannte Reihe mit seinem m. E. bedeutendsten Werk fort: mit der erstmaligen Edition von Vadians Bericht «Vom Mönch- und Nonnenstand und seiner Reformation», 1548. Obwohl der einflußreiche St. Galler seine Zueignung an den Rat von Bern mit dem Wunsch verbunden hatte, das Manuskript möge gedruckt werden, ließ man diesen sogenannten «Berner Codex» in der Burgerbibliothek Bern ruhen, bis sich E. G. Rüsch seiner annahm. Dieser führte schon in seiner gedankenreichen Einleitung aus, daß sich Vadian wiederholt gegen die seit dem Landfrieden von 1531 übliche Verwechslung von «altem» und «neuem Glauben» gewandt habe. Nicht Luther und Zwingli seien vom Evangelium abgefallen, sondern die römische Kirche und ihre Mönchsorden. Die Reformation habe kein Neues schaffen, sondern auf die Ursprünge zurückführen und so den «wahren alten Glauben» vertreten wollen.

Nur die jahrzehntelange Beschäftigung mit Vadians Gedankenwelt vermittelte dem Verstorbenen die innere Sicherheit, auch einem andern Fehlurteil wiederholt entgegenzutreten: Vadian habe sich bloß am Rande mit kirchlich-theologischen Fragen befaßt, denn er sei eben ein «Laie» gewesen. Rüsch war überzeugt, daß diese Meinung längst korrigiert wäre, wenn die einschlägigen Texte in einer zusammenhängenden wissenschaftlichen Neuausgabe vorlägen. Für ihn ging es beim Berner Codex wie beispielsweise auch in seinem St. Galler Vortrag von 1984 (Vadians reformatorisches Bekenntnis, in: Zwa Bd. XVII, Heft 1, 1986/1, S. 33–47) darum, Vadians Persönlichkeit sachkundig ins richtige Licht zu rücken. Humanist sei er zweifellos gewesen, aber nicht als Vorbote fortschrittlicher Entwicklungen, sondern als Wegweiser «ad fontes», als Reformator.

Was der zuletzt in Horn TG wohnhafte Reformationshistoriker außerhalb der eigentlichen Vadian-Themen erarbeitet hatte, ließ er gerne in den «Schriften des Vereins für Geschichte des Bodensees und seiner Umgebung» erscheinen oder in einzelnen Neujahrsblättern des Historischen Vereins wie etwa das Lebensbild des auch diplomatisch tätigen Hauptmanns Christian Fridbolt.

Als nochmaligen Höhepunkt im Schaffen des unermüdlichen Vadian-Forschers durften wir letzten Sommer die Ausgabe von Johannes Rütiners «Diarium 1529–1539» miterleben. Die von E. G. Rüsch in jahrelanger, entsagungsvoller Kleinarbeit geschaffene Edition umfaßt auf rund 1500 Seiten den schlecht leserlichen, in sehr eigenartigem Latein verfassten Text, die Übersetzung sowie Einführung und Glossar. Die durchaus ungeordneten Aufzeichnungen des Leinwandkaufmanns und Vadianfreundes können als unvergleichliche Fundgrube für alle Liebhaber der kleinstädtischen Alltagsgeschichte bezeichnet werden.

Dem unermüdlichen Professor Rüsch, der in seinen Editionen und Abhandlungen das theologische stets souverän mit dem historischen Wissen zu vereinigen wußte, hatte der Historische Verein des Kantons St. Gallen schon 1988 die nur selten vergebene Ehrenmitgliedschaft verliehen, und zwar zusammen mit Dr. Conradin Bonorand, der nun seinem Amtsbruder am 13. August vorigen Jahres im Tode vorangegangen ist. So hat die sanktgallische Vadian-Forschung innert weniger Monate ihre beiden aktivsten Repräsentanten verloren.

Ernst Ehrenzeller

100 Jahre Zwingliverein

Ein Verein wie der unsere betreibt nicht selbst Forschung, tritt relativ selten an die Öffentlichkeit und prägt nicht selbst das Bild der Reformation in der Öffentlichkeit mit seinen Auswirkungen konfessioneller und politischer Art. Aber er bildete und bildet bis in die Gegenwart – und hoffentlich für weitere 100 Jahre – eine Basis, von der aus Wissenschaft gefördert, eine interessierte Öffentlichkeit unterrichtet und das Verhältnis der jeweiligen Gegenwart zum reformatorischen Erbe mitgeprägt wird. Im vorliegenden kurzen Rückblick auf hundert Jahre Zwingliverein kann es nur um diese Vermittlungsfunktion gehen, also um äußere Gegebenheiten, nicht um das Bild der Reformation und die reformationsgeschichtliche Forschung, wie sie sich im Umkreis dieses vorwiegend zürcherischen Vereins – aber nicht nur *in* Zürich – entwickelten und wandelten. Deshalb können auch die herausragenden Persönlichkeiten nicht nach ihrer wahren Bedeutung, sondern nur als «Figuren» auf der «Bühne» des Vereins in Erscheinung treten.

Die Gründung des Vereins wurde angeregt durch eine in Zürich im Jubiläumsjahr 1884 veranstaltete Ausstellung von Bildern, Manuskripten, Büchern und anderen auf Zwingli bezüglichen Gegenständen, die zwar wieder aufgelöst werden mußte, aber den Wunsch nach einer bleibenden öffentlichen Sammlung weckte. Diesen Wunsch artikulierte Prof. Dr. Emil Egli in seiner Antrittsvorlesung des Jahres 1893, die er als Ordinarius für Kirchengeschichte an der Theologischen Fakultät der Zürcher Universität hielt. Die Anregung fiel auf fruchtbaren Boden, und so bildete sich ein «Initiativkomitee», das den Gedanken eines Zwingli-Museums weiter verfolgte und schließlich mit der Stadtbibliothek einig wurde, ein solches in ihren Räumen, d. h. im Helmhaus bei der Wasserkirche, einzurichten. Im Januar 1897 wurde ein öffentlicher Aufruf versandt, womit für diesen Gedanken geworben und ausdrücklich *nicht* die Gründung einer Gesellschaft mit regelmäßigen Zusammenkünften, sondern einer «freien Vereinigung von Männern» vorgeschlagen wurde. Als einzige Pflicht wurde jährlich ein Beitrag von Fr. 3.– verlangt. Für dieses Entgelt versprach man den Unterzeichnern eine «kleine periodische Schrift», die zweimal jährlich erscheinen sollte und «Mitteilungen über allerlei Zwingli Betreffendes» und sonst reformationsgeschichtlich Interessantes bieten würde. In erster Linie sollten die Mittel aber für die Förderung des Museumsprojekts verwendet werden. Unterzeichnet war der Aufruf von alt Antistes bzw. Kirchenratspräsident Dr. theol. h. c. Diethelm Georg Finsler (1819–1899), Emil Egli und neben anderen von Gerold Meyer von Knonau, Professor der Geschichte an der Zürcher Universität.

Der im November 1898 publizierte erste Bericht des Zwingli-Vereins zeigt, daß der Aufruf erfolgreich war, nämlich 405 Beitritte einbrachte[1], und daß der Name «Zwingli-Verein» bereits feststand, auch wenn er sich als Verein mit Statuten und einer Jahresversammlung erst 1932 förmlich konstituierte. Auch das Publikationsorgan, der oben wiedergegebenen Umschreibung gemäß ZWINGLIANA genannt (Sinn: «Allerlei Zwingli Betreffendes», Untertitel: «Mitteilungen zur Geschichte Zwinglis und der Reformation») erschien schon 1897 zweimal, herausgegeben von, wie es noch hieß, «der Vereinigung für das Zwinglimuseum in Zürich». Erst mit Band II (1905–1912) änderte sich die Bezeichnung zu «Zwingliverein in Zürich». Der Personenkreis war aber identisch, nur war Egli nahezu der einzige Autor der Beiträge in der Zeitschrift, diese also vorerst weitgehend seine persönliche Unternehmung.

Was den Vorstand des Vereins betrifft, so trat bereits im dritten Jahr seines Bestehens durch den Tod des ersten Präsidenten, alt Antistes Finsler, am 1. April 1899, eine Änderung ein: Das Präsidium ging an Gerold Meyer von Knonau über, Aktuar wurde ab Herbst 1899 Stadtbibliothekar Dr. Hermann Escher. Diese beiden blieben in ihren Ämtern bis 1921. In diesem Jahr wurde Meyer von Knonau zum Ehrenpräsidenten ernannt, während Escher zum neuen Präsidenten gewählt wurde. Er blieb im Amt bis zu seinem Tod im April 1938.

Verfolgt man die Jahresberichte Jahr um Jahr, so wundert es nicht, daß die Schenkungen an das Museum und Erwerbungen für dasselbe, das am 29. Juni 1899 eröffnet werden konnte, in den frühen Berichten regelmäßig im Vordergrund stehen. Denn die Jahre hindurch wuchs der Besitz des Museums an Manuskripten, Frühdrucken, Gemälden u. dgl. in beträchtlichem Maße an. Innerhalb der Geschichte dieses Museums gibt es einige Zäsuren: 1914 wurde durch Volksabstimmung die Bildung der Zentralbibliothek aus der Stadtbibliothek und der Kantonsbibliothek (unter Einschluß weiterer Bibliotheken) beschlossen, danach ein Neubau errichtet und am neuen Ort, wo noch heute die Zentralbibliothek steht, im Jubiläumsjahr 1919 eine große Ausstellung durchgeführt. Das Museum als ständige Einrichtung wurde erst 1923 wieder eröffnet. Während der Jahre des Zweiten Weltkriegs wurden die kostbaren Exponate in Sicherheit gebracht und das Museum 1947 erneut eröffnet. 1968

[1] Die Mitgliederzahlen des Vereins waren insgesamt relativ konstant. Angaben in den Berichten der Zehner- und Zwanzigerjahre schwanken um 300. In den Dreißigerjahren wird die Zahl von 400 Mitgliedern überschritten, bis zum Maximum von 528 im Jahre 1934 (38. Bericht über das Jahr 1934, dazu auch der 48. Bericht über das Jahr 1944). Von da an sank der Bestand langsam bis in die Mitte der Vierzigerjahre. Eine 1947 durchgeführte Werbeaktion (vgl. auch von Muralts Aufruf in Zwa VIII, S. 496!) brachte einen Zuwachs auf 510 (51. Bericht über 1947), der bis in die Fünfzigerjahre wieder sank und durch eine erneute Werbeaktion nochmals aufgefangen werden konnte (64. Bericht 1960). Von den damals 398 Mitgliedern sank der Bestand bis in die späten Siebzigerjahre unter 300. Derzeit beträgt er 395 Mitglieder. Davon waren und sind ein Teil «Behörden und Körperschaften», d. h. Kollektivmitglieder, z. B. Kirchgemeinden, derzeit 52.

löste die Zentralbibliothek diese Reformationsausstellung auf, weil sie den Platz dringend brauchte. Die derzeit geplante Ausstellung im Kreuzgang des Großmünstergebäudes wird ihrem Charakter nach etwas ganz anderes sein und keinerlei kostbare Gegenstände enthalten.

Zwinglis Geburtshaus war, was erstaunen mag, nie Gegenstand besonderer Aktivitäten unseres Vereins[2]. Hingegen beschäftigte das Bullingerdenkmal am Nordturm des Großmünsters den Verein, angefangen mit der Stiftung von Fr. 5'000.– aus dem Nachlaß des 1908 verstorbenen Emil Egli, bis zur Einweihung des Halbreliefs von Otto Bänninger am 2. November 1941. Solche äußeren «Objekte» waren alles in allem jedoch für den Verein nicht besonders wichtig.

Bedeutend waren dagegen die ZWINGLIANA, um die sich der Verein bis zum Tode Eglis jedoch wenig zu kümmern brauchte. Da es sich um die einzige von Anfang an bis heute durchgehende Aktivität des Vereins handelt, sei hier das Wichtigste zu den ZWINGLIANA zuerst mitgeteilt. Egli verstand es, mit kleineren Beiträgen von allgemeiner Verständlichkeit und historischer Zuverlässigkeit die Hefte zu füllen und die Vereinsmitglieder zu fesseln. Nach seinem Tod übernahm ab Heft 1/1909 (Bd. II, S. 257ff.) Meyer von Knonau die Redaktion, dem ab der Doppelnummer 1918/Nr. 2 und 1919/Nr. 1 (Bd. III, S. 357–460) Prof. Dr. Walther Köhler zur Seite trat, der die Nachfolge Eglis auf dem kirchengeschichtlichen Lehrstuhl in Zürich bereits 1909 angetreten hatte. Ab Nr. 2 des Jahres 1923 (Band IV, S. 161 ff.) redigierte Köhler die Zeitschrift allein, doch endete diese Zeit mit seinem Weggang nach Heidelberg im Jahre 1929. Mit dem Jahrgang 1930/Nr. 1 (Band V, S. 81ff.) übernahm PD Dr. Leonhard von Muralt die Redaktion und behielt sie bei bis zu seinem Tod im

[2] Erstaunlich ist das allerdings nur, wenn man nicht weiß, daß in den Gründungsjahren unseres Vereins ein langer Prozeß zum Abschluß kam, der weit ins 19. Jahrhundert zurückreicht. In den ersten Jahren des Zwinglivereins wirkte neben diesem noch ein «Initiativkomitee» für die Wiederherstellung des Geburtshauses Zwinglis in Wildhaus unter der Leitung von Pfr. Gottfried Schönholzer (Neumünster, Zürich). Unter seiner Federführung war im Jahre 1900 die sog. Zwinglihütte in Wildhaus definitiv (und bis heute) an den «Evangelischen Kantonsteil des Kantons St. Gallen», also an die Reformierte St. Galler Landeskirche, übergegangen. Die entsprechenden Akten wurden unserem Zwingli-Museum übergeben (vgl. Zwa I, 1897–1904, S. 46f. und S. 213f., d. h. Heft 1/1898 und Heft 2/1900). Später gelangten auch Holzmodelle des Geburtshauses in den Besitz des Museums. Geht man weiter zurück ins 19. Jahrhundert, so entdeckt man im Zusammenhang mit den Liegenschaften in Wildhaus einen «Zürcher Zwingliverein», von dem man 1897 nichts mehr gewußt zu haben scheint. Diese in den Akten offenbar wirklich so genannte Vereinigung muß 1848 das Zwingli-Geburtshaus erworben und 1863 der Zwinglianischen Lesegesellschaft Wildhaus-Alt St. Johann (bzw. ihrer Subkommission «Zwingli-Denkmalkommission») geschenkt haben. Dies ist derzeit noch zu entnehmen aus: «Zwinglis Hütte in Lisighaus bey Wildhaus», hg. vom Kirchenrat der evangelisch-reformierten Kirche des Kantons St. Gallen, 1984; darin: *Bernhard Anderes,* Das Zwingli-Geburtshaus, S. 9f. und 12. Über diese Zusammenhänge wird der Jubiläumsbericht «175 Jahre (1823–1998) Zwinglianische Lesegesellschaft Wildhaus-Alt St. Johann» orientieren. Wie wir hören, wird dieser anfangs 1998 publiziert.

Jahre 1970. In relativ rascher Folge waren nach ihm Redaktoren: Dr. Martin Haas, PD Dr. Ulrich Gäbler, dann Prof. Dr. Rudolf Dellsperger und Dr. Helmut Meyer gemeinsam, seit 1991 Prof. Dr. Alfred Schindler und Dr. Heinzpeter Stucki ebenfalls gemeinsam.

In dieser hundertjährigen Geschichte der ZWINGLIANA gibt es ein paar Wendungen, die erwähnt werden müssen: Aus Anlaß der förmlichen Konstituierung des Vereins im Jahre 1932 wurde sowohl in den Vereinsstatuten als auch im Untertitel der Zeitschrift der «schweizerische Protestantismus» in aller Form miteinbezogen. Der Untertitel der ZWINGLIANA heißt seit Band VI (1934–1938): «Beiträge zur Geschichte Zwinglis, der Reformation und des Protestantismus in der Schweiz». Ein außergewöhnliches Ereignis war 1992 die Festschrift für Prof. Dr. Gottfried W. Locher, deren Umfang alles Erwartete in den Schatten stellte und die in zwei Teilbänden herausgegeben werden mußte. Seit 1993 erscheint unsere Zeitschrift als Jahrbuch, so daß nun die Zählung der Bände mit den Kalenderjahren parallel läuft. Inhaltlich hat die Zeitschrift im Laufe ihres Bestehens den Charakter der allgemein verständlichen Orientierung (auf hohem Niveau!) verloren und ist zu einem Fachorgan wie viele andere geworden. Die positive Seite einer solchen Entwicklung ist daran erkennbar, daß seit 1972 ein Literaturbericht zu den Schwerpunktsgebieten publiziert wird, der als solcher in einer allgemeinverständlichen Publikation wenig Sinn hätte. Ein Gesamtregister über alle hundert Jahrgänge, erarbeitet von Dr. Hans Ulrich Bächtold, erscheint noch dieses Jahr.

An großen Projekten des Vereins muß in erster Linie die kritische Zwingli-Ausgabe genannt werden, der gegenüber den Bullinger-Projekten Emil Eglis Priorität eingeräumt wurde. Erstmals im 4. Jahresbericht über das Jahr 1900 tauchen Hinweise auf dieses große Unternehmen auf. Der Verlag des Corpus Reformatorum (C. A. Schwetschke und Sohn) in Berlin, Emil Egli und Georg Finsler[3] planten bereits damals das, was wir inzwischen kennen: eine Ausgabe der Werke in chronologischer Reihenfolge, sodann die Briefe und schließlich die Exegetica, wobei man an einen Abschluß innert etwa 20 Jahren dachte. Heute stehen wir noch immer nicht am Ende des Ganzen, auch wenn Aussicht besteht, zum hundertjährigen Jubiläum des Erscheinens von Band I (1905) alle Bände abgeschlossen vor uns liegen zu sehen. Nach verschiedenen gescheiterten bzw. abgebrochenen Register-Projekten in früheren Jahrzehnten rechnen wir fest damit, daß das derzeit elektronisch erarbeitete Gesamtregister in einigen Jahren fertig vorliegen wird.

Die Erscheinungskadenz der in Lieferungen erscheinenden Ausgabe verlangsamte sich erst während des Zweiten Weltkriegs. Bis in die Dreißigerjahre erschienen Werke und Briefe in fast atemberaubender Schnelligkeit, dann

[3] Dieser Pfarrer und Religionslehrer (in Basel), Dr. phil. h. c. und Dr. theol. h. c. Georg Finsler (1860–1920), ist natürlich von Antistes Diethelm Georg Finsler (s. o.) zu unterscheiden. Literatur über seine Person und sein Lebenswerk s. u. in der Liste der Personen-Artikel.

traten, teils durch kriegsbedingte Verlagsprobleme, teils durch den Tod von Editoren, Verzögerungen ein. Die Werk-Ausgabe ist mit den Bänden VI/4 und VI/5 in den Jahren 1990 und 1991 ganz zum Abschluß gekommen (bearbeitet von Prof. Dr. Fritz Büsser), die Briefbände lagen bereits 1935 vollständig vor, und die Exegetica (bearbeitet von Dr. Max Lienhard) sowie die (nur z. T. biblischen) Randglossen Zwinglis werden in den nächsten Jahren erscheinen. Mehrere Bände der neutestamentlichen Auslegungen sind bereits heute so gut wie druckfertig. Die zahlreichen Editoren dieser Ausgabe durch all die Jahre hindurch sind auf den Titelblättern der neuesten Bände aufgeführt.

Was man bei der Zwingli-Ausgabe befürchten mußte: entweder das Unternehmen «stirbt» nach ein paar Bänden, oder aber es wächst immer weiter und reicht ins nächste Jahrhundert hinein – eben das ist dem Bullinger-Projekt in gewisser Weise widerfahren. Die Ausgabe der historischen und theologischen Schriften scheint derzeit, nachdem einige Bände erschienen sind[4], gänzlich darniederzuliegen. Weder Personen noch Geldmittel stehen für umfangreichere Unternehmungen zur Verfügung. Umgekehrt gilt für den Briefwechsel, daß er heute wahrhaft floriert, aber noch viele Jahre in Anspruch nehmen wird. Die Herren Hans Ulrich Bächtold, lic. theol. Rainer Henrich und lic. phil. Kurt Jakob Rüetschi sind derzeit dabei, den siebten Band des Briefwechsels zum Druck fertig zu machen. Das scheint, wenn man weiß, daß nach dieser, das Jahr 1537 umfassenden Sammlung, die Bände bis 1575 folgen sollten, «fast nichts» zu sein. In Wirklichkeit liegen sechs Bände vor, die alle Anforderungen an eine kritische Edition (mit Erläuterungen) erfüllen und in relativ rascher Abfolge erschienen, wenn man die Quantität der Dokumente und die Qualität der Darbietung in Rechnung stellt. Trotzdem bauen die heutigen Editoren auf einer immensen Vorarbeit auf, die nicht nur Jahrhunderte zurückreicht, sondern ganz besonders auch die Geschichte des Zwinglivereins betrifft.

Schon Emil Egli hatte Bullinger-Briefe abzuschreiben begonnen und damit einen ersten Schritt zur Sammlung der ca. 12 000 Dokumente getan. Ab 1912 taucht in den Jahresberichten Dr. Traugott Schiess auf, der in der Folgezeit einen großen Teil der in Zürich und in der Schweiz vorhandenen Bullingerbriefe bzw. Briefe an Bullinger zusammensuchen, transkribieren und weitgehend für den Druck vorbereiten sollte. Für dieses Unternehmen stellte der Verein eigens gesammelte Mittel zur Verfügung, und man meinte ursprünglich, nach Abschluß der Zwingli-Ausgabe im Jubiläumsjahr 1919 könne mit der Veröffentlichung der Bullinger-Korrespondenz begonnen werden. Die Jahresberichte ab 1915 bis 1930 zeigen tabellarisch, mit welchem Einsatz und wel-

[4] In der Reihe «Heinrich Bullinger Werke, Dritte Abteilung» sind erschienen: Theologische Schriften, Band 1: Exegetische Schriften aus den Jahren 1525–26, hg. v. *H.-G. vom Berg* und *Susanna Hausammann*, Zürich 1983, sowie Band 2: Unveröffentlichte Werke aus der Kappeler Zeit, hg. v. *H.-G. vom Berg, B. Schneider* und *E. Zsindely*, Zürich 1991; sodann als «Sonderband» die «Studiorum Ratio – Studienanleitung», hg. v. *P. Stotz*, Zürich 1987 (2 Teilbände).

cher Schnelligkeit der Bearbeiter sich der Erfassung und Transkription von über 11 000 Briefen näherte. Mit seinem Tod im Jahre 1935 trat ein jähes Ende dieser Phase ein[5]. Erst in den Sechzigerjahren wurde das Unternehmen wieder in Gang gesetzt: mit der Gründung des Instituts für schweizerische Reformationsgeschichte an der Theologischen Fakultät der Universität Zürich. Zusammen mit seinen Leitern (Prof. Dr. Fritz Blanke, dann ab 1967 Fritz Büsser) als Mentoren arbeiteten die Herren (und späteren Professoren) Dr. E. Zsindely, Dr. J. Staedtke und PD Dr. U. Gäbler, in der Folge auch verschiedene andere Wissenschaftler[6] an dem Editionsvorhaben. Das Erscheinen des ersten Bandes der Bibliographie 1972 wie des ersten Briefbandes 1973 mußte als Höhepunkt, ja geradezu als Triumph über die Entmutigung infolge der scheinbaren Unendlichkeit der Vorarbeiten empfunden werden. Der Verein hat alle diese Arbeiten stets mit größter Anteilnahme und materieller Unterstützung verfolgt.

Nach diesem ersten großen Erfolg mußte er sich seit Mitte der Siebzigerjahre mit schweren Konflikten persönlicher und sachlicher Art auseinandersetzen und in einer Rettungsaktion die Briefedition sichern. Das hatte zur Folge, daß die Briefwechsel-Editoren 1979 dem Verein direkt unterstellt wurden und unter der Leitung von Prof. Dr. Rudolf Schnyder ihre Arbeit verrichteten, bis 1990 getrennt vom Institut für schweizerische Reformationsgeschichte. Die Umstellung bewirkte, daß die Bände II und III 1982 und 1983 erscheinen konnten und die Edition seither dank der finanziellen Unterstützung des schweizerischen Nationalfonds und der Zürcher Landeskirche wie erwähnt zügig vorankommt. J. Staedtke (unterdessen in Erlangen) betreute die theologischen Werke. Trotz seines unerwarteten Todes 1979 sind noch zwei Bände erschienen (siehe Anm. 4). Die Erlanger Arbeitsstelle für Bullingers theologisches Werk ist inzwischen aufgehoben worden.

Zu den Aufgaben des Zwinglivereins gehört eigentlich neben der Förderung der historisch-kritischen Werkausgaben auch die Verbreitung des reformatorischen Schrifttums über den engen Kreis der Fachwelt hinaus. Die in den Dreißigerjahren begonnene und bis 1963 auf acht Bände angewachsene sogenannte «Volksausgabe» der Hauptschriften Zwinglis[7] genügt modernen Anforderungen in keiner Weise mehr. So wurde im Jahre 1985 beschlossen, Zwinglis Werke nach folgenden Grundsätzen neu zu publizieren: Die Aus-

[5] Es muß immerhin erwähnt werden, daß in den Jahren 1942–1947 der Verleger Max Niehans Teilregister und Regesten für mehrere tausend Briefe erstellte. Vgl. *M. Niehans,* Die Bullinger-Briefsammlung, in: Zwa VII (1944–48), S. 141–167 (Heft 1/1945). Über die Arbeiten von Schiess und Niehans an den Bullinger-Briefen zusammenfassend HBBW I (1973), S. 19–21.

[6] Es sei hier für den ganzen Artikel ausdrücklich festgehalten, daß wir sowohl hinsichtlich der Personen, die im Umkreis des Vereins durch besondere Leistungen hervorgetreten sind, als auch hinsichtlich der Aktivitäten des Vereins keinerlei Vollständigkeit und auch keine «Objektivität» in der Auswahl des auf so knappem Raum Mitteilbaren anstreben konnten.

[7] Streng genommen handelte es sich bei allen bis 1988 erschienenen Auswahlausgaben um solche, die nicht offiziell vom Zwingliverein herausgegeben wurden. Herausgeber der erwähn-

wahl sollte repräsentativ sein; alle aufgenommenen Schriften sollten vollständig und in moderner deutscher Übersetzung wiedergegeben werden; die Ausgabe sollte eine möglichst breite Leserschicht ansprechen und zu günstigem Preis erworben werden können. Als verantwortliche Herausgeber konnten Pfr. Dr. Samuel Lutz und Dr. Thomas Brunnschweiler gewonnen werden, die unter Mitarbeit eines Übersetzerteams die vierbändige Ausgabe 1996 zum Abschluß brachten. Ohne nach außen stark in Erscheinung zu treten, trug der heutige Präsident des Zwinglivereins sowohl inhaltlich als auch administrativ – Beschaffung von Subventionen! – wesentlich zum guten Gelingen des Unternehmens bei.

Ein nicht unwichtiger Nebenzweig der Vereinsarbeit ist die Planung und Durchführung wissenschaftlicher Tagungen. So fand im Jahre 1991 anläßlich der Wiederkehr des 250. Geburtstages Johann Caspar Lavaters ein Symposion statt (in Zusammenarbeit mit der Historischen Kommission zur Erforschung des Pietismus). Das Jubiläum zum 100jährigen Bestehen des Zwinglivereins ist Anlaß zu einer internationalen Tagung unter dem Titel: «Die Zürcher Reformation – Ausstrahlungen und Rückwirkungen» im Herbst dieses Jahres. Bei dieser Gelegenheit soll im Kreuzgang des Großmünsters ein Reformationsmuseum eröffnet werden – in Wiederaufnahme und Abwandlung jener Idee, die am Anfang der Geschichte des Zwinglivereins stand.

Zum Schluß wenden wir uns von den wichtigsten Projekten nochmals der Vereinsgeschichte als solcher zu: In Hermann Eschers Präsidialzeit fällt u. a. jene denkwürdige erste förmliche Generalversammlung der Mitglieder, in der nicht nur das thematische Feld der ZWINGLIANA und des Vereins überhaupt ausgeweitet, sondern für den Vorstand auch Angehörige anderer Kantone vorgeschrieben wurden. So kamen damals Ernst Staehelin aus Basel, Otto Erich Straßer aus Bern und Jakob Wipf aus Schaffhausen als Vorstandsmitglieder hinzu. Der Zürcher Kirchenrat war schon von der Gründung an und seither praktisch immer durch eines seiner Mitglieder im Vorstand vertreten. Auf diese Weise und durch viele andere, oft auch beträchtliche materielle Unterstützungen, war der Verein stets von der Reformierten Zürcher Landeskirche mitgetragen.

Im Jahre 1938 folgte Leonhard von Muralt, Professor der Geschichte an der Zürcher Universität, Hermann Escher als Präsident nach und blieb es bis zu seinem Tod im Jahre 1970. In dieser Zeit, d. h. vor allem in der Nach-

ten Zwingli-Hauptschriften waren: *Fritz Blanke, Oskar Farner, Oskar Frei, Rudolf Pfister* (Bd. 1 1940, Bd. 2 1941, Bd. 3 1947, Bd. 4 1952, Bd. 7 1942, Bd. 9 1941, Bd. 10 1963, Bd. 11 1948, Bde. 5, 6 und 8 nie erschienen). Sie übersetzten Zwinglis deutsche Schriften nicht in heutiges Deutsch. – 1918 erschien eine vom Kirchenrat in Auftrag gegebene Auswahl, 1962 jene von *Edwin Künzli* und 1988 diejenige von *Ernst Saxer*. An dem monumentalen Jubiläumsband von 1919 hingegen war der Zwingliverein neben dem Staatsarchiv, der Zentralbibliothek, der Buchdruckerei Berichthaus u. a. beteiligt. Weitere Publikationen bzw. Publikationsreihen des Vereins selbst können hier nicht aufgezählt werden.

kriegszeit, erwuchs dem Verein finanzielle Hilfe durch die Errichtung des Schweizerischen Nationalfonds zur Förderung der wissenschaftlichen Forschung, der nun einzelne Projekte und später ganze Stellen finanzierte, sodann durch die schon erwähnte Gründung des Instituts für schweizerische Reformationsgeschichte durch Fritz Blanke im Jahre 1964, wodurch neben den Vereinsorganen noch weitere befreundete und kooperierende, mit Mitteln ausgestattete Arbeitskräfte zur Verfügung standen – und noch stehen. Nach Blankes Tod (1967) wurde Fritz Büsser Leiter des Instituts und nach von Muralts Tod auch Präsident des Zwinglivereins. Im Jahre 1977 übernahm alt Dekan Pfr. Hans-Rudolf von Grebel das Präsidium. Nach seinem Tod wurde 1982 Großmünsterpfarrer Dr. Hans Stickelberger Präsident. Nach der Emeritierung von Fritz Büsser folgte 1990 Alfred Schindler als Leiter des Instituts und Vorstandsmitglied im Zwingliverein.

Alfred Schindler
Hans Stickelberger
Heinzpeter Stucki

Tabellarischer Anhang

Quelle der meisten Informationen in diesem Artikel sind die Jahresberichte des Zwinglivereins. Die ersten elf bis zum Jahresbericht über 1907 sind separat gedruckt worden und als Konvolut unter der Signatur LK 1032 in der Zentralbibliothek Zürich zugänglich. Sodann wurden sie in den ZWINGLIANA (Zwa) abgedruckt, und zwar in

Zwa II	(1905–1912)	12. bis 15. Bericht
Zwa III	(1913–1920)	16. bis 23. Bericht
Zwa IV	(1921–1928)	24. bis 31. Bericht
Zwa V	(1929–1933)	32. bis 36. Bericht
Zwa VI	(1934–1938)	37. bis 41. Bericht
Zwa VII	(1939–1943)	42. bis 46. Bericht
Zwa VIII	(1944–1948)	47. bis 51. Bericht
Zwa IX	(1949–1953)	52. bis 56. Bericht
Zwa X	(1954–1958)	57. bis 61. Bericht
Zwa XI	(1959–1963)	62. bis 66. Bericht
Zwa XII	(1964–1968)	67. bis 71. Bericht
Zwa XIII	(1969–1973)	72. bis 76. Bericht
Zwa XIV	(1974–1978)	77. bis 81. Bericht
Zwa XV	(1979–1982)	82. bis 85. Bericht
Zwa XVI	(1983–1985)	86. bis 88. Bericht

Die weiteren Jahresberichte wurden nicht mehr gedruckt, sondern sind durch die Vereinsorgane vervielfältigt worden und können dort eingesehen werden.

Gelegentlich sind Überblicksdarstellungen wie diese hier erschienen. So in Zwa V (1929–1933) der Artikel von Hermann Escher: Entstehung und Entwicklung des Zwinglivereins (Heft 1/1933, S. 385–396). Über «50 Jahre Zwingliana» berichtete Leonhard von Muralt in Zwa VIII (1944–1948) auf S. 369–372 (Heft 1/1947). Von Muralt berichtete auch regelmäßig über den Fortgang der großen Zwingli-Edition, zuletzt wohl in Zwa XII (1964–1968) unter dem Titel: «Huldreich Zwinglis Sämtliche Werke». Ein Zwischenbericht (S. 1–9/Heft 1/1964). Kurz vor seinem Tod publizierte er eine Zusammenfassung: Zwingli-Forschung und Zwingli-Verein, in: Gottesreich und Menschenreich. Ernst Staehelin zum 80. Geburtstag, Basel und Stuttgart 1969, S. 137–147. Eine Art Rechenschaftsablage über die meisten Projekte enthält das letzte Heft von Zwa XVIII (1989–1991): S. 289f. und 310–365, mit Beiträgen von H. Stickelberger, M. Lienhard, R. Schnyder, H. U. Bächtold, K. J. Rüetschi, R. Henrich, H. Stucki.

Unentbehrliches Hilfsmittel sind naturgemäß die Nachrufe, Geburtstagsartikel u. dgl., d. h. die Personen-Artikel.

Personen-Artikel

Es werden in der Folge natürlich nicht alle in Zwa erschienenen einbezogen, auch nicht alle jene Beiträge aufgezählt, die Zwingli-Forscher des 20. Jahrhunderts betreffen. Die Auswahl hält sich ungefähr an die Personenauswahl (von Verstorbenen) im obigen Artikel. (Z = Huldreich Zwinglis Sämtliche Werke)

Fritz Blanke (gest. 4. März 1967):
  Zwa XII, 465–469 (L. v. Muralt)
  Z VI/2 (1968), S. Vf. (F. Büsser)
Emil Egli (gest. 31. Dezember 1908):
  Zwa II, 257–261 (G. Meyer von Knonau)
  Zwa XIV, 590–596 (zum 70. Todestag, von P. Waldburger)
  Z VII (1911) S. IV (W. Köhler)
Hermann Escher (gest. 3. April 1938):
  Zwa VI, 465–469 (W. Köhler)
Oskar Farner (gest. 16. Juli 1958):
  Zwa X, 65–69 (Gratulation zum 70. Geburtstag)
  Zwa X, 585–591 (L. v. Muralt)
  Z XIV (1956) S. IX–XI (F. Blanke)
Georg Finsler (gest. 18. November 1920):
  Zwa IV, 14 (W. Köhler)
  Z IX (1925), S. If. (W. Köhler)
Walther Köhler (gest. 18. Februar 1946):
  Zwa V, 49 und 141f. (H. Escher zu seinem Weggang und 60. Geburtstag)
  Zwa VIII, 241–245 (L. v. Muralt)
  Z VI/1 (1961), S. VI–VII (L. v. Muralt)
Edwin Künzli (gest. 16. Februar 1980):
  Zwa XV, 91f. (H. R. v. Grebel)
Gottfried W. Locher (gest. 11. Januar 1996):
  Zwa XXIII, 59 (R. Dellsperger)
Leonhard von Muralt (gest. 2. Oktober 1970):
  Zwa XIII, 161–163 (F. Büsser zum 70. Geburtstag, S. 225 Todesanzeige)
  Z VI/3 (1983) S. V–VIII (F. Blanke)
Traugott Schiess (gest. 9. Februar 1935):
  Zwa VI, 129–131 (H. Escher)
Joachim Staedtke (gest. 7. Dezember 1979):
  Zwa XV, 81–90 (B. Schneider)
Endre Zsindely (gest. 25. April 1986)
  Zwa XVII, 138f. (R. Schnyder)

Heinrich Glarean und die Kölner Ursulalegende von 1507

von Franz-Dieter Sauerborn

Seit dem frühen 10. Jahrhundert gehörte Köln zu den bedeutendsten Städten Deutschlands. Am Aufstieg zur führenden Handelsstadt hatten die Erzbischöfe, die zum Hochadel und zum Teil zur engsten Verwandtschaft der Kaiser gehörten, großen Anteil.[1] Die Bedeutung der Stadt beruhte jedoch nicht nur auf ihrem Markt und ihrem vorbildlichen Marktrecht, sondern vor allem auf ihrem Reichtum an Reliquien, der von den Erzbischöfen gemehrt wurde und zum Ruhm der Stadt beitrug. Man sprach vom «goldenen Köln», und sogar Vergleiche mit Rom schienen nicht unangebracht. Höchste Verehrung genossen die Reliquien der Hl. Drei Könige; weitere, ältere Schutzheilige waren der Hl. Gereon mit seinen Gefährten aus der Thebäischen Legion sowie die Hl. Ursula und ihre 11000 Jungfrauen.

Die Verehrung heiliger Jungfrauen, die, wie es heißt, in Köln den Märtyrertod gestorben waren, läßt sich an der Stelle der heutigen Ursulakirche bis in die Spätantike zurückverfolgen. Ein Beleg hierfür ist der Stein mit der Inschrift des Clematius, der auf die Jahre 400–420, neuerdings aber in die karolingische Zeit, datiert wird.[2] Römische Friedhöfe lieferten reiche Belege für Märtyrer; vor allem nach der Stadterweiterung im Jahre 1106 konnte die Kölner Heiligen- und Märtyrerschar durch viele Funde vermehrt werden. Für die im 10. Jahrhundert neu- oder wiedergegründeten Stifte und Klöster entstanden zahlreiche Heiligenlegenden, wurden immer reichhaltiger ausgeschmückt und erfreuten sich offenbar großer Beliebtheit.

Märtyrer der Thebäischen Legion besaßen auch auf dem Gebiet der heutigen Schweiz hohen Rang, war doch, wie die Legende besagt, ihr Anführer Mauritius im Wallis für seinen Glauben gestorben.[3] Zu den Schätzen der Pfarrkirche von Glarus gehörten Reliquien aus dem Gefolge der Hl. Ursula. So ist es nicht verwunderlich, daß Huldrych Zwingli, seit 1506 Pfarrer von Glarus,

1 Heribert *Müller*, Die Kölner Erzbischöfe von Bruno I. bis Hermann II. (953–1056), in: Kaiserin Theophanu. Begegnung des Ostens und Westens um die Wende des ersten Jahrtausends. Gedenkschrift des Kölner Schnütgen-Museums zum 1000. Todesjahr der Kaiserin, Köln 1991, Bd. 1, S. 15–32.

2 Ingrid *Bodsch*, Kölner Kirchenpatrone und Heilige bis zur Jahrtausendwende, in: Kaiserin Theophanu (wie Anm. 1), S. 111–123. Hier S. 112. – Heinz Erich *Stiene*, Kölner Heiligenlegenden im 10. und 11. Jahrhundert, in: Kaiserin Theophanu (wie Anm. 1), S. 125–135. – Wilhelm *Levison*, Das Werden der Ursula-Legende, in: Bonner Jahrbücher. Jahrbücher des Vereins von Altertumsfreunden im Rheinlande 132, 1927, S. 1–164. – Bernd *Päffgen* und Sebastian *Ristow*, Die Römerstadt Köln zur Merowingerzeit. In: Die Franken. Wegbereiter Europas. Katalog zur Ausstellung Bd. 1, Mainz 1996, S. 145–159, hier S. 153f.

3 David *Woods*, Maurice and the Thebean Legion, in: The Journal of Ecclesiastical History 45, 1994, S. 385–395.

den jungen Heinrich Loriti, der 1507 zu einem Besuch in Glarus weilte und sich gerade anschickte, sein Studium an der Kölner Universität zu beginnen, damit beauftragte, für ihn etwas über die Kölner Heiligen in Erfahrung zu bringen. Möglicherweise trug sich Zwingli bereits zu diesem Zeitpunkt mit dem Gedanken, 1510 an der Aachenwallfahrt teilzunehmen, was er jedoch erst 1517 von Einsiedeln aus in die Tat umsetzte.[4]

Der aus Mollis im Kanton Glarus stammende Heinrich Loriti – Glareanus genannt – (1488–1563) erhielt seine Ausbildung zunächst in Bern bei dem aus dem schwäbischen Rottweil stammenden Schulmeister Michael Rubellus. Dieser wurde am 30. Oktober 1494 unter dem Namen Michael Reytlyn von Rottweil als Schüler der Montanerburse in Köln immatrikuliert, bestand das Magister-Examen im November 1495 unter Fredericus Keutenbrauer de Nussia und wurde als Pauper anschließend dispensiert.[5] Vermutlich 1497 erhielt er das Amt des Schulmeisters an der Stiftsschule St. Vinzenz zu Bern, wo wohl im Laufe des Jahres 1499 Glarean sein Schüler wurde. Als Rubellus 1501 in seine Heimat Rottweil zurückkehrte, folgte ihm Glarean. Nach Abschluß seiner Studien bei Rubellus begab sich Glarean, sicher auf Empfehlung seines Lehrers, nach Köln, wo er am 5. Juni 1507 als Schüler der Montanerburse immatrikuliert wurde.[6]

4 J. F. Gerhard *Goeters*, Zwinglis Werdegang als Erasmianer, in: Reformation und Humanismus. Robert Stupperich zum 65. Geburtstag hrsg. von Martin Greschat und J.F.G. Goeters, Witten 1969, S. 255–271. Hier S. 260. *Goeters* schreibt hinsichtlich des Martyriums der Hl. Ursula, daß sie mit ihren Gefährtinnen in Köln den Feuertod erlitten haben soll. Der Legende zufolge sollen jedoch die Hunnen die Jungfrauen, die sich auf der Rückreise von Rom befanden, samt ihrem Gefolge, darunter auch den – nicht nachweisbaren – Papst Cyriacus, durch Pfeile ums Leben gebracht haben.

5 Götz Rüdiger *Tewes*, Die Bursen der Kölner Artistenfakultät bis zur Mitte des 16. Jahrhunderts, Köln 1993, S. 694.

6 Hermann *Keussen*, Die Matrikel der Universität Köln, Bonn 1919, S. 612. – Franz-Dieter *Sauerborn*, Michael Rubellus von Rottweil als Lehrer von Glarean und anderen Humanisten. Zur Entstehungsgeschichte von Glareans *Dodekachordon*, in: Zs. für Württ. Landesgeschichte 54, 1995, S. 61–75. – Das Jahr der Immatrikulation Glareans in Köln wird oft fälschlich mit 1506 angegeben. Der Irrtum ist auf einen Lesefehler von *Liessem* zurückzuführen, den *Fritzsche* übernommen hat. – H. J. *Liessem*, Hermann von dem Busche. Schulprogramme, Köln 1885ff. – Otto Fridolin *Fritzsche*, Glarean. Sein Leben und seine Schriften, Frauenfeld 1890. – Die unrichtige Angabe findet sich noch neuerdings in: Georg *Thürer*, Heinrich Loriti, genannt Glarean, in: Große Glarner. 26 Lebensbilder aus fünf Jahrhunderten, hrsg. von Fritz *Stucki* und Hans *Thürer*, Glarus 1986, S. 19. Ebenso in: Schweizer Lexikon, Bd. 3, Luzern 1992. Die Artikel dieses Lexikons über Glarean und seinen Schüler Homer Herpol enthalten i. ü. zahlreiche weitere Fehler: Glarean soll noch 1507 Schüler des Rubellus in Rottweil gewesen sein, während er bereits seit 1506 in Köln studiert haben soll; sein Sterbedatum wird fälschlich mit dem 28. 2. 1563 statt mit dem 28. 3. 1563 angegeben; sein Testament machte er 1550 und nicht, wie angegeben, 1560; allerdings stellte er für das Spital in Glarus 1560 ein Legat aus. In Freiburg lehrte er in der Artistenfakultät, nicht jedoch bei den Theologen. Glareans musikalisches Hauptwerk, das *Dodekachordon* (Basel 1547) wird in diesem Artikel nicht erwähnt. Dafür wird das Carmen auf die Schlacht von Näfels als «Karmen (Festgedicht) auf den Freiheitskampf der Glarner» zu Glareans Hauptwerken gerechnet, obwohl es von ihm nicht veröffentlicht wurde.

Vor Beginn seines Studiums in Köln hatte Glarean offenbar seine Heimat aufgesucht, bei dieser Gelegenheit Huldrych Zwingli, den neuen Pfarrer von Glarus, kennengelernt und mit ihm Freundschaft geschlossen. Zwingli hatte von 1498 bis 1502 in Wien, anschließend in Basel studiert, wo er 1506 zum Magister promoviert wurde. Von 1506 bis 1516 bekleidete er das Pfarramt in Glarus. Dem Wunsch Zwinglis nach Informationen über die Kölner Heiligen kam Glarean nach, indem er ihm eine gedruckte Ursulalegende zuschickte, die unter dem Titel *Historia undecim milium virginum breviori atque faciliori modo pulcerrime collecta, cum nonnullis additionibus que in prima defuerunt* wohl kurz zuvor erschienen war. Auf das Titelblatt und die zweite Seite schrieb er einen – nicht datierten – Brief und versah den Text mit Randglossen.

Die Ursulalegende mit Glareans eingeschriebenem Brief befindet sich heute im Besitz der Stiftsbibliothek St. Gallen.[7] Der Brief wird in Zwinglis Sämtlichen Werken (Bd. 6 , Teil 5), hierin *Goeters* folgend, auf die «zweite Hälfte 1507» datiert.[8] *Spiess* und *Muralt* glaubten, den Brief, in dem Glarean von einem künftigen Wiedersehen im Kreise der Glarner spricht, in den Sommer 1511, genauer «vor dem August 1511» datieren zu können, gestützt auf zwei weitere Briefe Glareans an Zwingli.[9] Im ersteren vom 18. April 1511 (Nr. 3) sprach Glarean von einem geplanten Besuch in Glarus zur Kirchweih, wobei er jedoch betonte, daß er sein Kommen nicht versprechen könne.[10] Im zweiten Brief (Nr. 4), der «auf den Herbst 1511» datiert wurde, erinnerte sich Glarean des frohen Zusammenseins in Glarus.[11] Die Datierung des in die Ursulalegende eingeschriebenen Briefes in den Sommer erwies sich jedoch ebensowenig haltbar wie die des anderen Briefes vom «Herbst 1511».

Am 16. März 1510 hatte Glarean in Köln die Magisterwürde erlangt und damit das Studium der Artes abgeschlossen. Verständlicherweise wollte er nun seiner Heimat einen Besuch abstatten. Über den Verlauf seiner Reise berich-

[7] Gustav *Scherrer*, Verzeichnis der Incunabeln der Stiftsbibliothek St. Gallen, St. Gallen 1880, S. 240, Nr. 1445: Historia undecim Milium Virginum etc. Am Ende: Impressa Coloniae per Martinum de Werdena. 4° goth. – 4 Bll. o. Jahr. (An den Rändern eine autographische Zuschrift von Glarean an Zwingli und Anmerkungen ebendesselben.) *Panzer* Ann. typ. VII. 440.853.

[8] Goeters (wie Anm. 4), S. 260, Anm. 32.

[9] Emil *Spiess*, Ein Zeuge mittelalterlicher Mystik in der Schweiz, Schwyz 1935, S. 107–112 sowie Abb. 28 und 29. – Leonhard von *Muralt*, Ein unbekannter Brief Glareans an Zwingli, in: Zwingliana Bd. VI, Heft 6,1936/1, S. 336ff. – Franz-Dieter *Sauerborn*, Zur Biographie Glareans, in: Jahrbuch des Histor. Vereins des Kantons Glarus 74, 1993, S. 123–131. – Huldreich Zwinglis sämtliche Werke (Z), Bd. 6, 5. Teil, Zürich 1991, S. 438–440. Der Text des Briefes entspricht dieser Ausgabe. Den Randglossen Glareans und der Übersetzung liegt die Ausgabe von *Spiess* zugrunde.

[10] Z VII, S. 8. (Auf diese Ausgabe bezieht sich die Numerierung der Briefe.)

[11] Z VII, S. 10f.

tet er in einem Gedicht: *Odoeporicon Henrici Glareani Philologi ad patriam scriptum ad Alexandrum Morien et Ioannem Landspergium.*[12] Müller datierte die Reise auf das Jahr 1511[13], begründet dies mit dem erwähnten Brief Glareans an Zwingli vom 18. April 1511, in dem dieser seine Absicht, zur Kirchweih nach Glarus zu kommen, mitteilte, sowie dem Brief vom «Herbst 1511», in dem er der schönen Stunden in Glarus gedachte. Daß Glarean in den Ergänzungen zum Myconius-Kommentar der *Helvetiae descriptio*[14] die Reise auf das Jahr 1510 datierte, erklärte *Müller* dadurch, daß Glarean keine genaue Erinnerung mehr an diese Reise gehabt habe. Auch sei eine deutliche Lücke bei der Jahresangabe im Text der Münchner Abschrift des Gedichtes.[15]

In seinem Brief an Zwingli vom 13. Juli 1510 (Nr. 1) schrieb Glarean von seinen Überlegungen, daß er vorerst nicht nach Mollis zurückkehren wolle. Priester von Mollis wolle er nicht werden, da er keine Neigung dazu verspüre, sich jährlich, wie der Ziegenhirt, zur Wahl stellen zu müssen. Etwas anderes sei es, wenn er das Amt auf Dauer haben könnte. Allerdings sei er hierfür zu jung. An Zwingli richtete er die Bitte, hierüber mit seinem Vater zu sprechen.[16] Im gleichen Brief äußert Glarean Zwingli gegenüber seine Absicht, nicht auf Dauer in Köln bleiben zu wollen. Für die Zukunft glaubt er, daß Basel für seine wissenschaftlichen Ziele der rechte Ort sei.

Über den Fortgang seiner Studien in Köln sprach Glarean mit seinem Vater, wie er im Gedicht berichtet, nach seiner Ankunft in Mollis. Sein Vater habe sich bereit erklärt, das Studium auch weiterhin zu unterstützen.[17] Hierzu hatte wohl auch das Gespräch mit Zwingli beigetragen, wofür sich Glarean später bei Zwingli bedankte (Nr. 3 vom 18. April 1511).[18] Die Auseinandersetzung mit dem Vater konnte sinnvollerweise nur nach abgeschlossener Magisterprüfung und vor Beginn des weiteren Studiums geführt werden, also im Jahre 1510.

[12] Emil Franz Josef *Müller*, Glarean. Das Epos vom Heldenkampf bei Näfels und andere bisher ungedruckte Gedichte, in: Jahrbuch des Histor. Vereins des Kantons Glarus 53, 1949, S. 1–175. Hier: S. 120–145.

[13] Müller (wie Anm. 12), S. 25.

[14] Thesaurus Historiae Helvetiae continens lectissimos scriptores, qui per varias aetates Reipublicae Helvetiae rationem, instituta, mores, disciplinam, fata et res gestas sermone latine explicarunt et illustrarunt. Zürich 1735. Darin: Henrici Loriti Glareani Descriptio Helvetiae, nec non Panegyricon XIII. Helvetiae partium cum commentariis Oswaldi Myconii Lucernani. Hier S. 29 (Vers 86). Glarean berichtet hier über ein Treffen mit dem Sohne Niklaus von Flües in Unterwalden.

[15] Müller (wie Anm. 12), S. 25.

[16] Z VII, S. 2ff.

[17] Müller (wie Anm. 12), S. 124ff.

[18] Z VII, S. 8f.

«Libra vagum coelum seposta Virgine Phoebum
Volvebat, fuerant noxque diesque pares.»
(Eben hatte die Sonne das Zeichen der Jungfrau verlassen,
stand in der Waage Bild; gleich war der Tag und die Nacht.)[19]

Zum Zeitpunkt der Tagundnachtgleiche, also um den 21. September, begann Glarean seine Reise. Der Weg führte ihn von Köln über Mainz, Frankfurt, Heidelberg, Rottweil und Schaffhausen nach Glarus. In Rottweil beklagte Glarean die Abwesenheit seiner Freunde und vor allem seines Lehrers Rubellus sowie den Niedergang der Stadt.[20] Rubellus war nämlich am 2. Oktober 1510 zum Schulmeister in Bern ernannt worden. So wird er nicht lange vor Glareans Ankunft in Rottweil nach Bern abgereist sein. Auch seine Schüler hatten Rottweil verlassen und waren ihm nach Bern gefolgt. Für Glarean war es offensichtlich überraschend, in Rottweil seinen Lehrer nicht mehr anzutreffen. Hätte seine Heimreise nach Glarus ein Jahr später, also 1511, stattgefunden, wäre er sicher über die neue Tätigkeit des Rubellus informiert gewesen.

Das Kirchweihfest in Glarus fiel 1511 auf den 22. August.[21] Daher kann Glarean die Reise, die er in seinem Gedicht schildert, nicht zur Kirchweih 1511 angetreten haben, da er erst Ende September von Köln aufbrach. Seine im Brief vom 18. April 1511 geäußerte Absicht, zur Kirchweih 1511 nach Glarus kommen zu wollen, bedeutet nicht, daß er die Reise tatsächlich angetreten hat.[22] Von einer weiteren Reise Glareans, die er von Köln aus in seine Heimat angetreten hätte, ist nichts bekannt. Daher wird der Brief an Zwingli (Nr. 4), in welchem Glarean sich an das frohe Zusammensein erinnert, nicht im Herbst 1511 verfaßt worden sein, sondern nachdem er von Glarus nach Köln zurückgekehrt war, also zu Beginn des Jahres 1511. Hiermit wird jedoch das Hauptargument für die Datierung des in die Ursulalegende eingeschriebenen Briefes auf den Sommer 1511 hinfällig.

Auch die «Athenae Rauricae» datieren Glareans Reise auf das Jahr 1510. Der dort geschilderte längere Aufenthalt Glareans in Luzern, wo er eine Zeitlang die Sache Zwinglis und des Myconius vertreten haben soll, hat wohl ebensowenig stattgefunden wie sein an gleicher Stelle erwähntes Studium in Wien.[23]

Im Brief der Ursulalegende erwähnt Glarean, daß im Herbst eine Disputation eines italienischen Rechtsgelehrten mit den Kölner Theologen stattgefunden habe. Hierbei handelt es sich um Petrus Ravennas, der in Köln von 1506 bis 1508 lehrte. Seine These, deutsche Fürsten, die die kirchliche Beerdi-

19 Müller (wie Anm. 12), S. 120f.

20 Müller (wie Anm. 12), S. 26 und 121. – H. *Grotefend*, Taschenbuch der Zeitrechnung, 10. Aufl., Hannover 1960, S. 15.

21 Fritzsche (wie Anm. 6), S. 7.

22 Auch Muralt (wie Anm. 9) geht davon aus, daß diese Reise zur Kirchweih 1511 stattgefunden hat.

23 Athenae Rauricae sive Catalogus Professorum Academiae Basiliensis ab A. 1460 ad A. 1778 cum brevi singulorum Biographia, Basel 1778, S. 247.

gung von Hingerichteten verweigerten, machten sich der Todsünde schuldig, fand Widerspruch, vor allem bei dem dominikanischen Inquisitor und Theologen Jacobus Hoogstraten. Petrus Ravennas habe sich jedoch dem angekündigten Streitgespräch, wie Glarean berichtet, nicht gestellt. Ohne eine Entscheidung des Falles abzuwarten, war er nach Mainz gezogen, wo er im Sommer 1508 eine neue Lehrtätigkeit aufnahm.[24] Glarean kommentiert dieses Geschehnis mit einem gewissen Spott, daß nämlich der wortgewandte italienische Jurist, der gewohnt gewesen sei, schöne Reden zu halten, zwar eine Anzahl von Argumenten beigebracht habe; jedoch sei infolge seiner Abwesenheit bei der Disputation das Gegenteil seiner These bewiesen worden. Der bedeutendste der theologischen Doktoren habe dabei geäußert, der Jurist habe mehr jüdische als christliche Meinungen vertreten. Die Einzelheiten will Glarean Zwingli erzählen, wenn er wieder einmal in Glarus ist.

Goeters ist der Meinung, Glarean sei sich über den Zeitpunkt der Disputation unsicher gewesen. Diese habe im Frühjahr 1507 stattgefunden und Glarean habe sie fälschlich auf den Herbst 1506 datiert.[25] Glareans Ausdrucksweise «... si bene memini ...» läßt jedoch darauf schließen, daß er zum Zeitpunkt der Disputation in Köln war. Da er Zwingli die Einzelheiten bei einem späteren Besuch in Glarus erzählen will, ist anzunehmen, daß er der Disputation wohl auch beiwohnte. Unter dieser Annahme kann die Auseinandersetzung zwischen Petrus Ravennas und den Kölner Theologen nicht im Herbst 1506 stattgefunden haben. Glarean immatrikulierte sich am 5. Juni 1507 in Köln. Da seine Anwesenheit in Köln bei dem Streitgespräch vorausgesetzt werden kann, muß die von ihm erwähnte Disputation im Herbst 1507 stattgefunden haben; denn Petrus Ravennas hielt sich im Sommer 1508 bereits in Mainz auf. Daher wird Glarean die Ursulalegende mit dem hierin eingeschriebenen Brief Zwingli Ende des Jahres 1507, spätestens aber zu Beginn des Jahres 1508 zugeschickt haben. Für die frühere Datierung spricht, daß Glarean bis zur Abfassung des Briefes nicht alles in Augenschein nehmen konnte, was er in Köln für besichtigenswert hielt. Somit steht dieser Brief am Anfang des bis 1523 andauernden Briefwechsels zwischen Glarean und Zwingli. Erst mit Zwinglis Abkehr von der römischen Kirche, eine Wendung, die Glarean nicht mitvollziehen konnte, endete die Freundschaft und somit auch der Briefwechsel der beiden Männer. Briefe Zwinglis an Glarean sind nicht erhalten. Der Schluß, Glarean habe sie nach Zwinglis Religionswechsel vernichtet, ist jedoch unzulässig.[26] Denn auch die Briefe seiner späteren katholischen Freunde sind nicht erhalten.

[24] Erich *Meuthen*, Die alte Universität. Kölner Universitätsgeschichte, Bd. 1, Köln 1988, S. 212f. – Nikolaus *Paulus*, Die deutschen Dominikaner im Kampf gegen Luther (1518–1563), Freiburg 1903 (Erläuterungen und Ergänzungen zu Janssens Geschichte des deutschen Volkes, IV, 1. u. 2. Heft), S. 89ff.

[25] Goeters (wie Anm. 4), S. 260, Anm. 31.

[26] Fritzsche (wie Anm. 6), S. 133.

Den Namen Glareanus führte Heinrich Loriti, wie sich aus der Grußformel des Briefes, ebenso aber auch aus den Kölner Universitätsakten ergibt,[27] bereits 1507/08, nicht wie *Fritzsche* angibt, erst seit 1511.[28] Daher kann Glareans Humanistenname nicht für Datierungen herangezogen werden. Hiermit entfällt die Begründung, daß der Brief Glareans an Zwingli (Nr. 6) im Jahre 1511 verfaßt wurde.[29] Die förmliche Anrede «Ulrico Zvingli eruditissimo bonarum artium magistro ...» und der Beginn «Habes libellum, vir clementissime, de Aristotelis servatione inscriptum ...» weisen große Ähnlichkeit mit dem Anfang des Briefes in der Ursulalegende auf. Der Brief ist ebenfalls in ein Zwingli zugeschicktes Buch, nämlich die *Questio magistralis* des Lambertus de Monte, eingeschrieben. So wird dieser Brief ebenfalls Ende 1507 oder Anfang 1508 geschrieben worden sein.[30]

Die Zwingli zugesandte Ursulalegende wurde in Köln bei Martinus de Werdena in erweiterter Auflage gedruckt. Das Jahr der Drucklegung ist nicht angegeben; die Schrift muß jedoch spätestens Ende des Jahres 1507 vorgelegen haben.[31] Hinsichtlich der Kölner Reliquien erschien sie Glarean nicht ausführlich genug, jedoch konnte er, wie er schreibt, kein Buch beschaffen, das alles enthielt. Für die wenig gewählte Form seiner Anmerkungen entschuldigt er sich; jedoch habe auch der Verfasser der Schrift größeren Wert auf Richtigkeit der Darstellung als auf kunstvollen Ausdruck gelegt.

Glarean stellt fest, daß die Reliquien der Märtyrer nicht alle in einem einzigen Gotteshaus ruhen, sondern in verschiedenen Kirchen; ja in der ganzen Stadt finde man berühmte Heiligtümer. Was er zusätzlich gesehen habe, wolle er dem Text hinzufügen: «At vero martyrum reliquię non in una ęde sacra requiescunt, sed in pluribus: immo in tota civitate apparent atque fulgent Dei delubra. Volo autem addere quę vidimus reliqua.»[32] Glareans besonderes Interesse gilt jedoch der Hl. Ursula. Zum Titelbild des Druckes bemerkt er, daß die Heilige in seiner Heimat falsch dargestellt würde; es hätten nämlich auch viele andere heilige Jungfrauen durch Pfeile ihr Leben verloren: «Illa inquam pictura diva Ursula depingitur. Corrupte autem nostris in oris: nam sunt multę alię sacrę virgines qui telis vitam finiere.»[33]

[27] Stadtarchiv Köln, Univ. 481, fol. 57v/58, 4. Juli 1508.

[28] Fritzsche (wie Anm. 6), S. 7.

[29] Z VII, S. 14f. – Goeters (wie Anm. 4), S. 258, Anm. 15.

[30] M. *Usteri*, Initia Zwinglii, in: Theolog. Studien und Kritiken, 1885, S. 630. – Z XII, S. 391. – Otto Fridolin *Fritzsche*, Glareana, in: Theolog. Zeitschrift aus der Schweiz, 1886, S. 116.

[31] Frank Günter *Zehnder*, Sankt Ursula. Legende – Verehrung – Bilderwelt, Köln 1985, S. 76f.: *Zehnder* datiert den Druck auf 1508/09. Das Titelbild wurde in einer bei Johann von Landen in deutscher Sprache herausgegebenen Ursulalegende von 1517 seitenverkehrt in verzierter Fassung nochmals verwendet.

[32] Glosse 8.

[33] Glosse 1.

Die Erzählung über die Herkunft der Hl. Ursula aus Britannien kommentiert Glarean, man habe ihm gesagt, auch der Hl. Fridolin, der Schutzheilige der Glarner, über den er später ein Gedicht schrieb,[34] stamme «aus Schottland, auch England genannt». Dieses Land erstrecke sich nahezu bis zum Polarkreis, so jedenfalls sagten es die Astronomen: «Dictum est autem mihi ex Scotia, quę et Anglia dicitur Fridolinum nostrum fuisse, quę quidem regio fere ad circulum arcticum protenditur, u[t] inquiunt astrono[mi].»[35] Bei englischen Reisenden erweckte der Besuch der Kirche der Hl. Ursula offenbar nationale Gefühle; Thomas Coryat, von dem später nochmals die Rede sein wird, sprach von seiner «Landsmännin».

Glareans Äußerung läßt auf seine geographischen Interessen schließen; wenige Jahre später gilt er als bedeutend auf diesem Gebiete. Mutianus Rufus schrieb am 7. August (1513) an Petrejus, er möchte das neue Buch des berühmten Schweizers, der neulich vom Kaiser in Köln gekrönt wurde, besitzen. Dieser solle ein Geograph sein und in den *antiquitates* sehr erfahren.[36] Glarean war auf dem Reichstag in Köln am 25. August 1512 von Kaiser Maximilian zum poeta laureatus gekrönt worden. Seine *Helvetiae descriptio* erschien erst zu Beginn des Jahres 1515 in Basel im Druck; jedoch muß bereits 1511 ein Werk Glareans zur schweizerischen Geschichte vorgelegen haben, da Johannes Cochlaeus sie im 5. Kapitel seiner *Brevis Germaniae Descriptio* von 1512 lobend erwähnt:[37] «Ihre Taten und ihr Staat, die in der Tat sehr hervorleuchten und großes Lob verdienen, wurden kürzlich ausgezeichnet beschrieben von dem Schweizer Heinrich Glarean, einem Mann der Pallas und ergebenem Diener des Phöbus». Zeugnis von Glareans geographischen Interessen sind vor allem seine kartographischen Zeichnungen von 1510 sowie sein Lehrbuch *De Geographia* von 1527, dem ein Manuskript vorausging, das zwischen 1510 und 1520 entstanden ist.[38]

In der Kirche St. Johann Baptist fand Glarean eine bedeutende gemalte Darstellung über das Leben der Hl. Ursula: «Das Leben der Kölner Jungfrau ist

[34] Müller (wie Anm. 12), S. 168–171.

[35] Glosse 2.

[36] Carl *Krause*, Der Briefwechsel des Mutianus Rufus, in: Zeitschrift des Vereins für hess. Landesgeschichte und Landeskunde, NF 9 (Supplement), Kassel 1885, S. 347.

[37] Johannes *Cochlaeus*, Brevis Germaniae Descriptio, Hrsg. Karl Langosch, Darmstadt 1969, S. 95: «Eorum (Helvetiorum) gesta ac respublica clarissima sane laudeque dignissima propediem conspicienter descripta ab Heinrico Glareano Helvetico, viro Palladio Phebique cliente devoto.» *Langosch* verweist an dieser Stelle auf die bei Müller (wie Anm. 12), S. 55, Anm. 6 erwähnte Prosafassung der *Helvetiae Descriptio*; *Müller* stützt sich jedoch auf *Cochlaeus*. –

[38] Arthur *Dürst*, Glarean als Geograph und Mathematiker, in: Rudolf Aschmann, Jürg Davatz, Arthur Dürst u.a. (Hrsg.), Der Humanist Heinrich Loriti Glarean (1488–1563). Beiträge zu seinem Leben und Werk, Mollis 1983, S. 119–144. Hier S. 130ff.

im Kloster *(in cenobio)* zum Hl. Johann Baptist so künstlerisch, so geschmackvoll dargestellt, daß ich selbst Werke eines Praxiteles oder Apelles kaum damit vergleichen möchte.» Die Legende der Hl. Ursula und ihrer Gefährtinnen hatte die Kölner Maler vielfach zu bedeutenden Darstellungen angeregt. Sollte es sich hier vielleicht um den Zyklus des Meisters der Ursulalegende handeln, über dessen ursprünglichen Standort noch keine Klarheit erzielt werden konnte?[39] Unter den Kunstwerken der Pfarrkirche St. Johann Baptist wird jedoch nichts über eine künstlerische Darstellung des Lebens der Hl. Ursula erwähnt.[40] Über den Verbleib eines besonders schönen Gemäldes der Hl. Cordula, das Glarean in der gleichen Kirche besichtigen konnte, gibt es ebenfalls keine Nachrichten: «De Cordula illa est ingeniosa ac perpulchra Agrippinę in eodem cęnobio, quod supra dixi, pictura.»[41]

In St. Ursula, der Kirche der Hl. Jungfrauen, fand Glarean einen Krug bemerkenswert, in welchem Christus Wasser in Wein verwandelt haben soll: «In eiusdem virginis templo est hydria una, quum Christus vinum ex aqua concreasset.»[42] Der Alabasterkrug wurde 1370 vom Kölner Rat der Kirche St. Ursula auf Widerruf zur Nutzung überlassen. Er stammt aus dem 1. Jahrhundert n. Chr., aus Alexandria oder Rom, und könnte sich bereits in römischer Zeit in Köln befunden haben.[43] Auch Arnoldus Buchelius hat 1587 diesen Krug gesehen. Er berichtet: «Auch einer von den Wasserkrügen aus Cana in Galilaea ist hier; wahrscheinlicher ist, daß es ein alter römischer Krug ist. Er ist gut erhalten, nur fehlt der Fuß und am Halse ist er ringsherum abgebrochen.»[44]

Den Schrein des Hl. Aetherius, herrlich in Gold und Silber gefaßt, konnte Glarean auf der linken Seite in der Kirche der heiligen Jungfrau bewundern: «Et Aethereus in Aede sacra Virginis sacratę in sinistro loco positus est auro argentoque perpulchre formatus.»[45] Der Schrein, benannt nach dem legendären Bräutigam der Hl. Ursula, gehört mit zu den Hauptwerken einer Gruppe von Goldschmiedearbeiten, die an den Heribertschrein anschließt.[46]

[39] Zehnder (wie Anm. 31), S. 171ff.

[40] *Dehio*, Handbuch der deutschen Kunstdenkmäler, 2. Aufl., 1928, Bd. 5, S. 268. – Hans *Vogts*, Nachrichten über Bauarbeiten und Kunstwerke der Pfarrkirche St. Johann Baptist in Köln im 17. Jahrhundert, in: Jahrb. des Kölnischen Geschichtsvereins 28, 1953, S. 169–194. – Möglicherweise meinte Glarean die Johanniterkirche St. Johann und Cordula.

[41] Glosse 5.

[42] Glosse 8.

[43] Arne *Effenberger*, «Krug von der Hochzeit zu Kana», in: Bernward von Hildesheim und das Zeitalter der Ottonen. Katalog der Ausstellung, Bd. 2. Hildesheim 1993, S. 221. Vgl. Abb. 1.

[44] Hermann *Keussen*, Die drei Reisen des Utrechter Arnoldus Buchelius nach Deutschland, insbes. sein Kölner Aufenthalt, in: Annalen des Histor. Vereins für den Niederrhein 84, 1907, S. 1–102, u. 85, 1908, S. 43–114. Hier S. 33.

[45] Glosse 6.

[46] Ornamenta ecclesiae. Kunst und Künstler der Romanik. Katalog der Ausstellung, Köln 1985, Bd. 2. Hier: Martin *Seidler*, Schrein des hl. Aetherius, S. 348–351. Vgl. Abb. 2.

Abb. 1: Krug von Kana in St. Ursula (Goldene Kammer)

Abb. 2: Schrein des Hl. Aetherius in St. Ursula

Der Text der Ursulalegende nennt noch die Reliquien vieler anderer Heiliger aus dem Gefolge der Hl. Ursula und beschreibt deren Erhaltungszustand. Glarean bestätigt die Richtigkeit dieser Angaben; freilich würden die Reliquien nicht allen gezeigt, sondern nur denjenigen, die dafür bezahlen: «At hęc ipsa quę scribuntur vera esse minime dubites, licet enim non omnibus ostendantur hominibus, sed hęc, qui pecuniam porrigunt, vident et conspiciunt.»[47] Roger Ascham, der sich 1550 in Köln aufhielt und unter anderem auch die Kirche St. Ursula besuchte, erwähnt eine Nonne, wahrscheinlich eine Küsterin, die ihm die Kirche und die Reliquien gezeigt habe[48]; Arnoldus Buchelius spricht 1587 von einer Aufseherin, die man durch ein kleines Trinkgeld gewonnen habe.[49] Die Goldene Kammer wird im Reisebericht des Fulvio Ruggieri 1561 und von Buchelius 1587 erwähnt.[50] Thomas Coryat aus Sommerset, der am 19. Februar 1608 in Köln ankam, beschreibt ihre Lage, indem er von einem «geheimen Raum am Westende der Kirche» spricht, in dem Reliquien aufbewahrt würden.[51]

In der Ursulalegende befindet sich ein Kapitel mit der Überschrift *De diversis martyribus ex diversis terris in communi.* Hierin steigert sich die Anzahl der Märtyrer aus dem Gefolge der Hl. Ursula auf insgesamt 36 000. Dabei seien auch die Überreste von mehr als 50 Kindern sowie einiger Frauen, in deren Körper sich ihre noch ungeborenen Kinder befanden. Glarean stellt jedoch klar, daß diese Knaben und Frauen nicht zur Schar der 11 000 Jungfrauen gehörten; vielmehr seien alle als Gefolge *(turba)* zur der Schar der Jungfrauen *(ad turmam hanc)* hinzugekommen.[52] Buchelius erwähnt, die Aufseherin habe erzählt, viele christliche Frauen seien den um ihres Glaubens willen pilgernden Jungfrauen gefolgt. «Sie zeigte Schädel von solch geringer

[47] Glosse 9.

[48] Josef *Giesen*, Köln im Spiegel englischer Reiseschriftsteller vom Mittelalter bis zur Romantik, in: Jahrb. des Kölnischen Geschichtsvereins 18, 1936, S. 201–237. Hier S. 208f.

[49] Zehnder (wie Anm. 31), S. 62f. *Zehnder* nennt als Jahr versehentlich 1528. – Keussen (wie Anm. 44), S. 33.

[50] Adam *Wandruszka* (Hrsg.), Nuntiaturberichte aus Deutschland 1560–1572, Bd. 2: Nuntius Commendone 1560 (Dezember)–1562 (März), Graz 1953, S. 91.

[51] Ornamenta (wie Anm. 46). Hier: Ingrid *Bodsch*, Sacrarium Agrippinae, S. 157–178. Hier S. 174. – Giesen (wie Anm. 47), S. 220f. – Thomas *Coryate*, Coryates Crudities 1611 (Facsimile) , London 1978, S. 611ff.

[52] Spiess (wie Anm. 9) überträgt Glareans Glosse fehlerhaft: «Hi autem pueri cum matribus non fuerunt de cetu virginum XI mille, quin omnis turba ad memoriam hanc cucurerunt.» Er übersetzt: «Diese Kinder mit ihren Müttern waren nicht aus der Schar der elftausend Jungfrauen, sondern das ganze Volk strömte eben bei dieser Grabstätte zusammen und wollte hier beerdigt werden.» Daraus ergibt sich für *Spiess* eine neue Erklärungsweise für die Auffindung von Gebeinen von Männern und Frauen im ursulanischen Acker, die sonst in der zeitgenössischen Literatur keine Parallele fände und im Widerspruch zur Inschrift des Clematius stehe. Richtig gelesen muß der zweite Teil der Glosse jedoch lauten: «... quin omnis turba ad turmam hanc cucurerunt.»

Größe, daß man glauben sollte, sie seien von Kindern, die bis zu ihrem Tode im Mutterleib waren. Einen habe ich angefaßt und in der Hand gewogen; er war sehr schwer und genau wie ein abgeschlagenes Haupt. Das betrachtet man als ein Wunder.»[53] Bereits bei Ascham ist die Rede von «vielen Kinderköpfen von Neugeborenen oder auch aus ihrer Mutter Leib Herausgerissenen, denn man erzählt, es wären nicht alles Jungfrauen gewesen, sondern viele von ihnen auch Frauen edler Herren.»[54]

In einem kleinen, auf vier schlanken Säulen über dem Boden stehenden Sarkophag sollen sich der Legende nach die Gebeine der Viventia, einer als Kind verstorbenen Tochter Pippins d. Ä. befinden.[55] Eine wohl erst im 17. Jahrhundert entstandene Inschrift spricht von zweimaliger vorausgehender Bestattung in St. Ursula; jedesmal sei der Körper jedoch wieder aus dem Boden herausgeworfen worden. Das Verbot der Beisetzung in der Kirche der Jungfrauen, wie es der Text der Clematiustafel unter Strafandrohung ausdrückt, wurde umgangen, indem man den Sarkophag auf Säulen setzte. Glarean hat den Sarkophag nicht nur gesehen, sondern sogar mit seinen Händen berührt: «Tumulum hunc non solum vidi, sed et manibus meis attigi.»[56]

Gemäß dem Text der Ursulalegende, die Glarean an Zwingli schickte, soll in diesem Sarkophag allerdings der Sohn eines englischen Königs beigesetzt worden sein. Auch Glarean, der den Sarkophag aus nächster Nähe betrachtete, weiß nichts von der Pippintochter Viventia. Thomas Coryat erwähnt den Sarkophag nicht; jedoch soll Claude Joly, der bei seinen Reisen 1646/47 St. Ursula besuchte, auf das Grab der Viventia und die Goldene Kammer hingewiesen haben.[57] Wann der Sarkophag erstmals mit Viventia in Beziehung gebracht wurde und welche Gründe es hierfür gab, kann nur vermutet werden. Möglicherweise erschien es im 17. Jahrhundert im Zeichen wachsenden französischen Einflusses opportun, die traditionell guten Beziehungen der Stadt Köln zu England etwas weniger deutlich herauszustellen. Im Jahre 1898 wurde der Viventia-Sarkophag geöffnet und ein Seidenstoff entnommen. Die Datierung dieser Seide ist zumindest fragwürdig, soweit sie unter Berufung auf die Lebenszeit der Viventia begründet wird.[58]

Im Dom zu Köln hatte es zu Beginn des 16. Jahrhunderts einige Baufortschritte gegeben; auch waren in den Jahren 1507/08 die fünf großen Fenster

[53] Keussen (wie Anm. 44), S. 33f.

[54] Giesen (wie Anm. 48), S. 208.

[55] Ornamenta (wie Anm. 46). Hier: Jörg Holger *Baumgarten*, Viventia-Sarkophag und Clematius-Inschrift, S. 352f. Vgl. Abb. 3.

[56] Glosse 4.

[57] Josef *Giesen*, Köln im Urteil romanischer Reisender des 17. Jahrhunderts, in: Jahrb. des Kölnischen Geschichtsvereins 20, 1938, S. 139–163. Hier S. 148.

[58] Ornamenta (wie Anm. 46). Hier: Leonie von *Wilckens*, Seide aus dem Viventia-Sarkophag, S. 340–342.

Abb. 3: Viventia-Sarkophag in St. Ursula

des Nordseitenschiffs entstanden. So konnte Glarean zu der Feststellung kommen, das Heiligtum der Drei Könige würde, wenn es vollendet sei, sogar den Stephansdom in Wien in den Schatten stellen.[59]

Die Leiber der Hl. Drei Könige würden auf das sorgfältigste *(maxima in custodia)* aufbewahrt. In seiner kunstvollen Gestaltung entspricht der Schrein der Bedeutung der Reliquien. Ob er zur Zeit Glareans bereits durch ein Gitter gesichert war, ist unbekannt. Die Hl. Drei Könige symbolisieren sowohl das Vorbild des christlichen Pilgers wie auch des irdischen Königtums; ihre Reliquien überragen alle anderen Reliquienschätze des deutschen Reiches. Die deutschen Herrscher verehrten nach ihrer Krönung in Aachen auch die Reliquien der Hl. Drei Könige in Köln, womit diese in den Rang einer Staatsreliquie kamen.[60] Daher ist es naheliegend, daß die Kölner die Hl. Drei Könige auch in ihr Wappen aufnahmen.

Das Kölner Stadtwappen bestand zunächst aus dem roten Schildhaupt mit den drei goldenen Kronen und dem unteren weißen Feld, wobei die Farben als Sinnbild des vergossenen Blutes und der Unversehrtheit und Reinheit der Jungfrauen gedeutet wurden; die Hermelinschwänzchen im unteren Teil des Wappens kamen erst später hinzu.[61] Auch deren Anzahl war zunächst noch nicht auf 11 festgelegt. Glarean berichtet Zwingli, daß die Kölner bei Urkunden in ihrem Wappen der Könige wegen drei Kronen führten; ob das richtig sei, möge Apoll entscheiden, denn er, Glarean, habe es nur vom Hörensagen: «Dictum est mihi Colonos in eorum insigniis album rubeo esse coniunctum ad designandum sanguinem profusum atque virginum sinçeritatem atque castitatem, literis autem coronas p[ro]pter Magos tres a Mediolano ad Agrippinam advestos, quod an verum sit, Apollinem in iudicem voco: nihil enim prȩter auditum habeo.»[62]

Für den musikinteressierten Glarean war die neue Orgel im Kölner Dom einer besonderen Erwähnung wert. Sie sei so kunstvoll eingerichtet, daß man Lyra, Harfe, Laute, Trommel und jegliche Art von Instrumenten zu hören glaube. Hierüber will er mehr erzählen, wenn er wieder in Glarus ist: «At (res nova) est itidem nobi(lissimum)[63] organum tanta industria constructum, ut chelym, sambucam, cytharam, tympana omneque genus sonorum audire se

[59] Glarean ist wahrscheinlich nicht selbst in Wien gewesen. Kenntnis über Wien und den Stephansdom könnte er über Zwingli erhalten haben, der in Wien studiert hatte, oder über Nikolaus Gerbel aus Pforzheim, der 1502 ebenfalls in Wien studiert hatte und 1507 in Köln immatrikuliert wurde. Er gehörte wie Glarean der Montanerburse an und wurde 1508 Magister. Meuthen (wie Anm 24), S. 215.

[60] Ornamenta (wie Anm. 46). Hier: Rolf Lauer, Dreikönigsschrein, S. 216–226.

[61] Zehnder (wie Anm. 31). Hier S. 10.

[62] Glosse 3. Spiess (wie Anm. 9) überträgt fälschlich *indicem* statt *iudicem*.

[63] Die Lesart *nobiscum* (so bei *Spiess* wie auch in Z VI/V) erscheint zwar naheliegend, ergibt jedoch keinen Sinn. *Spiess* übersetzt mit *weitberühmt*; dies würde aber eher einem *nobilissimum* entsprechen.

putat. De quo si ad te veniam alia plura d[icam].» Der Orgelbauer Johann Kavelens hatte 1506 die Orgel der Grote Kerk in Arnhem gebaut. Zu den Orgelwerken in der Nachfolge der Arnhemer Orgel gehört auch die Orgel des Kölner Doms.[64] Ob sich freilich Glareans Instrumentenangaben auf Register der Kölner Orgel beziehen, erscheint fraglich; wenn auch in brabantischen Orgeldispositionen Trommel und Nachtigall als Register vertreten sind, so entspricht doch die Aufzählung Glareans eher dem «Orchester» Nebukadnezars, wie es beim Propheten Daniel beschrieben ist:[65]

> «Nabuchodonosor rex fecit statuam auream altitudine cubitorum sexaginta, latitudine cubitorum sex ... Itaque Nabuchodonosor rex misit ad congregandos satrapas, magistratus et iudices, duces, et tyrannos, et praefectos, omnesque principes regionum ... Stabant autem in conspectu statuae, quam erexerat Nabuchodonosor rex. Et praeco clamabat valenter: Vobis dicitur populis, tribulis, et linguis: In hora, qua audieritis sonitum tubae, et fistulae, et citharae, sambucae et psalterii, et symphoniae, et universi generis musicorum, cadentes adorate statuam auream...» (Da ließ der König Nebukadnezar ein goldenes Bild von 60 Ellen Höhe und 6 Ellen Breite machen. ... Dann ließ der König Nebukadnezar die Satrapen, Statthalter, Vorgesetzten, Befehlshaber, Schatzmeister, Richter und Beamten sowie alle anderen Würdenträger der Provinz zusammenkommen ... Sie stellten sich vor dem Bild auf ... Darauf rief der Herold laut aus: ‹Euch, Völkern, Nationen, Zungen, wird hiermit verkündet: Sobald ihr die Trompeten, Pfeifen, Zithern, Harfen, Psalter und Sackpfeifen sowie alle anderen Arten von Musik ertönen hört, dann werft euch nieder zur Anbetung des goldenen Bildes ...›).

Die Kirche St. Gereon hätte Helena, die Mutter Konstantins d. Gr., erbauen lassen. In ihr befänden sich die Reliquien St. Gereons und seiner Gefährten,

[64] Hans *Klotz*, Die norddeutsche Orgelbaukunst und die Friedrich-Stellwagen-Orgel der St.-Jakobi-Kirche zu Lübeck, in: Acta organologica 13, 1979, S. 11–26. Hier S. 15. – Hans *Nelsbach*, Studien zur Geschichte des Orgelbaus in Köln, in: Zeitschrift für Instrumentenbau 50, 1930, S. 615–616; S. 637–639; S. 674–677. Nach der Aufstellung bei *Nelsbach* kommen für die fragliche Zeit in Köln folgende Orgelbauer in Frage: Diederich Oyart, der 1501 die Orgel der Kölner Ratskapelle in Ordnung brachte; Florenz Haeque von Graw, der 1515/16 die große Orgel der Stiftskirche St. Maria im Kapitol reparierte; Hans von Köln, der 1518 an der neuen Orgel in Xanten arbeitet; Hans Suess, der 1516 gleichzeitig Orgeln in Straßburg und in Kalkar baut.

[65] Hans *Klotz*, Die Kölner Domorgel von 1569–73. Ein neu aufgefundener Orgelbauvertrag, in: Musik und Kirche 13, 1941, S. 105–112. Hier S. 109. – Eric *Werner*, Die Musik im alten Israel, in: Neues Handbuch der Musikwissenschaft, Bd. 1, 1989, S. 76–112. Hier S. 88. Unter *symphonia* ist der Zusammenklang aller Instrumente nach einem Solo zu verstehen. – Daniel 3, 1–5. Biblia sacra, ed. P. Michael *Hetzenauer*, Ratisbonae et Romae 1922, S. 837. – Die Heilige Schrift, übersetzt von Paul *Riessler* und Rupert *Storr*, Mainz 1958, S. 1129f.

deren Geschichte Zwingli vielleicht aus der «Vita Sanctorum» bekannt sei. Die Leiber dieser Märtyrer lägen noch zum großen Teil in einer Quelle oder einem Brunnen: «Item in alia ęde sacra divi Gereonis sociorumque eius sacratissimę sunt reliquię a sancta Magni Constantini Helena constructa; eorum autem historiam forsitan in sanctorum vita perlustrasti. Sunt autem corpora eorum adhuc maior pars in fonte subversa, sive puteum nomines.»[66] Buchelius führt hierzu aus: «Nach der Sage hat Helena die Leichname des Hl. Gereon und seiner 318 Gefährten aus der thebäischen Legion, die um Christi willen auf Befehl des Kaisers Diokletian getötet wurden, in einem Brunnen dort gefunden und sie in Sarkophagen, wie man es heute sieht, beigesetzt. In der Mitte der Kirche ist eine Höhle und ein Brunnen, in dem, wie man glaubt, diese Gebeine einst ordnungslos gelegen haben. Hier brennt beständig ein Licht; wenn dies verlösche, dann, sagt man, walle wunderbarerweise das Blut in dem Brunnen auf und werde warm. ... Auch die Marmorsäule ist hier, an die Gereon, zum Tode verurteilt, gebunden worden sein soll. Man erzählt sich, daß keiner, der in Todsünde lebt, um sie herumgehen könne ...».[67]

Das Kloster der Dominikaner, an das heute nur noch ein Straßenname erinnert, war zur Zeit Glareans sehr bedeutend. Immerhin war hier, wo sich neben den Reliquien vieler anderer Heiliger auch solche aus der Schar der Hl. Ursula befanden, die Begräbnisstätte des Albertus Magnus. Im Kloster wohnten damals, wie Glarean berichtet, drei höchst bedeutende Doktoren der Theologie: «Cęnobiorum vero maximum ac lepidissimum Predicatorum videtur, in quo Alberti Magni corpus conspicitur multorumque aliorum sanctorum reliquię etiam ex virginum cohorte. In quo etiam cęnobio tres theologię doctores profundissimi.»[68] Deren Namen gibt er leider nicht an. In Frage kämen die dominikanischen Professoren Th. de Susteren, Jacobus de Hochstraten und Jac. Magdalius de Gouda, vielleicht auch noch Jeron. Reneri de Bolswardia oder Serv. de Vankel.[69]

Für Zwingli, der in Wien studiert hatte, war ein Vergleich zwischen Wien und Köln sicher interessant. Köln übertreffe an Größe Wien, schreibt Glarean; Wien habe aber mehr Häuser. Das läge daran, daß Köln zum großen Teil mit Weinreben und Gärten bebaut sei; deshalb glaubten alle, in Köln sei die Luft gesünder. Auf die Gärten und die Größe der Stadt weist auch Claude Joly hin. Die Stadt sei, so Glarean, von vielen Kaisern mit besonderen Privilegien beschenkt worden; die Universität habe aber nur wenige oder sozusagen keine, wie die Rektoren sagen. Ob dies richtig sei, könne er nicht entscheiden: «Civi-

66 Glosse 8.
67 Keussen (wie Anm. 44), S. 46. Vgl. Abb. 4.
68 Glosse 8.
69 Hermann *Keussen*, Die alte Universität Köln. Grundzüge ihrer Verfassung und Geschichte. Festschrift zum Einzug in die neue Universität Köln, Köln 1934, S. 427f. (Anhang).

Abb. 4: Säule in St. Gereon (Fotos 1–4 vom Verfasser)

tas autem Agrippina, quam passim Coloniam nominant, in latitudine Wienniam excedit, Wienna vero domorum structura Agrippine imperat; quinimmo media Agrippinę pars vitibus ac hortis edificata conspicitur, quare et aera hic saniorem existimant omnes. Est autem a multis cęsaribus privilegiis donata ipsa civitas. At Universitas pauca aut fere nulla habere dicunt rectores; verum ne sit in dubio relinquo.»[70] Da die Universität Köln eine städtische Gründung war, fehlten die kaiserlichen Privilegien. Die Stadt wiederum nahm im Gegensatz zu den Landesherren auf die Organisation der Universität kaum Einfluß, was deren Eigenständigkeit entsprechend förderte.[71]

Nach seinem Magisterexamen im Jahre 1510 widmete sich Glarean zunächst dem Studium der Theologie; seine Neigung galt aber mehr den humanistischen Wissenschaften, wozu ihn sicher auch die Krönung zum Poeta laureatus durch Kaiser Maximilian auf dem Reichstag in Köln 1512 ermutigte. Jedoch wollte er nicht auf Dauer in Köln bleiben. Hierfür war weder das angeblich enge geistige Klima der Universität noch der Reuchlinstreit der entscheidende Grund, sicher auch nicht allein das Kölner Bier und die Speisen, die ihm nicht bekamen. Wie erwähnt, hatte er Zwingli bereits in seinem Brief vom 13. Juli 1510 kundgetan, nach Basel gehen zu wollen.[72] Der Vorbereitung dieses Zieles diente auch seine Reise von 1510.[73] Als Magister lehrte er von 1514 bis 1529 an der Universität Basel, wie er es geplant hatte, unterbrochen von einem mehrjährigen Aufenthalt in Paris. Da durch die Wirren der Reformation in Basel ihm die materielle Basis entzogen wurde, indem seine Studenten ausblieben, sah er sich, wie Erasmus von Rotterdam und das gesamte Basler Domkapitel, gezwungen, 1529 die Stadt zu verlassen. Hochgeachtet lehrte er bis zu seinem Tode 1563 in Freiburg i. Br.; seinem katholischen Glauben blieb er, trotz anfänglicher Begeisterung für Luther, bis zu seinem Lebensende treu. Mit einem gewissen Stolz vermerken dies auch die Akten der Kölner Universität in einer Randbemerkung, die nach Glareans Tod von späterer Hand geschrieben wurde: «Poeta laureatus et arcium mathematicarum apud Friburgienses professor doctissimus. Obiit fide et religione catholica, cum propter aetatem ingravescentem utroque lumine captus esset.»[74]

Dr. Franz-Dieter Sauerborn, Littenweiler Str. 19, D-79117 Freiburg

[70] Glosse 3.
[71] Tewes (wie Anm. 5) S. 13.
[72] Z VII, S. 2ff.
[73] Sauerborn (wie Anm. 9), S. 127.
[74] Historisches Archiv der Stadt Köln, Univ. 481, fol. 67 (16. März 1510).

Anhang

*Glarean an Zwingli**

Viro erudito Uldrico Zuingli Henricus Glareanus sa[lutem] d[icit] p[lurimam].

Habes, vir excellentissime, divę Ursulę historiam, non quidem ut eam nullis indebit[is] tuis haberes, sed ut alia quam plurima adderem, quę vel vidissem vel ab aliis ita esse perceperim. Sed quia me rogaveras reliquias sanctorum Agrippinę quiescentes literis manifestarem, quum nullum libellum, ubi continerentur, acquirere possem, tum etiam quia ea non omnia viderim, non potui morem gerere. Quę enim potui, in marginibus addere volui. Nec enim cures, si parum elegantię in eo contineatur, quinimmo potius veritati quam elegantię studeo; itidemque forsitan et libelli auctor fecit.

Vita autem virginis Agrippin[ę] tam artificiose, tam concin[ne], tam denique exculte depicta est, ut nec Praxitelis ne[c] Apellis opera similia dicam in c nobio fratrum divi Joannis Baptistę. Nec autem eiusdem ędes sacra summa est, sed Trium Regum, quę (si completa esset) Wiennę divi S[te]phani excederet templum. Habentur autem regum corpora maxima in custodia.

At (r[es] nova) est itidem nobi ...[75] organum tanta industria constructum, ut chelym, sambucam, cytharam, tympana omneque genus sonorum audire se putat. De quo si ad te veniam, alia plura dicam.

Dem gelehrten Huldrych Zwingli besten Gruß von Heinrich Glarean.

Hier bekommst Du, Hochverehrter, die Geschichte der heiligen Ursula, nicht zwar so, wie Du sie verdient hättest, ich hätte im Gegenteil sehr vieles zu ergänzen, was ich zum Teil persönlich gesehen habe oder von anderen als richtig bestätigt hörte. Du hattest mich gebeten, ich möchte Dir über die Reliquien der Heiligen, die in Köln ruhen, schriftlich Auskunft geben; aber ich konnte den Wunsch nicht erfüllen, da es mir nicht möglich war, ein Büchlein zu beschaffen, in dem dies enthalten ist, dann auch, weil ich nicht alles gesehen habe. Was ich besichtigen konnte, habe ich in Randbemerkungen beigefügt. Sorge Dich nicht über die wenig elegante Ausdrucksweise, denn ich sah mehr auf richtige Darstellung als auf kunstvollen Ausdruck, wie es offenbar auch der Verfasser des vorliegenden Büchleins gemacht hat.

Das Leben der Kölner Jungfrau ist im Kloster zum Hl. Johann Baptist so künstlerisch, so geschmackvoll und vollendet dargestellt, daß ich selbst die Werke eines Praxiteles oder Apelles kaum damit vergleichen möchte. Ihr Heiligtum (d. h. Ursulas) ist keineswegs das bedeutendste, sondern vielmehr jenes der drei Könige, das, wenn der Bau vollendet wäre, selbst den Stephansdom in Wien in den Schatten stellen würde. Die Leiber der Könige werden auf das sorgfältigste aufbewahrt. Ebenda ist auch eine neue, weitberühmte Orgel, so kunstvoll eingerichtet, daß man Leier, Harfe, Zither und Tamburin und jegliche Art von Instrumenten zu hören vermeint. Hierüber mehr, wenn ich zu Dir kommen werde.

* Vgl. oben S. 21ff.

75 Vgl. Anm. 63.

Fuit Agrippinę tempore (si bene memini) autumni grandis theologorum contra doctor[em] quendam iurisperitum disputatio. Is namque cunctos Germanię principes mittentes damnatorum sive malefactorum corpora in necropoli mortale peccatum committere contendebat fortiter quidem probans, quum eloquens erat, natione Italus, patria Ravennatis apprimeque eruditus et argumenta (ut aiunt neoterici) Achileica adduxit non admodum pauca. Altera vero die theologi quęstionem deducentes coram non apparuit. Ita contrarium conclusum fuerat. Et eumipsum supremus theologorum doctor potius iudaiza[re] (ut quidem eo loquar) quam christianizare palam dixit. Sermones ante hac venustos facere solitus erat, ac posthac penitus obmutuit. De qua re tu itidem iudices. Si olim ad Glareanos tecum conveniam, singula dicam adamussius. Vale Mecęnas.

In Köln fand vergangenen Herbst (wenn ich mich recht entsinne) eine große Disputation von Theologen gegen einen Doktor der Rechte statt. Dieser behauptete nämlich, daß sämtliche Fürsten Deutschlands, die die Leichen von Verurteilten oder Verbrechern auf Friedhöfen bestatten lassen, eine Todsünde begingen, und um das kühn zu beweisen – denn er war sehr wortgewandt, italienischer Herkunft, und zwar aus Ravenna, und vielseitig gebildet – brachte er eine nicht geringe Zahl von Argumenten vor, Achillesbeweise freilich, würden die Modernen sagen. Als am folgenden Tage die Theologen die Frage öffentlich behandelten, erschien er nicht persönlich. So wurde das Gegenteil beschlossen. Und der höchste Doktor der Theologen äußerte, daß der Jurist weit mehr jüdische – um es einmal so zu sagen – als christliche Ansichten vertrete. Bis dahin war er gewohnt, anmutige Reden zu halten; aber von da an hielt er sich völlig still. Du wirst darüber wohl ebenso urteilen. Wenn ich wieder einmal mit Dir bei den Glarnern zusammenkomme, will ich Dir die Geschichte genauer erzählen. Lebe wohl, mein Gönner.

Glossen Glareans[*]

1. Illa inquam pictura diva Ursula depingitur. Corrupte autem nostris in oris: nam sunt multę alię sacrę virgines qui telis vitam finiere.

2. Dictum est autem mihi ex Scotia, quę et Anglia dicitur, Fridolinum nostrum fuisse, quę quidem regio fere ad circulum arcticum protenditur, u[t] inquiunt astrono[mi].

3. Dictum est mihi Colonos in eorum insigniis album rubeo[76] esse coniunctum ad designandum sanguinem profusum atque virginum sincęritatem atque castitatem, literis autem coronas propter Magos tres a Mediolano ad Agrippinam advestos, quod an verum sit, Apollinem in iudicem[77] voco: nihil enim pręter auditum habeo. Civitas autem Agrippina, quam passim Coloniam nominant, in latitudine Wienniam excedit, Wienna vero domorum structura Agrippine imperat; quinimmo media Agrippinę pars vitibus ac hortis edificata conspicitur, quare et aera hic saniorem existimant omnes. Est autem a multis cęsaribus privilegiis donata ipsa civitas. At Universitas pauca aut fere nulla habere dicunt rectores; verum ne sit in dubio relinquo.

4. Tumulum hunc non solum vidi, sed et manibus meis attigi.

5. De Cordula illa est ingeniosa ac perpulchra Agrippinę in eodem cęnobio, quod supra dixi, pictura.

1. Durch jene Zeichnung wird nämlich die heilige Ursula abgebildet. In unseren Gegenden geschieht es falsch; denn auch viele andere heilige Jungfrauen haben durch Pfeile ihr Leben verloren.

2. Mir wurde ferner gesagt, aus Schottland, das auch England genannt wird, stamme unser Fridolin, einem Gebiet, das sich nahezu zum Polarkreis erstreckt, wie die Astronomen sagen.

3. Mir wurde gesagt bei den Kölnern, daß in ihrem Wappen die Farben Rot und Weiß verbunden seien als Sinnbild des vergossenen Blutes und der Unversehrtheit und Reinheit der Jungfrauen; in ihren Urkunden dagegen Kronen wegen der drei Magier, die von Mailand nach Köln gebracht worden seien; für die Wahrheit rufe ich Apoll als Richter an: ich habe es nämlich nur vom Hörensagen. Die Stadt Agrippina, die man gewöhnlich Köln nennt, übertrifft an Größe Wien; Wien hingegen überragt durch die erbauten Häuser; Köln erscheint vielmehr zur Hälfte mit Rebbergen und Gärten bebaut, weshalb alle glauben, die Luft sei hier gesünder. Köln ist eine von vielen Kaisern mit Privilegien beschenkte Stadt. Dagegen habe die Universität wenige oder fast keine, sagen die Rektoren; ob es wahr ist, sei dahingestellt.

4. Dieses Grabmal habe ich nicht nur gesehen, sondern auch mit meinen Händen berührt.

5. Von jener Cordula gibt es ein hervorragendes und sehr schönes Gemälde zu Köln im gleichen Kloster, von dem ich zuvor gesprochen habe.

[*] Vgl. oben S. 25ff.

[76] rubeo: statt gestrichenem, unleserlichem Wort.

[77] Vgl. Anm. 62.

[78] Folgt gestrichen ein unleserliches Wort.

6. Et Aethereus in Aede sacra Virginis sacratę in sinistro[78] loco positus est auro argentoque perpulchre formatus.

7. Hi autem pueri cum matribus non fuerunt de cętu virginum XI[79] mille, quin omnis turba ad turmam hanc cucurerunt.[80]

8. At vero martyrum reliquię non in una ęde sacra requiescunt, sed in pluribus: immo in tota civitate apparent atque fulgent Dei delubra. Volo autem addere quę vidimus reliqua. In eiusdem virginis templo est hydria una, quum Christus vinum ex aqua concreasset. Item in alia ęde sacra divi Gereonis sociorumque eius sacratissimę sunt reliquię a sancta Magni Constantini Helena constructa; eorum autem historiam forsitan in sanctorum vita perlustrasti. Sunt autem corpora eorum adhuc maior pars in fonte subversa, sive puteum nomines. Cęnobiorum vero maximum ac lepidissimum Prędicatorum videtur, in quo Alberti Magni corpus conspicitur multorumque aliorum sanctorum reliquię etiam ex virginum cohorte. In quo etiam cęnobio tres theologię doctores profundissimi.

9. At hęc ipsa quę scribuntur vera esse minime dubites, licet enim non omnibus ostendantur hominibus, sed hęc, qui pecuniam porrigunt, vident et conspiciunt.

6. Auch Aetherius wurde, sehr schön in Gold und Silber gefasst, in der Kirche der heiligen Jungfrau auf der linken Seite aufgestellt.

7. Diese Kinder mit ihren Müttern gehören nicht zur Schar der 11 000 Jungfrauen; vielmehr kamen sie als Gefolge zur dieser Schar hinzu.

8. Aber die Reliquien der Märtyrer ruhen nicht alle in einer Kirche, sondern in mehreren, ja in der ganzen Stadt erscheinen und leuchten Kirchen Gottes. Ich will aber hinzufügen, was ich sonst noch gesehen habe: Ebenfalls in der Kirche der Jungfrau gibt es einen Wasserkrug, als Christus aus Wasser Wein erschaffen hat. Des weiteren befinden sich in der Kirche des Hl. Gereon und seiner Gefährten, die von Helena, der Mutter Konstantins des Großen, erbaut wurde, dessen heiligste Reliquien. Deren Geschichte hast Du vielleicht in der Vita Sanctorum durchgeschaut. Deren Körper befinden sich bis jetzt zum größeren Teil in einer Quelle, man könnte auch Brunnen sagen, wo sie hineingeworfen wurden. Von den Klöstern aber das größte und schönste ist das der Prediger, in dem der Leib des Albertus Magnus betrachtet werden kann wie auch die Reliquien vieler anderer Heiliger, auch aus dem Gefolge der Jungfrauen. In diesem Kloster wohnen auch drei höchst bedeutende Theologen.

9. Daß die beschriebenen Dinge wahr sind, wirst du kaum bezweifeln, obgleich sie gewiß nicht allen Menschen gezeigt werden; aber diejenigen, welche Geld darreichen, sehen und betrachten dies.

79 Folgt gestrichen ein unleserliches Wort.

80 Vgl. Anm. 52.

Historia Undecim Milium Virginum

Vorbemerkung

Die vorliegende Ursulalegende ist wahrscheinlich für die zahlreichen Pilger gedruckt worden, die Köln wegen der überragenden Reliquienschätze besuchten. Dem Text, der mehrfach und auch in deutscher Sprache gedruckt wurde, liegen hauptsächlich zwei Vorlagen zugrunde: die *PASSIO Sanctarum undecim milium virginum*[1], entstanden im letzten Drittel des 11. Jahrhunderts, und die *REVELATIONES seu imaginationes B. Hermanni Josephi*[2]. Der als Verfasser angegebene Selige Hermann Joseph war mit zwölf Jahren in das den Prämonstratensern nahestehende Kanonikerstift Steinfeld in der Eifel eingetreten. Seine Offenbarungen aus den Jahren 1183 bzw. 1187 stellen einen letzten bedeutenden Zuwachs der Ursulalegende dar, die Revelationes der Elisabeth von Schönau aus der Mitte des 12. Jahrhunderts übertreffend. Ob der im Brief als Verfasser genannte Frater N., in anderen Drucken auch C. oder T. genannt und in den REVELATIONES auch als Notarius bezeichnet, mit dem genannten Hermann Joseph identisch ist, wird von *Levison*[3] bezweifelt. *Levison* geht sogar davon aus, daß der Verfasser der REVELATIONES von 1183/87 sich über die Offenbarungen der Elisabeth von Schönau lustig macht, und seine Offenbarungen teilweise einer Parodie nahekommen. Jedenfalls liefert der «Notarius» eine Menge neuer Daten, z. B. das Alter Ursulas und ihres Bräutigams Aetherius. Dieser führte bis zu seiner Taufe, so weiß der Verfasser, den Namen Holofernes. Die angeführten Verwandtschaftsgrade der mitziehenden Könige und Fürsten ließen sich zu Stammbäumen zusammenstellen; viele neue Namen, die der «Notarius» der Legende hinzugefügt hatte, darunter auch Chimaera, Europa und Historia, verbanden sich mit zahlreichen neuen Reliquienfunden.[4] Die Grabfunde, eingeschlossen römische Grabsteine, machten eine Erweiterung des zuvor nur jungfräulichen Gefolges der heiligen Ursula um Könige, Fürsten und Bischöfe notwendig. Auch Papst Cyriacus gehört dank der Offenbarungen der Elisabeth von Schönau nun zum Kreis der Märtyrer.

[1] Acta Sanctorum Bd. 9 (Octobris), Brüssel 1858, S. 157–163 (im folgenden abgekürzt PASSIO).
[2] Acta Sanctorum (wie Anm. 1), S. 173–201 (abgekürzt REVELAT).
[3] Levison (wie Aufsatzteil Anm. 2), S. 125–139.
[4] In der Auseinandersetzung zwischen Kaiser Heinrich IV. und seinem Sohn Heinrich V. hatte sich die Stadt Köln auf die Seite des Kaisers geschlagen. Die zu erwartenden kriegerischen Auseinandersetzungen ließen eine neue Stadtbefestigung notwendig erscheinen, die auch die weiter außen liegenden Wohnbereiche einschließen sollte. Der hierzu errichtete Wall und Graben duchschnitt ein römisches Gräberfeld. Der Befestigungsbau und spätere Grabungen ließ die Zahl der Heiligen mächtig anwachsen. Die REVELATIONES des «Notarius» stellten hierfür ausreichend Namen zu Verfügung.

Der im folgenden edierte Text ist ein Kölner Druck, der in der Stiftsbibliothek St. Gallen (Inkunabel Nr. 1445, BB L IV 18) aufbewahrt wird. Er verwendet für die vorangestellte *Epistola* und den ersten Teil der Legende die REVELATIONES.[5] Dem zweiten Teil einschließlich der Datierung des Martyriums liegt die PASSIO zugrunde.[6] Das Kapitel *De principalibus Reginis, Ducissis et Comitissis* ist wieder den REVELATIONES entnommen.[7] Die restlichen Kapitel halten sich nur noch in groben Zügen an die REVELATIONES. Von den vielen dort genannten Fürsten und Bischöfen bleiben allenfalls noch die Namen, in seltenen Fällen noch eine knappe Charakterisierung sowie Hinweise auf Vorfahren, Verwandte oder Gefolge. Teile der *Legenda aurea* des Jacobus de Voragine schließen die durch Kürzungen entstandenen Lücken der Erzählung.[8] Vervollständigt wurde der Text durch Ergänzungen aus der lokalen Tradition.

Die Edition gibt den Text des Kölner Drucks (VORLAGE) wider; wo PASSIO oder REVELATIONES eine verständlichere Lesart bringen, wird diese vorgezogen und die Variante der VORLAGE in den Anmerkungen nachgewiesen. Ergänzungen des Herausgebers sind entweder kursiv oder in eckigen Klammern gesetzt. Zwei Schrägstriche kennzeichnen Seitenumbruch. Unterstrichene Teile sind in der Vorlage von Hand unterstrichen.

5 Acta Sanctorum (wie Anm. 1), S. 173–175.
6 Acta Sanctorum (wie Anm. 1), S. 157–161. Jahresangabe S. 163.
7 Acta Sanctorum (wie Anm. 1), S. 176.
8 Zitiert nach der Ausgabe von Richard *Benz*, Heidelberg 1955, S. 807–812.

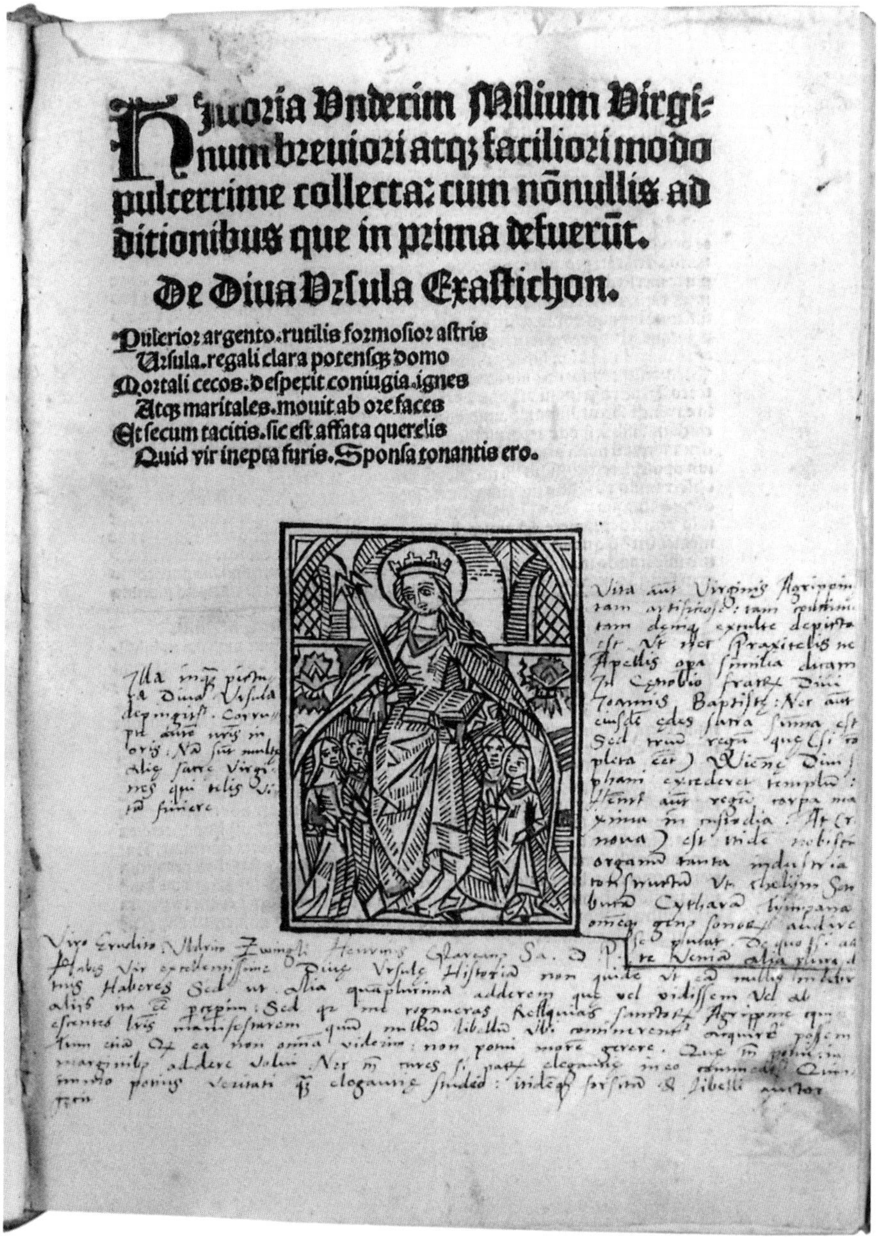

Abb. 5: Titelblatt der «Historia undecim milium virginum» mit Glareans Notizen (Stiftsbibliothek St. Gallen, Ink. 1445; Foto: Stiftsbibliothek St. Gallen)

Historia Undecim Milium Virginum

breviori atque faciliori modo pulcerrime collecta cum nonnullis additionibus, que in prima defuerunt.

De diva Ursula Exastichon.

Pulcrior argento, rutulis formosior astris,
Ursula, regali clara potensque domo
Mortali cecos despexit coniugia ignes
Atque maritales movit ab ore faces
Et secum tacitis sic est affata querelis:
Quid vir inepta furis? Sponsa tonantis ero.[9]

Epistola ad Virgines Christi super historia*m* nova*m* undecim Milium virginum celitus revelata*m*.[10]

Universis Christi virginibus piis ecclesie sancte filiabus frater N. salutem ad[11] interminabilem perennis vite iocunditatem. Anno Millesimo centesimo octogesimo tertio inspirante Domino, piaque ipsius genitrice cooperante cunctorum regina, novam Undecim milium virginum sacrarum[12] historiam describentes, ammonitione persuasi sumus divina, hac nostra charitate dedicati, et sanctitate[13]. Hec enim sunt verba regine celorum dicentis: Tu communi universorum utilitati providere disponis[14], hoc opus virginibus dedicando. Igitur eis ex parte mei scribas, eisque dicas, quatenus illas et castitate imitentur et sanctitate. Vos itaque venerande virgines, atque in Christo diligende, animo letanti cordeque devoto suscipite munus vobis celitus transmissum, scientes, quoniam, si eisdem sacris virginibus debitam exhibueritis reverentiam, devotoque honore, et studio eas dilexeritis, meritis illarum apud Dominum suffragantibus premio vos donari perpetuo. Porro et fratribus Premonstratensis Ordinis eandem quoque dedicari iussit historiam, dicens illos amatores Undecim milium virginum et veneratores esse precipuos. Beata quoque Ursula earundem sacratissimarum domicellarum[15] princeps et magistra hoc opere

9 Vorlage: Unter dem Titel folgt ein Bild der Hl. Ursula, links des Bildes steht die Glosse 1.
10 Revelat: Incipit epistola ad Virgines, Christi universas, super historiam novam undecim milium Virginum caelitus nuper revelatam.
11 Revelat: ac.
12 Revelat: fehlt: sacrarum.
13 Revelat: hanc vestrae caritati dedicare, et sanctitati.
14 Revelat: dispone.
15 Revelat: sanctissimarum dominarum.

ferme peracto cuidam visibili specie apparuit, dicens: Cunque idem[16] hoc opus describeret, nos undena virginum milia coram Domino stantes oravimus, quatenus ipse Dominus pro labore huius opusculi, retributionis illi mercedem restituat. Lectores igitur nostros[17] monentes obsecramus, ne subito mentis vulnere saucientur[18], dicentes: Quis istis diebus et modernis antiquorum facta, personas, nomina, conditiones[19] genealogias scire poterit, aut[20] stilo veraci depromere? O amice Christi, cur super his ambigendo dubitas? Nonne idem Spiritus, qui quondam patribus nostris ea, que de[21] ipso mundi exordio acciderunt, celitus inspirando manifestavit, potest et nunc sancta[22] sanctarum[23] virginum suarum expeditionem sanctam et mirabilem illarum dilectoribus ad laudem, et gloriam suam, atque ad plurimorum edificationem pandendo revelare?

Incipit[24] Passio Undecim Milium Virginum.[25]

Deus ab eterno cuncta sapienter disponens occasione nuptiarum nobilissime virginis Ursule, suique[26] sponsi iuvenis regii et preclarissimi totius orbis nobiliores domicellas virgines et iuvenculas sapienti suo consilio ac providentia ad celestes invitare dignatus[27] nuptias, Filio suo regi eterno desponsandas perpetuoque secum permansuras, quocirca[28] beatarum Undecim milium sacre virginum reliquie[29] apud Christi fideles non sunt parvi pendende. In uno siquidem loco civitate Colonia universe pro Christo[30] sponso suo celesti et amatore martyrii palmam consecute[31] sunt gloriosam[32]. Nunc itaque per orbem Dei providente clementia, disperse suis veneratoribus apud Dominum precibus assiduis succurrunt, ipsarumque suffragiis[33], pia celorum regina earundem ductrix et patrona amatoribus illarum pie opitulari non cessat. Denique in passio-

16 Revelat: Cum hic idem Notarius
17 Revelat: fehlt: nostros.
18 Revelat: vulnere scandalizati saucientur.
19 Revelat: conditiones, et.
20 Vorlage: ant.
21 Revelat: ab.
22 Revelat: fehlt: Sancta.
23 Revelat: sacrarum.
24 Vorlage: vor incipit ist eine nach rechts zeigende Hand gezeichnet.
25 Revelat: Incipit revelatio nova itineris et passionis undecim milium virginum. Caput primum. S. Ursulae et sociarum gesta usque ad susceptam peregrinationem Romanam.
26 Revelat: suique; Vorlage: fuitque.
27 Revelat: dignatus est.
28 Revelat: quare.
29 Revelat: Undecim milium virginum sacrae reliquiae.
30 Revelat: fehlt: Christo.
31 Revelat: assecutae.
32 Revelat: gloriosam; Vorlage: gloriam.
33 Revelat: suffragiis, et meritis.

ne ipsarum satis ostenditur illustris gloria earum, et martyrii triumphus.[34] Preterea et Dominus ipsarum sponsus et amator, ampliori eas adhuc volens gloria clarificare, nuper anno millesimo centesimo octogesimo tertio, que huc usque super illarum peregrinationis itinere latebant, et gestis, dignatur revelare. In exordio autem[35] narrationis huius iuxta eiusdem Beate Ursule ammonitionem, que ceterarum ductrix exstitit[36] virginum et magistra, passionis[37] earum seriem tangemus, que vel unde fuerunt[38], atque genus et patriam ostendemus.[39]//

Ex*celsus*[40] Rex quidam paganus Beatam
Ursulam filio suo desponsari rogavit.[41]

Ceterum rex quidam de Britannia maiori[42] fuit oriundus, nobilis et religiosus, uxorque illius generosa similiter erat, illustris et religiosa. Qui, cum liberis carerent, quotidianis beneficiorum obsequiis, iugique orationum instantia obtinuerunt a Domino filiam, qui se filium speraverunt impetraturos. Quam educantes secundum legem Domini eam docebant incedere Ursulamque proprio nomine nuncupabant[43]. Hec cum ad annos pervenisset nubiles, elegans valde fuit et decora universorumque oculis gratissima. Denique et morum illius honestas atque modestia ubique predicat*ur* ubique laudat*ur*[44]. Fama tandem ipsius felix et suavis, odorque bone opinionis eius ad regem anglie[45] quendam pervenit paganum, sed divitiis atque potentia huius puelle patre fortiorem. Rex siquidem hic[46] austeri erat animi, sed uxor illius ab infantia bonis pollebat moribus. Qui filium habebant iuvenem et honestum in omnibus. Porro iuvenis idem regius[47] bone extitit indolis, speciosus forma et decorus. Cui pater et mater prefati iuvenis ei et regi filiam[48] in matrimonium copulare querebant. Consilio sane

34 Revelat: triumphus, evidentius tamen in virginis cuiusdam memoriae felicis Elisabeth visione, nobilis illarum profectio, et magnificentia habetur conscripta.

35 Revelat: itaque.

36 Revelat: exstitit; Vorlage: existit.

37 Revelat: passionis; Vorlage: passionum.

38 Revelat: fuerint.

39 Revelat: Plures sane religiosorum vidimus, qui ignorabant penitus, cuius conditionis forent aut nationis. De diversis siquidem partibus erant, Anglorum, Britonum, Wallionum, Scotorum, atque ex aliis adhuc pluribus regnis, et regionibus fuerunt oriundae. Porro et reges quidam, duces, comites, ac principes, atque episcoporum plerique cum eis sunt profecti, et matronarum plures, gloriosum cum illis martyrii subeuntes tropaeum.

40 Vorlage: Vor Excelsus ist eine nach rechts zeigende Hand gezeichnet.

41 Revelat: am Rand: Cap. II: Rex paganus S. Ursulam filio suo sponsam rogat.

42 Revelat: minori.

43 Revelat: appellabant.

44 Revelat: ubique praedicabatur, ubique laudabatur.

45 Revelat: fehlt: anglie. Vorlage: am rechten Rand Glosse 2.

46 Revelat: hic idem.

47 Revelat: fehlt: idem regius.

48 Revelat: mater eius praefati regis boni filiam.

habito mittunt legatos, cum blanditiis tentant, et promissis parentum animos[49] ad consensum allicere, tum[50] etiam minis gestiunt compellere nolentes. Quid[51] plura? Religioso rege super filia nihilominus religiosa et pudica titubante nimisque fluctuante, quid sibi foret[52] agendum, mittitur de celo angelus huius copule paranymphus, suadet filiam consensum prebere legatis, sponsam vocari, dotalicia suscipere et proprium patrem de periculis imminentibus eruere alterumque regem una cum filio promissis nuptiis letificare. Preterea suadet Ursulam virginem undecim milia virginum expetere, quarum ex societate triennio instruatur nuptiis preparanda futuris. Suscepto igitur nuncio bono, legati revertuntur in regionem suam, hilares; bona nunciant, regem et filium letificant. Continuo universarum provinciarum virgines[53] convocantur filie, regum, ducum et[54] principum, comitum[55] ac nobilium, et militaris generis puelle. In plures siquidem[56] regiones tunc temporis illa fuere regna divisa. Rex tamen idem pater iuvenis labore permaximo acies virginum electarum plures congregans predicte virgini Ursule, cum ingenti dirigit apparatu et gloria. Pater sane eiusdem virginis, virgines electas, elegantes, nobiles[57] ubique colligens et adiuvans[58] illi donavit. Quas illa velud celitus transmissas[59] suscipiens, fide Christi[60] instruxit. Venerunt sepius angeli eis[61] de celis directe[62], visitare illas, atque in bono corroborare proposito. Denique et angeli tenebrarum crebrius venerunt nuptias eis suadere legitimas, atque opera maligna, et desideria carnis adimplenda incitare. At ille Dei adiute gratia, atque angelorum sanctorum munite custodia, in religioso fuerunt quotidie proficientes studio: angeli siquidem, de celis missi[63] Beatam Ursulam omnem futuri triumphi seriem edocentes, predicunt eas Coloniam pariter ituras[64] gloriosique[65] martyrii tropheo omnes coronandas.[66]

49 Revelat: animum.
50 Revelat: cum.
51 Vorlage: Quod.
52 Revelat: esset.
53 Revelat: fehlt: virgines.
54 Revelat: fehlt: et.
55 Revelat: comitumque.
56 Revelat: siquidem reges, et regiones.
57 Vorlage: nodiles
58 Revelat: adunans.
59 Revelat: sibi transmissas.
60 Revelat: Christi et religione, virgo et nobilis et gloriosa nobiliter instruxit.
61 Revelat: inter eas.
62 Revelat: directi.
63 Revelat: fehlt: missi.
64 Revelat: pariter ituras.
65 Revelat: gloriosoque.
66 Hier endet zunächst die Übereinstimmung mit Revelat. Der folgende Teil entstammt der Passio Sanctarum undecim milium virginum, beginnend mit der Überschrift: S. Ursulae et Sociarum nautica instituta et itinera Coloniense et Romanum.

Concordi igitur[67] duorum regum studio, iuxta regalem magnificentiam mirifice perfecta classe, completoque electissimarum virginum disposito divinitus numero, virginum[68] cohortes ad reginam convenerunt. Tunc Beata virgo Ursula, quod diu desiderabat, virgineo vallata exercitu, hilari vultu et animo primum debitas Deo gratiarum actiones exsolvit[69]; deinde quasi fidissimis commilitonibus suis consilii sui in[70] arcanum innotuit, eas[71] in divini timoris (imoque perfecta caritas foras mittit timorem)[72] in divini amoris observantiam piis exhortationibus erudivit et corroboravit. Puellares autem cunei saluberrima regine sue monita arrectis auribus avidissime audientes cordaque cum manibus ad celum levantes, quasi iam militari sacramento coniurate in Christum ad omnia divine religionis munia et[73] devotionem suam[74] spoponderunt mutuaque alacriter[75] seipsas in hoc studium hortate[76] sunt.

Post hec dato signo, quia mare contiguum erat, raptim ad naves convolant, armamentaria[77] explicant, altumque petentes, modo incursibus[78], modo discursibus, interdum fugam, interdum bella[79] simulant, // omnique ludorum genere exercitate nihil, quod animo[80] occurrisset, intentatum relinquunt. Ad huiusmodi[81] spectaculum pius rex cum grandevis patribus, cunctisque regni primatibus frequenter aderat.

Sic ergo cum multa iucunditate celebrato per triennium hoc martyrii preludio, cum adornatis sponsalibus condicta nuptiarum die iuvenis in amorem virginis animum perurgeret, Beata Ursula, quamvis divine promissionibus non[82] incredula, pro humana tamen infirmitate solicita consodales[83] suas, quas[84] in Domino tam verbis, quam exemplis erudierat, ut in tali rerum articulo divine misericordie ianuam instantius pulsarent et[85] sub rege[86] suo celesti irrepre-

67 Passio: itaque.
68 Passio: virgineae.
69 Passio: exsolvit; Vorlage: exoluere.
70 Passio: fehlt: in.
71 Passio: easque.
72 Passio: fehlt: in divini timoris (imoque perfecta caritas foras mittit timorem).
73 Passio: fehlt: et.
74 Passio: fehlt: suam.
75 Passio: alacritate
76 Passio: cohortatae.
77 Passio: armamentaque.
78 Passio: concursibus.
79 Passio: bellum.
80 Passio: animae.
81 Passio: huiusmodi ergo.
82 Passio: ...divino promissionis oraculo non ...
83 Passio: convirgines.
84 Passio: quas iam.
85 Passio: fehlt: et.
86 Passio: sub quo regi.

hensibiliter militarent[87]. His dictis[88], devote[89] virgines toto corde lachrymas effuse supernum ceperunt invocare auxilium[90].

Pius autem Dominus, qui semper prope est omnibus se in veritate invocantibus, impulsam[91] classem sub unius diei[92] spacio, flante prospere vento[93] in portum, qui Tiela[94] dicitur, tam[95] navium quam puellarum numerum pertulit. Adductisque ancoris adverso flumine remigantes[96] ad insignem illam Germanie metropolim Coloniam (ubi nunc corpora earum in pace requiescunt) tandem pervenerunt.

Unde ad angeli monitionem Romam tendentes ad urbem Basileam applicuerunt et ibidem relictis navibus Romam pedestres venerunt, ad quarum adventum papa Ciriacus valde gavisus est, cum ipse esset de Britannia, de quo dicetur infra in capitulo de nomine episcoporum.[97]

Ubi cum per dies aliquot perlustratis ubique diversis sanctorum limitibus[98] pervigiles in oratione Deo animas suas commendarent[99] lachrymisque interiorem habitum quasi iam ad eterni regis triclinium processure studiosius componerent, peractis tandem votis itinere, quo venerant, Basileam reverse sunt, ascensisque navibus, per decursum Rheni prono alveo defluentes et armis spiritualibus tam contra spirituales nequitias quam contra omnes persecutionum pressuras se premunientes[100] tandem Coloniam Agrippinensem applicuerunt.

Aderat tunc[101] ibi barbara Hunorum gens, que peccatis hominum exigentibus, urbem Coloniam arta[102] obsidione vallaret. Et ecce Barbari more suo velocissimos[103] discursores exploratore premisso subito magnis clamoribus[104] super eas irruerunt et quasi lupi in ovilia agnorum irruptione facta infinitam illam multitudinem inhumana crudelitate peremerunt.

87 Passio: militassent.

88 Passio: His dictis, cum quasi iam currentibus stimulum addidisset, ...

89 Passio: devotae Deo.

90 Passio: ex toto corde in lacrymas profusae, tam sua singulae, quam pro reginae virginitate conservanda, coeperunt auxilium ardentissima spiritus contritione invocare.

91 Passio: impulsamque.

92 Passio: diei noctisque.

93 Passio: spacio, secundo curso.

94 Wohl Tiel an der Waal.

95 Passio: integro tam.

96 Passio: subremigantes.

97 Legenda Aurea (wie Anm. 8): Darnach fuhren sie auf des Engels Geheiß gen Rom. Und da sie kamen zu Basel, landeten sie daselbst und ließen da ihre Schiffe, und zogen zu Fuß gen Rom. Da freuete sich ihrer Ankunft der Papst Cyriacus, denn er war selbst in Britannien geboren.

98 Passio: liminibus.

99 Passio: commendarent; Vorlage: commmendarunt.

100 Passio: communientes.

101 Passio: tum.

102 Passio: arcta.

103 Passio: per velocissimos.

104 Passio: discursores explorata re, subito cum clamore ...

Cunque beluina[105] rabies ad Beatam Ursulam iugulando pervenit[106], mirabili eius pulcritudine[107] conspecta manum animumque represserunt, ipseque princeps scelerum[108] videns eius miram pulcritudinem opstupuit inquiens: Forma tua dat speciem magnam,[109] et magnis natalibus orta es, iuravitque in diis suis dicens: Si[110] pridem ad intercedendum ascendisses, nullam iacturam in tuo comitatu[111] pertulisses. Sed consolare, dilecta, et gaude[112] et noli dolere de morte[113] tuarum quia digna habita es,[114] quem Romanum tremit Imperium, merearis habere maritum. Virgo autem cogitans, que domini sunt, et quasi principem tenebrarum respuit, qui se contemptum videns in beatam Ursulam (que tam dissolvi cupiebat et esse cum Christo) se divertens directa sagitta eam transfixit.[115] Sicque candidissimi exercitus regina, ictu sagitte transverberata, super nobilem comitem[116] suarum acervum, velut celeste margaritum corruit, purpureoque sanguine (quasi secundo baptismate dealbata) cum tot victricibus turmis ad celeste palacium migravit laureata.

O quale hac die in celo factum[117] tripudium, qualis occursus supernorum civium de augmento ordinis[118] gloriantium! O Sancta Colonia, que et[119] incomparabili hoc thesauro beatior. Fugatis tandem[120] pacis hostibus conclusisque civibus insperata pax reddita est, longoque luctu Colonia soluta est[121]. Colonienses portis[122] eruperunt, et ecce[123] super nudam humum inhumata virginum cadavera invenerunt. Sed quia facile adverterant[124] devotas[125] Deo virgines pro conservando[126] pudicicie signaculo[127] occubuisse, unanimi consensu,[128] quasi

105 Passio: Cumque belluina illa
106 Passio: pervenisset, satellites moti, ...
107 Passio: admirabili pulchritutine eius
108 Passio: fehlt: videns eius miram pulcritudinem, opstupuit.
109 Passio: magnum dat specimen, quod de ingenuis magnisque puella ...
110 Passio: quia si.
111 Passio: nullam in comitatu tuo iacturam.
112 Passio: gaude sorte tua.
113 Passio: morte virginum.
114 Passio: quae me totius Europae victorem, quem etiam ...
115 Passio: der Text von respuit bis transfixit nicht enthalten.
116 Passio: comitum.
117 Passio: factum est.
118 Passio: ordinis sui.
119 Passio: ut etiam Colonia illa Beata, et ...
120 Passio: Fugatis ergo.
121 Passio: ... luctu soluti Colonienses, portis eruperunt, et ...
122 Passio: portis; Vorlage: porte.
123 Passio: ecce passim.
124 Passio: animadverterant.
125 Vorlage: devotos.
126 Passio: conservandae.
127 Passio: signaculo, in agone martyrii ...
128 Passio: consensu, non quasi homines, sed quasi ...

Deum in humanis corporibus venerantes, non sumptibus pepercerunt,[129] sed humillime venerationis studio pro se quisque satagentes[130], alii dilaniata et[131] disiecta martyrum membra congregant[132], alii vestibus cooperiunt, alii terram effodiunt, brevique tempore, sicut hodie illic est cernere, sanctissime virginum reliquie ad eternam Coloniensium[133] // gloriam pausant[134] in pace.[135]

Exquo in illo loco seu ambitu virginalis sepulture nemo usque hodie mortui cuiusque corpus ibidem valeat sepeliri[136]. Quod patet per quendam puerum filium regis Britannie, quo mortuo magna devotione affectavit pater hunc sepeliri in ecclesia Undecim milium virginum. Quo humato omni mane reperiebatur[137] tumba cum puero eiecta et supra terram stans ad designandum, quod in hoc sancto loco merito nullum cadaver requiesceret. Et hic idem puer ad spacium unius cubitus supra terram elevatus in hunc usque diem in eodem loco cernitur. Lauda ergo Dominum, Colonia, quoniam confortavit seras portarum tuarum et posuit fines tuos pacem et tanto premisso[138] pignore benedixit filiis tuis in te.

Quedam[139] autem virgo nomine Cordula[140] timore perterrita in navi nocte illa se abscondit, sed in crastinum sponte morti se offerens martyrii coronam suscepit. Sed cum dies eius festus non fieret eo, quod cum aliis passa non esset, post longum tempus cuidam recluse apparuit precipiens, ut sequenti die a festo virginum eius quoque solemnitas recolatur.[141]

129 Passio: non privatis, non publicis sumtibus pepercerunt, dum non modo humanitatis officio, verum etiam humillimae ...

130 Passio: satagentes; Vorlage: satagebat.

131 Passio: fehlt: et.

132 Passio: congerunt.

133 Vorlage: am unteren Rand Glosse 3.

134 Passio: pausaverunt.

135 Die Legende berichtet: Aber diese Stadt wurde gerade von einem wilden Volke, den Hunnen belagert. ... Die Barbaren aber ergriff plötzlich ein gewaltiger Schrecken. Sie sahen himmlische Heerscharen, die so viele Bewaffnete zählten, als sie Jungfrauen ermordet hatten. Da eilten sie in wilder Flucht davon. Die Bürger Kölns, die nun aus den Toren kamen, fanden die Leichname der erschlagenen Jungfrauen, begruben sie auf das ehrenvollste und errichteten über ihren Gräbern eine Kirche. Zitiert nach: Franz *Bender*, Illustrierte Geschichte der Stadt Köln, 10. Aufl., Köln 1924, S. 45.

136 Passio: audeat sepelire. – Der Text dieses Satzes weicht insgesamt von der Passio ab. In der Passio wird auf die Erneuerung der Gedächtnisstätte durch Clematius hingewiesen, während die Erzählung von der Bestattung des englischen Königsknaben, auf die der Kölner Text hinweist, nicht vorkommt. Nach dieser Auslassung wird der Text der Passio ab Lauda ergo Colonia wieder übernommen.

137 Vorlage: am rechten Rand Glosse 4.

138 Passio: promisso.

139 Vorlage: Vor Quedam ist eine nach rechts zeigende Hand gezeichnet.

140 Vorlage: am rechten Rand Glosse 5.

141 In der Passio ist dem Martyrium der hl. Cordula und der Revelatio der seligen Helentrudis ein eigenes ausführliches Kapitel gewidmet.

Passe sunt Anno a natali christiano CCXXXVIII.[142]

De[143] principalibus Reginis Ducissis et Comitissis.

Erat autem beata Ursula filia regis Britannie omnium harum virginum ductrix[144] et regina. Nutu Dei, episcoporumque consilio, qui cum ea fuerunt, navigiis preparatis, ad se accersitis[145] prudentioribus tam virginum quam virorum, numerant sanctorum[146] acies, constituunt principes, eligunt sanctiores undecim[147] virgines. Divisisque[148] virginum milibus cuilibet millenario unam delegant[149] ex his undecim magistram et principem super universa sacrarum[150] virginum agmina. Quarum beata Ursula piissimi regis [filia], nomine Notus, omnium[151] erat caput et[152] princeps, prudens valde et mente sagax. Postquam Pynnosa[153], illustris cuiusdam ducis filia patrui Beate Ursule.[154] Postquam Cordula, filia cuiusdam nobilis comitis. Postquam Eleuteria, filia amice Sancte Ursule et ducis. Postquam Florentia, filia regis Egidii, qui consobrinus fuit Beate Ursule[155]. Iste quinque virgines quasi capita erant super exercitum omnium[156] virginum. Post has undecim elegerunt virgines regum et ducum filias ac comitum, animo[157] prudentes, mente intellectu[158] sagaces, quarum quevis mille preficitur virginibus, illas instruendo, quarum ista sunt nomina: Beata Iota[159], filia regis cuiusdam, virgo sapientissima, moribus insignis et ornata virtutibus.

142 Über das Jahr des Martyriums sind sich die Legendenschreiber nicht einig. Das Jahr 238 ließ sich schlecht mit den Hunnen und ihrem Anführer, gemeint ist wohl Attila, manchmal auch Julius genannt, vereinbaren. So wird als weiteres Jahr 452 angegeben. Auch hier lassen sich gewisses Probleme nicht verheimlichen, da die in der PASSIO erwähnte Wiederherstellung der Gedenkstätte der Jungfrauen durch Clematius vor dem Martyrium stattgefunden hätte. Außerdem haben die Hunnen Köln nicht belagert; allerdings gab es um die Mitte des 5. Jahrhunderts einen Überfall der Franken auf Köln, auf den die Legende zurückgehen könnte.

143 VORLAGE: Vor De ist eine nach rechts zeigende Hand gezeichnet.

144 REVELAT: Beata Ursula ceterarum ductrix.

145 REVELAT: accitis.

146 REVELAT: sodalium.

147 REVELAT: sanctiores, animoque constantiores undecim.

148 REVELAT: Divisis itaque.

149 REVELAT: deligunt.

150 REVELAT: universa quippe sociarum.

151 REVELAT: agmina istae primae exstiterunt et maiores: Beata Ursula, piissimi regis filia, omnium.

152 REVELAT: fehlt: et.

153 REVELAT: Beata Pinnosa.

154 Der Text von REVELAT wird nur mehr bruchstückhaft übernommen.

155 REVELAT: consobrinus fuit patris Beatae Ursulae.

156 REVELAT: omnem.

157 REVELAT: regum filias, ducum, principum ac comitum, animo.

158 REVELAT: mente intelligentes atque sagaces.

159 REVELAT: Prima fuit Beata.

Hec secum habuit duas sorores, Sanctam[160] Geminianam et Beatam Iusticiam, que Beate Ursule fuerunt cognate. Secunda erat Benigna[161], cuiusdam ducis filia illustrissimi, quam quattuor sequebantur sorores, Sibilia[162], Mobilia Eufrosina et Eustachia. Tertia Beata Clementia, filia potentissimi comitis, que duas secum habebat sorores, Iulianam videlicet et Inductam[163]. Quarta Sapientia[164], filia principis nobilissimi filia, patrui Beate Ursule, que secum habebat duas sorores, Eulalia et Serena[165]. Quinta Carpophora, filia cuiusdam boni comitis, que duas secum habebat sorores, Eutropiam et Palladoram. Sexta Sancta Columba, filia regis, quam sequebatur una soror Sancta[166] Cordula. Septima Sancta Benedicta, filia principis inclyti et devoti, et isti quattuor erant sorores, Cornula[167], Prudentia, Sapientia et Illustris. Octava Sancta Odilia, filia comitis, ista duas secum habebat sorores, Iuliam et Verficiam[168]. Nona Sancta Celindis[169], filia comitis, multum elegans et formosa, que secum unam habebat sororem Virgiliam[170]. Decima Sancta Sibilia, filia regis, viri strenui; et hanc secute sunt tres sorores, Iulia[171], Lucia et Eugenia. Undecima Beata Lucia, virgo prudentissima, et illustris animo, filia regis, et fuit cognata sponsi Sancte Ursule, que unam secum duxit sororem nomine Placidam. Iste undecim virgines super universum sanctarum virginum cetum gerebant magisterium, et quelibet earum mille prefuit virginibus // regens eas atque gubernans.

De[172] Cetu Episcoporum

Deinde nomina episcoporum in medium proferemus. Quorum primus erat Donatus, qui postea Rome factus papa mutato nomine dictus est Ciriacus. Hic relicto papatu has sacras virgines est secutus easque Rome magno gaudio baptisavit, descendens cum eisdem Colonie est martyrisatus. Quem secuti sunt duo Cardinales, Pontius [et] Petrus. Etiam duo diaconi, Calixtus et Kilianus. Similiter subdiaconi tres. Ambrosius Iustinus et Christianus. Sequebatur similiter unus[173] Florentius, sancte Romane ecclesie archidiaconus. Principes etiam duo Sanctum Ciriacum sequebantur, Eugenius et Nicostratus, omnes parati

160 Revelat: fehlt: Sanctam.
161 Revelat: Sancta Benigna.
162 Revelat: Sancta Sibilia.
163 Revelat: Sanctam Iulianam et Beatam Inductam.
164 Revelat: Sancta Sapientia.
165 Revelat: Sanctam Eulaliam et Beatam Serenam.
166 Revelat: Beata.
167 Revelat: Sanctae ...
168 Revelat: Beatam Iuliam et Sanctam Urstitiam.
169 Revelat: Beata Celindris.
170 Revelat: Sanctam.
171 Revelat: Beatae Iuliana.
172 Vorlage: Vor De ist eine nach rechts zeigende Hand gezeichnet.
173 Revelat: eum.

animas suas dare Christo.[174] Etiam Sanctus Pantulus, primus christianus episcopus Basiliensis. Etiam Sanctus Iacobus, episcopus in Antiochia. Item Sanctus Cesarius, episcopus Meldensis, frater matris Sancte Ursule. Iam[175] sequuntur nomina episcoporum, qui sponsum[176] Sancte Ursule sequebantur. Primus fuit Wilhelmus, vir prudens de regali stirpe, progenitus consobrinus patris Sancte Ursule. Secundus Columbanus, vir nobilis et filius Sancte Alexandrie, sororis matris Sancte Ursule. Tertius fuit Albanus. Quartus Sanctus Eleutherius, vir magni consilii et illustris. Quintus Sanctus Lotharius, consobrinus nobilissimi iuvenis sponsi Beate Ursule, vir animo castus et bene discretus. Sextus Sanctus Mauricius, Levitane urbis episcopus. Septimus Sanctus Folarius, Lucensis episcopus. Octavus Fulpicius, Ravensis episcopus.

De[177] nominibus principum regum et ducum et nobilium virorum.

Fuerunt preterea inter eas principes: quorum primus erat sponsus Sancte Ursule <u>nomine Ethereus,</u>[178] filius regis Anglie, habens ab etatis anno XXVI et tres menses. Hic venit obviam Sancte Ursule Maguntie, ibidem a Sancto Ciriaco papa cum magno gaudio susceptus ibique et baptisatus et in ulnis Sancte Ursule ipsum in fide confortande gladio est transfossus. Cuius nomen ante baptismum fuit Holofernes. Secundus rex erat rex Oliverius. Tertius Crophorus. Quartus Lucius. Quintus rex Clodoneus[179], vir strenuus[180], cum uxore sua nomine Blandina. Sextus rex erat Camitus[181] cum uxore sua Balbina. Septimus regum Pupinus[182] de orientali plaga cum uxore sua Margarita, consanguinea Sancte Ursule. Octavus rex Adulfus cum uxore sua Dionysia. Nonus rex Amitus[183] nomine, vir probus et mitis, qui secum habuit duas filias, Columbam et Cordulam. Decimus rex Sirianus cum uxore sua Sibilia, et tres illius sorores sunt secute. Undecimus Refridus, qui per uxorem suam iuvenculam est conversus. Nos sane omnes bonos reges virtute, potentia, divitiis audemus regum nominibus appellare. Erant tunc temporis regum regina modica, sicut in libro Regum[184] legitur, quod trigintaduo reges contra tres ad bellum venerunt parati.

175 Vorlage: vor Iam Zeichen ¶.
176 Vorlage: sponsam.
177 Vorlage: Vor De ist eine nach rechts zeigende Hand gezeichnet.
178 Vorlage: am linken Rand Glosse 6.
179 Revelat: Clodoveus.
180 Vorlage: strennuus.
181 Revelat: Canutus.
182 Revelat: Pipinus.
183 Revelat: Avitus.
184 1. Kön. 20, 1.

De[185] diversis martyribus ex diversis terris in communi.

Affuerunt adhuc plures de ceteris regnis principum filii et filie regum, ducum et comitum tam de Hibernia, Normania, Normandia, de Flandria, Brabantia et Frisia etcetera. Fuerunt etiam in hoc cetu plures quam quingenti pueri preter hos, qui in utero materno sunt interempti, quemadmodum in earundem sanctarum reliquias et corpora tam parva inveniuntur et hodierno die ostenduntur ossa et corpuscula, ut vix trium mensium temporis[186] spacium a die conceptionis eorum videantur habere. Ita quod numerus erat maior quam trigintasex milium martyrum.[187] O quantus exercitus virginum et sublimium personarum ille erat, cum quanto gaudio et ingenti tripudio Coloniam tendebant celitus sibi promissam felicis triumphi coronam totoque affectu illam desiderantes ad bravium se festinarunt. Glorietur enim superna Hierusalem et celestis illa curia, que tot ingenuis civibus est ampliata. Glorietur Colonia talem thesaurum apud se reconditum tenens, quem omnis miratur natio, quicunque illum inspexerit.[188] Osten-//duntur ibidem in ecclesia Virginum quedam virgines, quarum due sunt de partibus Cicilie, quarum una vocatur Barthimia habens pulcerrimos crines in capite multo sanguine perfusos.[189] Altera soror ipsius nomine Arthimia, que ultra secentis annis in terris iacuit, adhuc pulcerrimos crines in capite ferens cum pelle testudini inherendo[190]. Etiam nomen unius Benedicta, cuius caput ab utraque parte penitus est abscissum. Ostenditur etiam in eadem ecclesia virgo quedam nomine Benigna de partibus Mauritanorum pulcerrimos crines in capite ferens maurorum more. Habetur etiam inibi quidam nomine Pantulus, episcopus Basiliensis, qui habet vulnus maximum in capite suo ita, quod tota testa capitis est dilacerata. Presentatur etiam ibidem virgo quedam nomine Christina habens roseum cruorem in suo collo, ac si breviter esset interempta. Ostenditur in eadem ecclesia corpus cuiusdam virginis nomine Clementia, que filia fuit nobilis comitis, cuius caput fustibus contusum putatur eo, quod pili eius sanguine concreti ipsum caput conseruant. Etiam et alia virgo dicta Katherina sagittam habens ad caput cum multis crinibus. Insuper monstratur quedam nomine Sophia, que os habet patulum in quo telum adhuc infixum videtur, que sagitta percutiente ad dominum clamitans emisit spiritum ore aperto, ut pie creditur. Tandem ostenditur ibidem quidam episcopus ex Antiochia nomine Iacobus, cuius oculi et totum caput est multo sanguine perfusum. Quis ergo tam saxei esset cordis, ut non demoliretur aut in fletum commoveretur videns tantum thesaurum fidelium tam crudeliter

185 VORLAGE: Vor De ist eine nach rechts zeigende Hand gezeichnet.
186 VORLAGE: folgt: et (überflüssig).
187 VORLAGE: am linken Rand Glosse 7.
188 VORLAGE: am unteren Rand Glosse 8.
189 VORLAGE: am rechten Rand Glosse 9.
190 Arthimia trug wunderschönes Haupthaar, am Schädel hing ein Fell (Fellmütze).

martyrisatum. Multa ibidem cernuntur capita adhuc tela in capitibus ferentia et variis modis trucidata, que omnia conscribere esset difficillimum, ut patet illic intuentibus. Etiam ferreum haberet pectus lapideumque cor, quod non demoliretur aut in melius non mutaretur, dum aspiceret has teneras sanctasque virgunculas adeo crudeliter interemptas et nunc in eadem ecclesia adiutorio bonorum decentissime adornatas. Has si quis invocaverit, dum opus ei fuerit in necessitate, ipsum non derelinquent, ut patet in multis exemplis. Quorum unum legitur de quodam religioso: qui cum has virgines in magna devotione haberet, quadam die dum graviter infirmaretur, vidit quandam virginem pulcerrimam sibi apparentem, et si eam[191] cognosceret, requisivit. Qui magno stupore perterritus nequaquam ipsam cognoscere fatebatur. Illa ait: [Ego] sum una virginum, erga quas tantum habes affectum dilectionis. Et ut inde mercedem accipies amore nostri, undecies milies orationem dominicam dixeris, in hora mortis in protectionem et solacium nos habebis. Qua disparente ipsoque sanato quam citissime adimplevit. Postea dum confractus senio inungeretur, subito clamavit, ut fugerent et sacris virginibus locum darent. Quem cum abbas, quid hoc esset, interrogavit et ille promissionem virginis sibi per ordinem enarrasset, feliciter ad dominum migravit.[192] Quando[193] quis velit predictam orationem dominicam complere, legat omni die XXX[V] Pater noster et totidem Ave Maria. Tunc in anno complebit predicta. Sine dubio obviabunt ei sancte virgines in hora mortis, ipsum sub chlamide protegent et ad vitam eternam deducent, ad quam nos deducat in secula benedictus. Amen.

Finitur[194] Historia de Sancta Ursula cum suis consodalibus (quarum sanguine atque sepultura sancta decora fulget Agrippinensis Colonia) succinctioribus processu et intellectu paucis ante diebus reportata. Impressa Colonie per Martinum de Werdena.

191 Vorlage: eum

192 Es war ein geistlich Mann, der hatte große Andacht zu den heiligen Mägden. Es geschah, daß er siech lag; da erschien ihm eine Jungfrau, die war über die Maßen schön, und fragte ihn, ob er sie kännte. Er verwunderte sich über das Gesicht und sprach, er wüßte nicht, wer sie wäre. Da sprach sie: «Ich bin eine von den Jungfrauen, gegen die du so viel Minne getragen, es soll dir nun ein Lohn werden: sprich uns zu Lieb und Ehren elftausend Vaterunser, so wollen wir dir Schutz und Trost sein in deiner Todesstunde.» Damit verschwand sie; er aber erfüllte ihr Gebot, so schnell er vermochte; ließ den Abt rufen, und bat um die Ölung. Aber dieweil er die Ölung empfing und die Brüder vor ihm stunden, rief er plötzlich: sie sollten weichen, daß die heiligen Jungfrauen zu ihm möchten kommen. Da fragte ihn der Abt, was das wäre; da erzählte er ihm, was die Jungfrau ihm hätte gelobt. Also gingen sie allesamt aus; und da sie wieder kamen über eine kleine Weile, fanden sie, daß er von hinnen war geschieden. (Legenda aurea, wie Anm. 8).

193 Vorlage: vor Quando Zeichen ¶.

194 Vorlage: vor Finitur ist eine nach rechts zeigende Hand gezeichnet.

Heinrich Bullinger und die Wittenberger Konkordie

Ein Ökumeniker im Streit um das Abendmahl[1]

von Martin Friedrich

Wie ist es zu der folgenreichen Spaltung des Protestantismus in einen lutherischen und einen reformierten Flügel gekommen? Wir erinnern uns üblicherweise zuerst an den Abendmahlsstreit zwischen Luther und Zwingli, der auch auf der persönlichen Zusammenkunft in Marburg 1529 nicht beigelegt werden konnte. Zwingli sah das Mahl als Gedächtnismahl und Brot und Wein als Symbole, Luther bestand auf der leiblichen Gegenwart Christi in und mit den Elementen. Aber dann starb Zwingli im Herbst 1531, und Martin Bucer brachte nach schwierigen Verhandlungen mit Luther 1536 die Wittenberger Konkordie zustande, einen Ausgleich zwischen Luthers real-leiblicher und seiner geistlichen Vorstellung von der Präsenz Christi. Doch die Schweizer verweigerten die Annahme der Konkordie, und verantwortlich dafür soll vor allem Heinrich Bullinger gewesen sein, der Nachfolger Zwinglis am Zürcher Großmünster.

So ist jedenfalls die Tendenz in der jüngsten Darstellung der Konkordienverhandlungen von Reinhold Friedrich. Von Bullinger heißt es dort, daß er «sich mehr als Erbe und für die Sicherung des Werkes Zwinglis beauftragt sah, selbst aber keine theologischen Akzente zu setzen vermochte. Er zeigte sich in vielen Punkten pedantischer als sein großes Vorbild»[2]. Ein ähnliches Bild vermittelten schon die großen Darstellungen des Abendmahlsstreits von Ernst Bizer und Walther Köhler oder Martin Brechts Luther-Biographie[3]. Typisch ist auch Jacques Vincent Pollet, der Bullinger als «esprit sectaire et borné»

[1] Überarbeitete Fassung meiner Antrittsvorlesung als Privatdozent an der Ruhr-Universität Bochum am 20. 6. 1996. – Ich danke Herrn Prof. Dr. Alfred Schindler und Herrn lic. theol. Rainer Henrich für wertvolle Hinweise vor der Drucklegung.

[2] Reinhold *Friedrich*, Martin Bucer – «Fanatiker der Einheit»? Seine Stellungnahme zu theologischen Fragen seiner Zeit (Abendmahls- und Kirchenverständnis), insbesondere nach seinem Briefwechsel der Jahre 1524–1541, Diss. Neuchâtel 1990, 93.

[3] Vgl. Ernst *Bizer*, Studien zur Geschichte des Abendmahlsstreits im 16. Jahrhundert, Darmstadt [2]1962, 203f. 226f. 233 («Die Konkordie ist am Zwinglianismus der Schweizer gescheitert»); Walther *Köhler*, Zwingli und Luther. Ihr Streit über das Abendmahl nach seinen religiösen und politischen Beziehungen, Bd. 2, Gütersloh 1953 (QFRG 7), 305 («Zürich wachte über seinen Abendmahlsglauben»). 429–431. 465-467; Martin *Brecht*, Martin Luther, Bd. 3, Stuttgart 1987, 48–67, bes. 66. Von hier ist das Bild in Überblicksdarstellungen eingegangen, vgl. Hubert *Kirchner*, Reformationsgeschichte von 1532–1555/1566, Berlin 1987 (KGE II/6), 45; Marc *Lienhard*, Kontroversen und Dialoge zwischen Lutheranern und Reformierten, in: Die Geschichte des Christentums, Bd. 8: Die Zeit der Konfessionen (1530–1620/30), hg. v. Marc *Venard* und Heribert *Smolinsky*, Freiburg u. a. 1992, 309–330: 315.

abqualifiziert[4]. Die negative Bewertung Bullingers erklärt sich aber schon daher, daß in diesen Arbeiten entweder der Vermittler Bucer als Held oder Luther als das Maß aller Dinge betrachtet wird.

In krassem Gegensatz zu diesen Urteilen wird Bullinger vor allem von reformierter Seite gern als herausragende ökumenische Gestalt porträtiert[5]. Dabei wird allerdings insbesondere sein internationaler Einfluß auf West- und Osteuropa betont, nicht sein Verhältnis zu den deutschen Lutheranern. Natürlich ist auch der Consensus Tigurinus schon vielfach gründlich untersucht worden, also jener Konsens zwischen Calvin und Bullinger, der den Schweizer Protestantismus vereinigte, den Genfer aber bei den Lutheranern in den Ruf brachte, er sei zum Zwinglianismus übergegangen[6]. Der sogenannte Zweite Abendmahlsstreit erhob sich, in dem Calvin und Bullinger nun gemeinsam gegen die Lutheraner standen und die Spaltung des Protestantismus endgültig vollzogen wurde[7]. Schon die Tatsache, daß Bullinger – neben Melanchthon und Brenz – der einzige ist, der eine personelle Kontinuität zwischen sogenanntem «Erstem» und «Zweitem» Abendmahlsstreit[8] herstellt, hätte zu einer gründlicheren Darstellung seiner Position veranlassen sollen.

Eine solche Darstellung ist aber seit Carl Pestalozzis Biographie vor knapp 140 Jahren nicht mehr gegeben worden[9]. Auch ich kann mich jetzt nicht umfas-

[4] J. V. *Pollet*, Martin Bucer. Études sur la correspondance avec de nombreux textes inédits, Bd. 2, Paris 1962, 499.

[5] Vgl. Gustav von *Schultheß-Rechberg*, Heinrich Bullinger, der Nachfolger Zwinglis, Halle a. S. 1904 (SVRG 82), bes. 78 («ein Seelsorger der allgemeinen Herde Christi»); André *Bouvier*, Henri Bullinger, réformateur et conseiller oecumenique. Le successeur de Zwingli d'après sa correspondance avec les réformés et les humanistes de langue française, Neuchâtel-Paris 1940 (Repr. Genève 1979); Herbert *Hug*, Heinrich Bullinger – eine ökumenische Gestalt, in: KBRS 96, 1940, 194–197; Joachim *Staedtke*, Bullingers Bedeutung für die protestantische Welt, in: ders., Reformation und Zeugnis der Kirche. Gesammelte Studien, hg. v. Dietrich *Blaufuß*, Zürich 1978, 11–27: 15; Fritz *Büsser*, Heinrich Bullinger und die Zürcher Reformation, in: ders., Wurzeln der Reformation in Zürich, Leiden 1985, 170–181.

[6] Zum Consensus Tigurinus und speziell zu Bullingers Anteil an seiner Entstehung vgl. *Bouvier*, 110–149; *Bizer*, 234–274; Joseph C. *McLelland*, Meta-Zwingli or Anti-Zwingli? Bullinger and Calvin in Eucharistic Concord, in: Huldrych Zwingli, 1484–1531: A Legacy of Radical Reform, hg. v. E. J. *Furcha*, Montreal 1985, 179–195; Paul *Rorem*, Calvin and Bullinger on the Lord's Supper, Nottingham 1989; Paul *Sanders*, Heinrich Bullinger et le «zwinglianisme tardif» aux lendemains du «Consenus Tigurinus», in: Reformiertes Erbe. Festschrift für Gottfried W. Locher zu seinem 80. Geburtstag, Bd. 1, hg. v. H. A. *Oberman* u. a., Zürich 1992 (Zwingliana 19/1), 307–323.

[7] Zu Bullingers Rolle hierin vgl. *Bouvier*, 150–163; Wilhelm A. *Schulze*, Bullingers Stellung zum Luthertum, in: Ulrich *Gäbler*, Erland *Herkenrath* (Hg.), Heinrich Bullinger 1504–1575. Gesammelte Aufsätze zum 400. Todestag, Bd. 2, Zürich 1975, 287–314.

[8] Es scheint fraglich, ob die gängige Unterscheidung von zwei Abendmahlsstreiten sinnvoll ist. Ich mache mir die Terminologie Bizers zu eigen, der nur von einem Streit spricht (ohne die Kontinuität eigens zu thematisieren).

[9] Vgl. Carl *Pestalozzi*, Heinrich Bullinger. Leben und ausgewählte Schriften, Elberfeld 1858 (LASLK 5), 158–243. 373–422; danach auch *Schultheß-Rechberg*, 82–89; *Bouvier*, 113–116;

send auf Bullingers Abendmahlslehre einlassen, denn seit 1525 bis zu seinem Tod 1575 wurde praktisch dauernd in wechselnden Konstellationen um das Abendmahlsverständnis gerungen, und Bullingers Veröffentlichungen, Briefe und ungedruckte Schriften zum Thema sind fast unüberschaubar. Deshalb ist wohl eine Konzentration auf die Jahre 1532 bis 1538, die entscheidenden Jahre für die Wittenberger Konkordie, sinnvoll. Vorangestellt werden einige Überlegungen zum jungen Bullinger und seinem Verhältnis zu Zwingli, angehängt ein Abschnitt mit Ausblicken auf die heutige Abendmahlsdiskussion. In allen Teilen geht es aber um dieselbe These: um den Nachweis, daß gerade Bullingers Rolle im Abendmahlsstreit eine ökumenische Perspektive eröffnete.

I

Ebenso wie Zwingli immer seine Unabhängigkeit von Luther betont hat, so hat auch Bullinger seine Unabhängigkeit von Zwingli betont. Was im Fall Zwinglis umstritten ist[10], ist bei Bullinger unbezweifelbar: Er hat sich durch die Lektüre von Luthers reformatorischen Schriften und durch selbständiges Bibelstudium Anfang 1522 zum reformatorischen Christentum bekehrt und erst 1523 Zwinglis Schriften, dann auch Zwingli persönlich kennengelernt[11]. So sehr daraus eine intensive Gemeinschaft erwuchs, so ist doch seine Theologie keine bloße Fortsetzung der zwinglischen[12].

Das gilt gerade auch für die Abendmahlstheologie. Bullinger berichtet, er habe 1524 selbständig die sinnbildliche Bedeutung des Abendmahls erkannt und dann erst im Gespräch mit Zwingli erfahren, daß dieser soeben dieselbe Entdeckung gemacht habe[13]. Freilich ging dann Zwingli mit seinen Veröffentlichungen zur Abendmahlslehre voraus, und Bullingers Abendmahlsschriften aus den Jahren 1524–26 zeigen deutliche Anlehnungen an Zwinglis Argumente

Immanuel *Leuschner*, Bullingers Wirken in Zürich, in: Fritz *Blanke*, Immanuel *Leuschner*, Heinrich Bullinger. Vater der reformierten Kirche, Zürich 1990, 207–224. – Auch zwei Skizzen zum Verhältnis Bullinger-Bucer (*Pollet*, 279–308; Kurt Jakob *Rüetschi*, Bucer und Bullinger in ihren persönlichen Beziehungen, in: Martin Bucer and Sixteenth Century Europe, Bd. 1, hg. v. C. *Krieger* u. M. *Lienhard*, Leiden 1993, 429–439), in dem doch der Abendmahlsstreit zentral ist, bieten keine tieferen Einsichten.

10 Die jüngste Abwägung zum Verhältnis Zwinglis zu Luther bei Ralf *Hoburg*, Seligkeit und Heilsgewißheit. Hermeneutik und Schriftauslegung bei Huldrych Zwingli, Stuttgart 1994 (CTM 11), 275–280.

11 Vgl. Fritz *Blanke*, Der junge Bullinger, in: *Blanke/Leuschner*, 45–47. 64f.; Joachim *Staedtke*, Die Theologie des jungen Bullinger, Zürich 1962 (SDGSTh 16), 17–20. 46–50; Fritz *Büsser*, Art. Bullinger, in: TRE 7, 1981, 375–387: 376f.

12 Vgl. Joachim *Staedtke*, Bullingers Theologie – eine Fortsetzung der zwinglischen?, in: Bullinger-Tagung 1975. Vorträge, gehalten aus Anlass von Heinrich Bullingers 400. Todestag, hg. v. Ulrich *Gäbler* u. Endre *Zsindely*, Zürich 1977, 87–98.

13 Vgl. *Pestalozzi*, 26; *Schultheß-Rechberg*, 23f; *Blanke*, 65f.

gegen die Transsubstantiation und die leibliche Realpräsenz[14]. Auch Bullinger bestimmt Brot und Wein als Symbole[15] und das Mahl selbst als Gedächtnismahl[16]. Weil das fleischliche Essen keinen Nutzen haben kann[17], kommt alles auf das geistliche Genießen, d. h. den Glauben an: «Crede et manducasti»[18].

Er hat also, wenn man so will, eine zwinglianisch geprägte Abendmahlslehre vertreten. Aber er ist damit nicht zum bedingungslosen Parteigänger Zwinglis im Abendmahlsstreit geworden. Seine Abendmahlstheologie war schon im Ansatz von der Zwinglis verschieden. Ihr Ausgangspunkt sind die alttestamentlichen Texte Genesis 17 und Exodus 12, ihr Schlüsselbegriff demgemäß der auch fernerhin für Bullingers Theologie zentrale Gedanke des einen Bundes[19]. Das hat für das Verständnis des Abendmahls bedeutsame Konsequenzen: Es ist nicht nur eine Vergegenwärtigung Christi im Gedächtnis, sondern eine Hineinnahme in den mit seinem Opfertod besiegelten Bund, durch die die Teilnehmer direkten Anteil an der Sündenvergebung erlangen[20]. In anderen Zusammenhängen wird die Frucht des Abendmahls als Einleibung der Gläubigen in Christus beschrieben, also als reales heilwirkendes Geschehen[21]. Es findet eine Transsubstantiation statt, aber nicht eine Verwandlung von Brot und Wein, sondern eine «Transsubstantiation der Gläubigen in den Leib Christi»[22].

[14] Vgl. Heinrich *Bullinger*, Werke. Dritte Abteilung: Theologische Schriften [abgekürzt: HBT], Bd. 2, Zürich 1991, 40 Anm. 5. 43f. Anm. 17–19. 54 Anm. 77. 58 Anm. 125 u. ö; zusammenfassend die Vorbemerkungen der Bearbeiter, ebd., 36f. 47. 87. 108.

[15] Ebd., 93. 124: «Edite hunc panem, est enim is corporis mei pro vobis traditi symbolon ...»; vgl. ebd., 59: «... das das blut das recht testament, aber der wein ein zeichen ist des testaments».

[16] Vgl. ebd., 61: «So ist nun der recht brauch disers [!] brots: dancksagen und eingedenck seyn des bitteren leidens und sterbens Jesu Christi»; ebd., 93: «... ut illum edant in sui memoriam; sic ut quemadmodum patres olim agnum, qui phase [Passah] significabat, in liberationis et benefitii memoriam edebant, sic hi panem, corporis sui symbolon manducent in memoriam, quod ipse pro nobis corpus suum expenderit»; ebd., 124f.

[17] Vgl. ebd., 49. 57f. 95 («An nescitis ... carnem Christi manducatum nihil omnino prodesse et quod Christus non potest nisi in spiritu manducari?»). 115–117.

[18] Das Wort Augustins zitiert Bullinger ebd., 103; vgl. auch ebd., 118: «Tunc autem manducatis in spiritu, cum in ipsum creditis ceu salvatorem ...». Es gehört zu seinen Lieblingsbelegen bis in die Confessio Helvetica Posterior von 1566, vgl. E. F. K. *Müller*, Die Bekenntnisschriften der reformierten Kirche, Leipzig 1903 (Repr. Zürich 1987), 211, 36.

[19] Zur Abendmahlslehre des jungen Bullinger zusammenfassend *Staedtke* 1962, 234–254; *Rorem*, 12–16; zu seiner Zentralisierung des Bundesbegriffes *Staedtke* 1977, 89–95; *Büsser* 1981, 383f.

[20] Vgl. *Staedtke* 1962, 240–242.

[21] Vgl. HBT 2, 62.

[22] Vgl. *Staedtke* 1962, 249–251. Hiermit sind Gedanken des frühen Zwingli aufgenommen, die der nach dem Erhalt des Hoen-Briefes aber gerade nicht mehr vertreten hat (vgl. ebd. Anm. 57–59), ebenso wie Luther seine entsprechenden Formulierungen aus dem Abendmahlssermon von 1519 (vgl. WA 2, 742–758: 743,22: «eyn leybung mit Christo und allen heyligen»). – Von einem anderen Ausgangspunkt hat Mark S. *Burrows*, «Christus intra nos Vivens». The

Wir sehen also, daß in Bullingers Abendmahlsvorstellung Elemente waren, die sie von einem rational-ethischen Verständnis deutlich abheben. Er argumentiert kaum mit einem Dualismus von Geist und Materie und distanziert sich sehr deutlich von den philosophischen Begriffen, die im Streit zwischen Luther und Zwingli eine so große Rolle spielten[23]. Doch in diesen Streit mischt er sich auch gar nicht ein. Als Lehrer in Kappel, der «Ausfallspforte für die Reformation nach der katholischen Innerschweiz»[24], richtet er seine Schriften gegen die scholastische Abendmahlslehre und macht zur lutherischen Position höchstens knappe Andeutungen[25].

Zweifellos stand seine Abendmahlstheologie Zwingli näher als Luther, erst recht, als Zwingli seit 1529 auch stärker den Gabe-Charakter des Abendmahls und die Gegenwart Christi – wenn auch nur geistlich und für die Gläubigen – betonte[26]. Aber Bullinger war diesen Weg, der eine Annäherung an Wittenberg ermöglichen konnte, selbst schon vorangegangen. Er hatte es nicht nötig, dafür theologische Anleihen bei Zwingli oder auch bei Bucer zu machen.

Eine neue Situation ergab sich aber, als er im Dezember 1531 zu Zwinglis Nachfolger am Großmünster in Zürich bestellt wurde. Das erste große Thema für ihn war nicht das Abendmahl, sondern sein Amtsvorgänger. Er mußte Zwingli gegen allerlei Angriffe verteidigen, die zuerst von altgläubiger Seite erhoben wurden[27]. Doch kurz darauf stieß Luther in dasselbe Horn. Im Sendbrief an Albrecht von Brandenburg 1532 bezeichnete er Zwingli als Schwärmer und Rottengeist, dessen Meister der Teufel sei, und rief zur Verfolgung der Zwinglianer auf[28]. Die Zürcher antworteten mit einem wahrscheinlich von Bullinger verfaßten Sendbrief, durchaus versöhnlich im Ton gegenüber

Peculiar Genius of Bullinger's Doctrine of Sanctification, in: ZKG 98, 1987, 48–69, die Erfüllung der Gläubigen durch Christus als Charakteristikum von Bullingers Rechtfertigungs- und Heiligungslehre beschrieben. Es wäre reizvoll, der Verbindung beider Motive nachzugehen.

23 Vgl. *Staedtke* 1962, 241f. 246f. Zusätzlich ist auf eine kennzeichnende Briefpassage hinzuweisen, vgl. Heinrich *Bullinger*, Werke. Zweite Abteilung: Briefwechsel [abgekürzt: HBBW], Bd. 1, Zürich 1973, 72: «Rem fortassis novam aut inauditam causaris; quid vero inaudita? ... Unde, queso, has voces delatas dices: transubstantiatio [!], accidens, substantia, forma? An non titulotenus christianum impostrice philosophia submersum Thomam aut Scotum olfacis?» (17. 4. 1525).

24 *Blanke*, 60.

25 Vgl. HBT 2, 53f mit Anm. 72.

26 Die Behauptung eines Fortschritts in Zwinglis Abendmahlstheologie von einer rein symbolischen Anschauung zu einer stärkeren Verbindung von Zeichen und Sache ist umstritten. Ich möchte mit *Bouvier*, 112f.470f.; H. Wayne *Pipkin*, The Positive Religious Values of Zwingli's Eucharistic Writings, in: Huldrych Zwingli ... (s. Anm. 6), 107–143: 125–128; *Sanders* (s. Anm. 6), 308–310 (dort auch weitere Literatur) keine Wandlung, wohl aber eine stärkere Akzentuierung einzelner Gedanken annehmen.

27 Zu den Angriffen insgesamt vgl. *Pestalozzi*, 84–91; *Leuschner*, 139–142.

28 Vgl. WA 30/3, 541–553: 548,37; 550, 22; 552, 32f.; 549,9; hierzu auch *Pestalozzi*, 163f.; *Köhler*, 292f.; *Bizer*, 58f.; *Friedrich*, 87f.

Luther[29] – Friedrichs Behauptung, die Antwort habe an «Schärfe und Polemik» Luther «in nichts nachgestanden»[30], ist nicht haltbar –, aber doch mit einem Bekenntnis zu Zwingli als «frommen thüren leerer der warheyt» und «wärchzüg Gottes»[31]. Auch seine Abendmahlslehre machen sich die Zürcher zu eigen, zwar mit Betonung der positiven Aussagen, aber doch auch klarer Festsetzung der Grenzen: «Wir bekennend ouch und gloubend, das der lychnam Christi, der für uns in tod gegeben, unnd sin blut, das zu abwaschung unserer sünnd am crütz vergossen ist, warlich imm nachtmal zegegen sye unnd vonn den glöubigen genossen werde; aber der gstalt wie es dem glouben und gschrifft gemäß ist; wie es von den glöubigen verstanden und genossen mag werden, und so vil es ein spyß der seelen syn mag»[32].

Hiermit war der Grundakkord für die weiteren Auseinandersetzungen vorgegeben. In der Sache akzentuierte Bullinger die Realität stärker als Zwingli: Er bekannte nicht nur die wahre Gegenwart, sondern sogar die wahre Genießung, wenn auch eingeschränkt auf die Gläubigen. Martin Bucer vertrat im Prinzip dieselbe Position. Aber immer wieder sah sich Bullinger durch Ausfälle Luthers gegen seinen Amtsvorgänger genötigt, die Verteidigung Zwinglis zu übernehmen und sich dabei aus Loyalität zwinglianischer zu geben, als er wirklich war. Das ging ja übrigens auch nach dem Scheitern der Wittenberger Konkordie weiter. Seit 1539 häuften sich Luthers Angriffe gegen Zwingli und gipfelten im Kurzen Bekenntnis von 1544, Bullinger übernahm immer wieder die Ehrenrettung seines Vorgängers, zuerst intern, dann auch öffentlich[33]. Für die Lutheraner lag es deshalb nahe, ihn als Zwinglianer wahrzunehmen. Im Ringen um die Einigung über das Abendmahl zeigte er aber, daß er nicht um jeden Preis auf Zwinglis Position beharren wollte.

[29] Vgl. HBBW 2, 138–148: 147, 247–249: «Und so glych etlich irrend, verwärffend wir sy darumb nit ghlych, sind alle zyt bereitet, mit senfftmütigkeit bscheid der leer zenemmen und zegäben». Die gewiß auch vorhandenen Beschimpfungen gegen Luther (z.B. 143, 125–127: «hochmütig stoltz, verachtlich, frävel, unnütz eytel unnd ungegründt gschwätz und pluderen») sind aus dessen Sendbrief begründet und haben doch wohl kaum dasselbe Kaliber wie der Vorwurf der Ketzerei.

[30] *Friedrich*, 91. Anstatt den Text selbst zur Kenntnis zu nehmen, belegt Friedrich sein Urteil mit dem Urteil Bucers (ebd., Anmerkungsband, 109 Anm. 87), das aber doch selbstverständlich in erster Linie von der befürchteten Wirkung auf die Konkordienpläne geprägt ist!

[31] HBBW 2, 145, 187f. 190. Zum Sendbrief auch *Pestalozzi*, 164–167; *Schultheß-Rechberg*, 82f.; *Köhler*, 295f.

[32] HBBW 2, 147, 253–258.

[33] Ausführlich dazu Willem F. *Dankbaar*, Das Zürcher Bekenntnis (1545) und seine niederländische Übersetzung (1645), in: *Gäbler/Herkenrath* (Hg.) (s. Anm. 6), Bd. 1, 85–108; vgl. auch *Pestalozzi*, 215–237; *Bizer*, 229–244; *Brecht*, 322–327; *Rorem*, 17–20; *Leuschner*, 211–215; *Friedrich*, 142–144.

II

Seit 1530 betrieb Martin Bucer seine Bemühungen um eine gesamtprotestantische Einigung. Bullinger als theologisches Haupt der Zürcher Kirche mußte natürlich beteiligt werden. Aber der Beginn war durch die gleichzeitige Auseinandersetzung mit Luther belastet[34]. Als Bucer am 23. Juni 1532 die Zürcher in seine Konkordienpläne einbeziehen wollte[35], wies Bullinger sie umgehend zurück. Noch vor einem Eingehen auf die Sache beschuldigte er Luther des Hochmuts und des Eigensinns[36]. Dazu zeigte er seine Verärgerung über Bucers Unterzeichnung der Confessio Augustana[37]. Allerdings sollte das keine generelle Ablehnung der Gemeinschaft sein. Gegenüber Philipp von Hessen betonte er, daß auch er «nitt mee dann einer rächtmässigen verglychung und einigung inn christlicher leer» wolle[38]. Dazu müsse nur Luther ihre Lehre tolerieren, statt sie von dem abzubringen, was sie als Wahrheit erkannt haben[39]. Im Brief an Bucer von Anfang 1533 unterstrich er, daß die Zürcher Luther als Bruder anerkennen wollten, wenn er es ebenfalls täte[40].

Auch als Bucer im Frühjahr 1533 durch die Schweiz reiste und für eine Teilnahme an den Konkordiengesprächen warb, blieben die Zürcher bei dieser Auffassung[41]. Bullinger fand nichts dabei, ohne Abstriche an Zwinglis Position festzuhalten, zuerst im Brief an Bucer vom Juli 1532[42], zuletzt noch im Brief an Karlstadt im Oktober 1534[43]. Doch in diesem Jahr brachte die verän-

34 Auch die Tatsache, daß Bucer anscheinend selbst nach Zwinglis Tod die gängige Kritik übernommen hatte, machte das Verhältnis schwierig. Vgl. Bullingers Brief [an Bucer?] von Anfang 1532 (HBBW 2, 42–45) mit einer Zurückweisung von Vorwürfen, die freilich nicht mehr erhalten sind.

35 Der ungedruckte Brief an Leo Jud ist zusammengefaßt und ausführlich zitiert bei *Köhler*, 302f.; *Pollet*, 280f. 306f.; *Friedrich*, 91; Anmerkungsband, 198.

36 Vgl. HBBW 2, 153–160: 155, 80: «Lutheri morositas et intoleranda illa superbia ...» (12. 7. 1532). Vgl. zu diesem Brief auch *Köhler*, 304f.; *Pollet*, 281f.; *Friedrich*, 91.

37 Zu dieser Unterzeichnung vgl. *Friedrich*, 88f.; zu Bullingers Kritik vgl. HBBW 2, 158f.

38 HBBW 2, 250, 5f. (22. 10. 1532).

39 Vgl. HBBW 2, 250, 9–17.

40 Vgl. HBBW 3, 32, 4f.: «sumus enim et nos fratres vestri, imo et Lutheri, si velit».

41 Vgl. HBBW 3, 120, 13–18: «Pacem tamen cum illo [= Luther] habebimus, quod nos attinet et quantum pax ecclesiae nostrae tulerit. Non proscindemus virum convitiis neque id hactenus soliti sumus pro rostris; verum dicere non possumus ipsum nobiscum sentire, quando quidem omnes eos proditionis insimulat, qui concordiam inter nos et illum esse aiunt. Iam quod loquendi modum attinet, suum illi permittimus, nostrum servamus et scripturae et patribus consonum» (Bullinger und die Zürcher Pfarrer an Bucer, 8. 5. 1533).

42 Vgl. HBBW 2, 158, 197–199: «Quid, quod ipse Zuinglius tam dilucide, tam etiam religiose de sacramentis, imo de tota religione et ‹Ad Carolum› et ‹Ad principes Augustae congregatos› scripsit, ut nemo unquam clarius de hac re scripserit?».

43 Vgl. HBBW 4, 338, 12–15: «Ubi vero occasio iusserit de eucharistiae sacro disserere, nos id ecclesiae nostrae tradimus, quod ei traditum est ab initio a sanctae memoriae viro H[uldrycho] Zvinglio et quod ipse iam ferme decimum in annum credidi et docui». Vgl. auch ebd., 237f., 124–130: Bullinger muß die Streitfragen nicht erörtern, weil Herzog Ulrich von Württemberg schon durch Zwingli in sie eingeführt ist (4. 7. 1534).

derte politische Lage die Zürcher zu einer stärkeren Beteiligung an den Einigungsbemühungen. Für die Reformation im Herzogtum Württemberg einigten sich im August der Lutheraner Erhard Schnepf und der Zwinglianer Ambrosius Blarer auf eine gemeinsame Formulierung des Abendmahlsverständnisses, die sogenannte Stuttgarter Konkordie[44]. Sie bekannte eine substantielle und essentielle, aber nicht lokale Gegenwart Christi im Abendmahl. Bullinger hielt diese Begriffe für unklar[45], sah aber nun die Notwendigkeit, daß auch die Zürcher eine konsensfähige Formulierung ihres Abendmahlsverständnisses präsentierten. Der erste Versuch liegt vor in einem Brief an Blarer vom Oktober 1534, der ausdrücklich zur Weitergabe an die Lutheraner bestimmt war[46].

Die entscheidende Aussage ist, daß Christi Leib und Blut wahrhaft von den Gläubigen im Mahl gegessen und getrunken werden[47]. Der Satz enthält also sowohl ein Zugeständnis an Luther, in dem «vere», als auch eine Abgrenzung, in der Einschränkung auf die Gläubigen. Beides wird in den folgenden Sätzen ausgebaut. Christus ist wirklich anwesend, aber eine «fleischliche Knechtschaft» wird zurückgewiesen[48]. Weil Christus leiblich zur Rechten des Vaters sitzt – das alte Argument von Zwingli und Oekolampad –, kann seine Gegenwart nur «more sacramentis proprio et solis noto fidelibus» bestimmt werden[49]. Mit dieser Formulierung ist an dem Glauben als Instrument für den Empfang Christi festgehalten, aber doch die anstößige Ausdrucksweise Zwinglis vermieden, wonach der Glaube als menschliche Aktivität die Gegenwart Christi erst bewirkte[50]. Das unterstreicht auch der Schluß der Erklärung[51].

[44] Ausführlich zu ihr und ihrer Vorgeschichte *Köhler*, 330–339; *Friedrich*, 100–103.

[45] Vgl. HBBW 4, 292, 6f.: «In qua confessione nonnihil lucis et simplicitatis desydero. Vereor enim, ne rixarum maximum sit futura seminarium» (an Vadian, 27. 8. 1534); ebd., 338, 7–10: «... adeo vaesanus non sum, ut istum syncretismum, cuius occasionem et consilium non nescio, pro contione publica eveham ipsumque ecclesiae nostrae commendem» (an Karlstadt, 4. 10. 1534).

[46] Vgl. HBBW 4, 369–372: 371, 24f.: «... haec nostra Simoni quoque Grynaeo, Philippo et Osiandro communicato». – Zu dem Abendmahlsbekenntnis vgl. auch *Köhler*, 346.

[47] HBBW 4, 370f, 8f.: «... hoc ipsum nos hodie asserimus, nempe Christi corpus et sanguinem vere a fidelibus in coena edi et bibi».

[48] Vgl. HBBW 4, 371, 9–11: «Unde consequens est Christum neque abesse neque coenam domini dici posse, in qua dominus non est. At hic omnem reiicimus servitutem carnalem».

[49] HBBW 4, 371, 12–16.

[50] Genau dies stellte Berchtold Haller im Namen der Berner in seiner Kritik am Bekenntnis als gefährliches Abrücken von Zwinglis Auffassung fest: «Sic enim extra caenam fideles Christum fidei contemplatione semper habent praesentem, nec primum in caena editur et bibitur, sed fideles actione hac caenae contestantur cum gratiarum actione se iam pastos morte Christi» (HBBW 4, 404f., 104–107; 16. 11. 1534).

[51] Vgl. HBBW 4, 371, 17–20: «Itaque non probamus eos, qui vel transsubstantiationem asserunt vel hoc coene sacrum mysticum carnalibus obnubilant opinionibus. Illos quoque improbamus, qui interim praesentiam Christi sic negant, ut in hoc sacro coenae mystico nihil quam panem et vinum, nuda inquam signa, agnoscunt».

Explizit abgelehnt wird die katholische Transsubstantiationslehre. Die lutherische Position wird nur indirekt mitgenannt, insofern für sie auch gilt, daß sie das heilige Geheimnis des Mahls mit fleischlichen Anschauungen verdunkelt. Ebenfalls mißbilligt wird aber die Meinung, daß die Elemente im Abendmahl nichts als Brot und Wein, gleichsam als bloße Zeichen, seien – also eine von Zwingli zumindest zeitweise vertretene Anschauung.

Mit diesem Abendmahlsbekenntnis zeigt Bullinger also seine Bereitschaft, an den Konkordienverhandlungen teilzunehmen und dazu auch vorsichtige Korrekturen an Zwinglis Abendmahlsverständnis vorzunehmen. Er geht zwar nicht bis zu einer ausdrücklichen Kritik an seinem Vorgänger, sondern wiederholt – auch im Brief an Blarer – sein Bekenntnis zu ihm[52]; aber es ist doch charakteristisch, daß er hier wie an vergleichbaren Stellen[53] auf Schriften des späten Zwingli hinweist. Nur wenn, wie Zwingli das seit 1529 wieder getan hatte, das Sakrament als Gabe anerkannt ist, gibt es eine tragfähige Brücke zu Bullingers Bestimmung des Sakraments als Mysterium. Dies merkten die Berner, die dem Bekenntnis Abfall von der Lehre Zwinglis vorwarfen[54].

Bullinger rechnete aber immer noch nicht mit der Möglichkeit einer Vereinbarung mit dem unzugänglichen Luther, der weiter auf einer substantiellen und sinnlichen Gegenwart Christi bestehen würde[55]. Sein Konkordienwille zielte also zunächst auf Bucer und auf zugänglichere Lutheraner. Doch Bucer versuchte Bullinger davon zu überzeugen, daß auch Luther so lehre, wie im Zürcher Bekenntnis ausgedrückt. Er beharre nicht auf einer lokalen Präsenz oder auf einer natürlichen Vereinigung des Leibes Christi mit dem Brot[56]. Zugleich kündigt Bucer seine bevorstehende Unterredung mit Melanchthon an und bittet um eine vorbereitende Besprechung mit ausgesuchten Schweizer Theologen[57].

Die Zürcher lehnten nächtliche «Geheimkonferenzen» ab und wollten lieber auf schriftlichem Weg eine gemeinsame Position der Schweizer aushandeln[58]. Nach ersten Konsultationen mit Bern und Basel entstand so unter Bul-

52 Vgl. HBBW 4, 370, 3f.

53 S. o. Anm. 42; vgl. auch seinen Kommentar zum 1. Korintherbrief (nach *Köhler*, 349f.).

54 Vgl. HBBW 4, 401–409 (16. u. 17. 10. 1534); vgl. auch oben Anm. 50.

55 Vgl. HBBW 4, 379, 43–45: «Novimus enim Lutherum simul et praeduri et intractabilis ingenii hominem esse. Perget ille, vereor, substantialem, palpabilem et sensibilem praesentiam asserere ...» (an Bucer, 28. 10. 1534; zu diesem Brief auch *Köhler*, 348). Hiermit widerspricht er Bucers Behauptungen vom 25. 9. 1534, vgl. HBBW 4, 327, 62f.: «De his duobus, corpus domini cum pane uniri naturaliter aut localiter esse in tot locis, nulla est quaestio cum Luthero».

56 Vgl. HBBW 4, 389, 23f.: «Nam nec localem praesentiam affirmat nec unit corpus Christi cum pane naturaliter» (1. 11. 1534; zu diesem Brief auch *Köhler*, 346f. 363f.; *Friedrich*, Anmerkungsband, 128f Anm. 110).

57 Vgl. HBBW 4, 392, 84–102; vgl. auch ebd., 411–413 (22. 11. 1534).

58 Vgl. HBBW 4, 413, 3f.: «Displicuit nobis nocturnus ille congressus. Scriptis placuit rem istam transigere» (an die Pfarrer von Basel, 23. 11. 1534).

lingers Federführung Anfang Dezember 1534 ein ausführlicheres Abendmahlsbekenntnis, das zuerst der Einigung der Schweizer untereinander und mit den Straßburgern dienen sollte[59].

Es besteht aus einer Kurzformel, die dem Bekenntnis vom Oktober 1534 weitgehend entspricht, und Erläuterungen dazu. Leib und Blut Christi sind wahrhaft gegenwärtig, das wird ausdrücklich auch gegen die Reduzierung auf ein Gedächtnismahl unterstrichen[60]. Zwinglianisch ist das Beharren darauf, daß der Leib Christi im Himmel ist[61]; er kann aber dennoch auf eine ihm eigene Weise («eo ... modo eaque ratione ..., qua ille ipse dominus se suis praesentem exhibet»[62]), durch seine eigene Kraft («virtute sua»[63]) anwesend sein. Christus ist der Handelnde, der sich selbst schenkt[64]. Erst in einem zweiten Schritt kommt dann das subjektive Element hinein: Die Gegenwart des Leibes ist beschränkt auf die Gläubigen, denn nur sie erkennen Christus als Erlöser, nehmen den Kreuzestod als Sündenvergebung an und ergreifen damit die Sache, für die das Abendmahl nur Zeichen und Zeugnis ist[65].

Bullinger schien jedoch schon den Einwand zu erwarten, daß hiernach Glauben und Empfangen des Abendmahls in eins fallen und die Feier des Sakraments so gar nichts Zusätzliches mehr zu dem allgemeinen Glauben bringt. Darum greift er den eigentümlichen Gedanken seiner Frühschriften auf: «Dies ist also Christi Fleisch essen und sein Blut trinken: ganz ergriffen und hineinverwandelt werden in Christus, ihm immerwährend zu danken, in ihm allein zu ersterben. In dem nämlich, der in solcher Liebe Christus umschlungen hat, handelt und lebt Christus, indem er alles in seinem Geist schafft und vollendet. Dies selbst ist sowohl das Bleiben in Christus als auch

59 Ediert in HBBW 4, 420–430; zu den Vorstufen ebd., 420f. Anm. 1. Eine ausführliche deutsche Paraphrase bei *Pestalozzi*, 178f.; *Köhler*, 366–369.

60 Vgl. HBBW 4, 422, 30–42. – Sehr erhellend für Bullingers Verständnis des Bekenntnisses ist auch seine Erläuterung gegenüber Bucer, vgl. HBBW 5, 169f., 2–51, bes. 36–39: «Christus presens est. Modus presentiae spiritualis est. Modum hunc intelligit fides. Item Christi caro editur in coena. Editur autem spiritualiter. Spiritualiter sola fides edere novit. Impii ergo carnem Christi non vescuntur, signum autem vescuntur» (28. 3. 1535).

61 Vgl. HBBW 4, 422, 19–29; 423, 37–39. – Dies blieb für ihn ein wichtiges Anliegen, vgl. Heinrich *Bullinger*, Summa Christenlicher Religion, Zürich 1558 (= Heinrich Bullinger. Bibliographie, Bd. 1, Zürich 1972 [im folgenden HBBibl], Nr. 284), 153r–154r.

62 HBBW 4, 423, 40; vgl. auch ebd., 428, 197–199.

63 Ebd., 423, 48f. – Hier taucht also schon Calvins berühmter Virtus-Begriff auf!

64 Vgl. ebd., 423, 49–56: «Is promisit se affuturum, se nobis corpus et sanguinem suum distributurum in cibum vitae aeternae ... Hunc ergo panem dat manducandum nobis ... Ipse enim est panis vitae et vivificans, qui aeternum saciat ...»; vgl. auch 426, 155–157: «Ipse dominus sese nobis distribuit. Fides ipsum capit et edit. Uni enim salvatori nostro omnia competunt salutis. Ipse dat spiritum, docet, pascit, vivificat et instaurat omnia».

65 Vgl. ebd., 423f., 57–67.

das Christus in sich bleibend zu haben»[66]. Gewiß folgt hierauf wieder ein langer Abschnitt, der geistliches und fleischliches Essen unterscheidet, alle Wirksamkeit vom Glauben abhängig macht und in den für Luther inakzeptablen Satz ausmündet, daß die Gnade nicht an die Sakramente gebunden sei[67]. Das ändert aber nichts daran, daß man über Zwingli hinausgekommen war. Statt auf seine Tradition beruft das Bekenntnis sich allein auf die Bibel[68]. Wo Zwingli noch in seiner Antwort auf Luthers große Abendmahlsschrift von 1528 jede Beziehung der Abendmahlselemente zu Christi Gegenwart bestritten und den dankbaren Herzen der Gläubigen die Kraft zugeschrieben hatte, Christus «ins Nachtmahl zu bringen»[69], da erkannte Bullinger nun Christus als Geber und Gabe des Abendmahls an. Neu war auch die Anerkennung einer realen Konsequenz, nämlich der Umwandlung der Gläubigen in den Leib Christi.

Es ist deshalb gar nicht so erstaunlich, daß die oberdeutschen Theologen auf ihrer Konferenz in Konstanz im Dezember 1534 dieses Bekenntnis als Grundlage für eine Konkordie mit Wittenberg annahmen, auch wenn sie sich dann von Bucer noch zu einer anderen Erklärung drängen ließen[70]. Ebenso

[66] HBBW 4, 424, 77–82: «Hoc est ergo carnem Christi edere atque sanguinem eius bibere: totum rapi ac transmutari in Christum, huic gratias agere perpetuas, huic uni immori. In eo vicissim, qui tali Christum dilectione complexus est, agit et vivit Christus omnia in eo spiritu suo operans et perfitiens. Hoc ipsum est et in Christo manere et Christum habere in se manentem». Der Gedanke wird später noch einmal aufgegriffen, vgl. ebd., 428, 209–212: «Stupendo enim commertio iam deo per Christi, capitis nostri, carnem et sanguinem coniungimur virtute spiritus, per quem Christo consepulti vivificamur. Sumus os ex ossibus eius et caro de carne illius». Diese m. E. entscheidenden Aussagen werden bei Pestalozzi gar nicht, bei Köhler nur beiläufig erwähnt.

[67] HBBW 4, 426, 152: «Colligimus item gratiam sacramentis non esse alligatam». Der Satz geht aber weiter: «neque haec ceu instrumenta et canales esse, quibus gratia adeoque ipsum domini corpus vel incredulo infundatur». Abgewehrt werden soll also nur die manducatio impiorum, weil sie eine Wirkung ex opere operato nahelegte. Sobald Luther die manducatio impiorum in dieser Fassung aufgab (und das tat er doch in der Wittenberger Konkordie!), war also auch hier eine Verständigungsmöglichkeit gegeben.

[68] Vgl. HBBW 4, 429, 220–229. Allerdings ist unter den «antecessores nostri» (Z. 223) sicher auch an Zwingli gedacht.

[69] Vgl. Z 6/2, 203, 3–9.

[70] Vgl. *Bizer*, 71f; *Köhler*, 372–375. Beide betonen den Gegensatz zu den anschließend verabschiedeten 10 Punkten (ediert in Martin *Bucer*, Deutsche Schriften, Bd. 6.1, Gütersloh 1988, 50–53). Ich meine aber, daß Bucer genau dasselbe Hauptanliegen hatte, nämlich die Sicherung des geistlichen Charakters des Geschehens und des Glaubens als Voraussetzung für den Heilsempfang; er drückte es nur verklausulierter aus, um die Konkordie mit Luther nicht zu gefährden. Schließlich behauptete er auch selbst eine völlige Übereinstimmung des Zürcher Bekenntnisses mit der Auffassung der ‹anderen›, also doch wohl der Wittenberger, vgl. HBBW 4, 450, 3–5: «Confessio per omnia satisfacit, etiam interpretatio. Tamen propter alios docendi estis, quam ea quadret cum aliorum sententia» (an Bullinger, 18. 12. 1534). – Zur Konstanzer Konferenz s. auch Hans Ulrich *Bächtold*, Heinrich Bullinger, Augsburg und Oberschwaben, in: ZBKG 64, 1995, 1–19: 2–4.

verständlich ist, daß die Berner auch dieses Bekenntnis ablehnten[71]. Es war nicht mehr rein zwinglianisch, auch wenn es wichtige Anliegen Zwinglis aufnahm. Ungerechtfertigt ist jedenfalls Friedrichs Bewertung, daß von Bullinger «keine fördernden Impulse ... für eine Einigung mit Wittenberg» ausgingen[72].

Auch im Jahr 1535 war Bullinger weiter um eine Förderung der Konkordie bemüht. Gegenüber den Bernern verteidigte er das Zürcher Abendmahlsbekenntnis[73]. Attacken gegen die Zwinglianer in Luthers Galaterkommentar ließen ihn zwar vorübergehend völlig an dessen Verständigungswillen zweifeln[74]. Aber er war bereit, auf eine schriftliche Widerlegung lutherischer Angriffe zu verzichten, um die Konkordie nicht zu gefährden[75]. Er ließ sich allerdings nicht dazu bewegen, Bucers Kompromißformeln anzuerkennen, weil die ihm unklarer schienen als die eigene Erklärung[76]; im Gegenteil, dessen Zumutungen bewogen ihn wieder dazu, seinen Primat des Glaubens

[71] Vgl. HBBW 4, 441–444 (Pfarrer von Bern an die Pfarrer von Zürich, 16. 12. 1534); hierzu auch *Köhler*, 370f.

[72] *Friedrich*, 106; gerade hier kann man doch kaum sagen, daß für ihn «die Sicherung des Erbes Zwinglis ... bei jeder Stellungnahme Vorrang» hatte. – Die gegenteilige Auffassung bei *Pestalozzi*, 179, er sei hiermit Luther entgegengekommen, «soweit es ihm möglich war» (vgl. auch *Leuschner*, 208: «... bereit, Luther möglichst weit entgegenzukommen»), scheint zwar auch etwas übertrieben, aber in der Tendenz richtiger zu sein. Wenn man liest, mit welch dürren Worten er Anfang 1533 noch das Abendmahl beschrieben hatte (vgl. HBBW 3, 32, 6–9: «Panem negavimus esse corpus Christi, idque non omni prorsus modo, sed substantialiter, naturaliter, corporaliter, localiter. Fatemur enim sacrum panem symbolum esse, mysterium et sacramentum. Porro sacramentum est sacrae rei signum» [an Bucer]), dann muß man ihm doch eine deutliche Bewegung bescheinigen.

[73] Vgl. HBBW 5, 41–44 (4. 1. 1535). Interessant ist ein Vergleich dieses Schreibens mit einem von Leo Jud vom 3. 1. (ebd., 29–38). Beide betonen, daß man an Zwinglis Position festhalte, aber Jud setzt die mit der biblischen Wahrheit parallel (vgl. ebd., 30, 16f.: «nos ... neque a Christi veritate neque a Zvinglii doctrina aberrasse») und argumentiert dann fast nur noch mit Zwinglis Schriften, während Bullinger vor allem die Sachaussagen verteidigt und beispielsweise auch an der Aussage festhält, daß Christi Leib und Blut im Abendmahl ausgeteilt werden (ebd., 43, 59–73) – in der Tat eine Aussage, die mit einem rein zwinglianischen Verständnis kaum vereinbar wäre.

[74] Vgl. HBBW 5, 245 (an Myconius, 24. 6. 1535); ebd., 305–307, 215–253 (Bucer an Bullinger, Juli 1535, Antwort auf einen nicht erhalten gebliebenen Brief).

[75] Vgl. bes. HBBW 5, 337 (an Myconius, 31. 8. 1535); 359f. (an Vadian, 10. 9. 1535); zur Sache auch *Köhler*, 403f.; Fritz *Büsser* (Hg.), Beschreibung des Abendmahlsstreites von Johann Stumpf, Zürich 1960, 61–63. Zugleich schickte Bullinger einen freundlichen Brief an Melanchthon und äußerte seine Übereinstimmung in den zentralen Glaubensaussagen, vgl. HBBW 5, 335f. Falsch ist daher die Behauptung bei *Friedrich*, 110, die Schweizer seien nach der Veröffentlichung von Luthers Galaterkommentar «in keiner Weise geneigt [gewesen], eine Konkordie mit den Wittenbergern einzugehen».

[76] Besonders kennzeichnend ist sein Ausbruch gegenüber Myconius: «Nullo ergo modo recipiemus ista verba obscuriora, nisi simul et protinus addatur expositio planior. Es ist eine grosse plag, das wir nun müsset zangget han. Vor sot [Erst sollte] yederman der saxischen confession underschryben, jetzt muß yederman dem münsterischen büchlin [Bucers] underschryben. Et quis tandem finis? Si confessionem nostram ferre nequeunt, ego nihil amplius

schroffer zu formulieren[77]. Bucers Bereitschaft, eine übernatürliche Gegenwart Christi kraft der Einsetzungsworte anzuerkennen, lehnt er entschieden ab[78]. Die Konkordie mit Luther darf nicht auf einer Aufgabe der eigenen Überzeugung beruhen, aber wenn Luther wirklich so lehrt, wie Bucer immer behauptet, dann ist dies ja auch gar nicht nötig[79]. Deshalb wäre ihm eine direkte Kontaktaufnahme mit Luther lieber als der Verkehr mit Bucer als Mittelsmann[80].

Mit dieser Strategie setzte sich Bullinger nicht durch – leider, wie man nach dem Ergebnis sagen muß. Es blieb bei dem bisherigen Vorgehen: Auf der Versammlung der Schweizer im Februar 1536 erschienen Bucer und Capito. Auf ihr Drängen erhielt der Abendmahlsartikel der Confessio Helvetica Prior eine zwischen Luther und Zwingli lavierende Fassung[81]. Weil Bucer den Schweizern weisgemacht hatte, daß Luther damit zufrieden wäre, war nun auch Bullinger äußerst optimistisch[82]. Es ist keineswegs so, daß er – so Friedrich[83] – nun

dederim nisi clarioribus evictus scripturis. Was söllend wir hür und fernn daran buetzen [flicken]?» (HBBW 5, 102, 24–30: 13. 2. 1535). Er reagierte damit auf Wünsche Bucers nach weiteren Erklärungen (vgl. ebd., 72f., 30–52: 29. 1. 1535), die er aber zurückwies (vgl. ebd., 169, 5: «Sed quid hac in re toties repetuntur eadem?»; 170, 43f.: «Haec simplicitas mea, a qua ... non discedam»: 28. 3. 1535).

77 Vgl. HBBW 5, 169f., 2–51. Zu diesem Zusammenhang vgl. auch *Köhler*, 396–398; *Friedrich*, 109f.

78 Vgl. HBBW 5, 477, 20–22: «Nam quod isti [= Argentoratenses] per ministerii verbi potestatem praesentiam Christi supernaturalem fulcire volunt, probare non possum nec probabo unquam» (an Myconius, 19. 12. 1535).

79 Vgl. HBBW 6, 58, 18–22: «At nos sana conscientia secus loqui non possumus de hoc mysterio, quam semper loquuti sumus. Si vero Lutherus hoc ipsum sentit, quod tu eum sentire dicis, non opus est, ut conveniamus. Iam iam enim recipimus eum et tolleramus. Si vero hoc non sentit, nequaquam ipsi consentiemus, attamen feremus, dummodo ille nos tolleret» (an Bucer, 10. 1. 1536). Das ist also wieder die schon 1533 vertretene Position, s. o. Anm. 40f.

80 Vgl. HBBW 6, 90f., 30–41; 91, 64f.: «Ideo commodum futurum, ut ipsi, quid sentiremus de eucharistia caeterisque praecipuis articulis, Luthero scriptis et legatis missis exponeremus» (an Myconius, 20. 1. 1536).

81 Vgl. die ausführliche Analyse bei *Köhler*, 413–416; ähnlich *Bizer*, 91. Inhaltlich muß er hier nicht gewürdigt werden, weil er nicht so sehr von Bullinger geprägt ist wie das Zürcher Bekenntnis von 1534. Die Aussagen zur Realpräsenz sind ähnlich, aber die Frucht des Abendmahls wird gut zwinglianisch als «behilff und fürschub» des Glaubens, als «Eydtzpflicht, mit denen sich die glöubigen jrem houpt und den kilchen jnpflichtent und verbindent», bestimmt (*Müller* [s. Anm. 18], 107, 42–44), nicht als Verwandlung in den Leib Christi. – Zu beachten ist, daß die Zürcher nachträglich noch im Artikel zu den Sakramenten eine stärkere Verbindung von Zeichen und Sache durchzusetzen versuchten, vgl. HBBW 6, 181, 49–54.

82 Vgl. HBBW 6, 131, 10–12: «... pro illa amplissima spe nobis aperta, qua tu nobis exhilerabas, fore videlicet, ut Lutherus, Melanchthon, Osiander et reliqui viri sancti et cordatiores nihil a nobis petituri sint amplius» (an Bucer, 18. 2. 1536); ähnlich ebd., 149f., 11–16.

83 *Friedrich*, 116; danach zeigte die Veröffentlichung «wie feindlich [scil. die Schweizer] der Konkordie mit den Wittenbergern gegenüberstanden». Das hatte aber *Köhler*, 429–431, auf den Friedrich hierzu verweist, nicht behauptet; nach ihm sollte die Schrift nur dazu dienen, die Schweizer zu beruhigen, die skeptisch wegen des Konkordienwerks waren (so auch *Pestalozzi*, 187f.; *Sanders*, 313).

einen bewußten Versuch machte, durch die Herausgabe von Zwinglis Fidei Expositio die Konkordie zu sabotieren. Zwar stimmt, daß er gerade Zwinglis Abendmahlslehre aus dieser Spätschrift in der Folgezeit immer besonders herausstellte, aber deshalb, weil sie seiner Meinung nach die Vorurteile, Zwingli kenne nur «signa nuda», schlüssig widerlegte[84]. Das Vorwort Bullingers läßt jedoch gar keinen Zusammenhang mit dem Abendmahlsstreit erkennen[85], auf dessen Ende er weiterhin hofft. Als Luther zu einer Zusammenkunft einlud, sagte Bullinger sein Kommen wegen der Kürze der Zeit ab, bat aber Bucer, die Confessio Helvetica Prior als allgemeines schweizerisches Bekenntnis vorzulegen[86].

Um so größer war nun die Enttäuschung, als dieses Bekenntnis in Wittenberg gar keine Rolle spielte. Bucer kam statt dessen mit der Wittenberger Konkordie zurück, einer gewundenen Erklärung, die geradezu als «Unterwerfung unter die Lutheraner» gedeutet werden konnte[87]. Bullingers erste Reaktion war ablehnend, wie die fast aller Schweizer[88]. Der Text sei unklar und komme faktisch einem Widerruf der Straßburger vor Luther gleich[89]. So lehnte er weitere Zusammenkünfte und jede Änderung der Schweizer Konfession ab[90]. Aber das war mehr eine Absage an Bucers Schaukeldiplomatie denn an Luther. Immer noch sah er die Einheit gegeben, wenn Luther die Lehre der Schweizer tolerierte[91]. Ein klares Vertreten der eigenen Position könne der Konkordie nicht

[84] HBBW 6, 95, 32f. (an Bucer, 21. 1. 1536); WA.Br 8, 283f., 40–58 (an Luther, 1. 9. 1538, s. u. Anm. 114); Heinrich *Bullinger*, Warhaffte Bekanntnuß der dieneren der kilchen zu Zürych ..., [Zürich 1545] (= HBBibl Nr. 161), 10r–16r, bes. 15v; ders., Absoluta de Christi Domini et Catholicae eius Ecclesiae Sacramentis tractatio, London 1551 (= HBBibl Nr. 183), 88v. 99v; weitere Stellen in Z 6/5, 38.

[85] Vgl. Z 6/5, 162, 10–21: hier ist Zwingli als «fidelissimus evangelii praeco et Christianae libertatis assertor constantissimus» gerühmt und der gesamte Inhalt der Schrift gelobt, aber nicht die Abendmahlslehre besonders herausgehoben – Die ältere Forschung ging noch davon aus, daß auch der «Appendix de eucharistia et missa» von Bullinger stammte (z. B. *Köhler*, 431), aber Susi Hausammann hat nachgewiesen, daß dieser Teil ein Text Zwinglis ist, vgl. Z 6/5, 11.

[86] Vgl. HBBW 6, 269–272 (30. 4. 1536). Auch dieser Brief betont noch den Konkordienwillen und äußert sich optimistisch, im Gegensatz zu anderen Äußerungen aus der Schweiz, vgl. *Köhler*, 434–440; *Büsser* 1960, 207f. Anm. 13; *Friedrich*, 118f. Im Ergebnis entsprach die gemeinsame Entscheidung der Schweizer in Aarau am 1. 5. Bullingers Intention, vgl. *Köhler*, 439f.

[87] *Köhler*, 454. Meine Bewertung folgt eher *Bizer*, 121–130, der in der Wittenberger Konkordie eine wirkliche Einigung im Fundamentalen sieht, was hier aber nicht expliziert werden kann.

[88] Vgl. *Bizer*, 146–157. 160–163; *Köhler*, 465–468. 491–498.

[89] Vgl. HBBW 6, 361, 3: «Non intelligo, quod conscripsere Wittembergae» (an Myconius, 15. 7. 1536); 373, 22–25 (an Vadian, 22. 7. 1536). Bullinger war in beiden Urteilen von Myconius beeinflußt, der ihm am 1. 7. erste, am 19. 7. genauere Nachrichten zukommen ließ, vgl. ebd., 353f, 4f. 8–10; 368, 13–21.

[90] Vgl. HBBW 6, 374f, 7–19, bes. Z. 11f: «Ee wil ich di[e] ein mol gestellt confession hälffen scherpffen dann miltern» (an Myconius, 28. 7. 1536).

[91] Vgl. HBBW 6, 374, 13f: «Si Lutherus cum suis nostram ferre potest confessionem, gratias ago deo» (an Myconius, 28. 7. 1536); ebd., 381, 18: «Quodsi epistolare ferre potest Lutherus, sane

schaden[92]. In diesem Sinn schrieb er selbst an Melanchthon und veranlaßte eine direkte Kontaktaufnahme Vadians mit Luther[93]. Selbst Bucer und Capito erkannten sein Bemühen um die Verständigung an[94].

Es war deshalb ganz in Bullingers Sinn, daß im November 1536 die Schweizer evangelischen Städte beschlossen, sich direkt an Luther zu wenden[95]. Schon auf einer Zürcher Synode hatte er dies vorgeschlagen und eine ausführliche Declaratio der eigenen Lehren ausgearbeitet[96]. Sie geht über die Confessio Helvetica Prior hinaus und ähnelt dem Bekenntnis von 1534, nimmt sogar wieder den Gedanken der Verwandlung der Gemeinde in den Leib Christi auf[97]. Weil die so erläuterte Schweizer Lehre das rechte Maß zwischen den Extremen hält[98], hofft er, daß damit die Konkordie schon geschlossen sei[99].

convenit nobis cum ipso» (an dens., 4. 8. 1536); ebd., 420, 7–9: «Audio et fratres Schaffhusianos candide de concordia sentire. Ego interim meum faciam offitium hortaborque, ut, quod faciunt, facere pergant» (an dens., 8. 9. 1536).

92 Vgl. HBBW 6, 383, 8f.: «Nam non potest dici solida et sancta concordia, cui nocere possunt solida et sancta scripta» (an Vadian, 6. 8. 1536). Gemeint sind Vadians Aphorismen zur Abendmahlsfrage.

93 Vgl. HBBW 6, 400f. 404f. Gegenüber Bucer äußert er seine Hoffnung, daß die Übersendung von Vadians Aphorismen Luther endlich zur Anerkennung der Schweizer Position bringen werde, vgl. ebd., 415, 4–9: «Quin et Vadiani nostri libri testabantur palam, quid de sacro hoc mysterio teneamus ac doceamus, ut doctor Lutherus de nostra sententia porro ambigere aut sinistrius suspicari non possit. ... Si enim ea est doctoris Lutheri sententia, quam tu et Zviccius esse aiunt, non dissipabit, sed confirmabit hic liber concordiam» (1. 9. 1536).

94 Vgl. HBBW 6, 434, 2f. (Sept./Okt. 1536); 480, 5–7 (30. 11. 1536). – Unklar ist deshalb, warum *Friedrich*, 132, Bullinger unter die Theologen einreiht, die durch «stets scharfe Polemik» nach den Wittenberger Verhandlungen die Konkordie hintertrieben hätten. Selbst der strenge Lutheraner Osiander bezeichnete Bullinger im Juli 1537 als guten und gelehrten Mann, vgl. Andreas *Osiander*, Gesamtausgabe, Bd. 6: Schriften und Briefe 1535 bis 1538, hg. v. G. *Müller* u. G. *Seebaß*, Gütersloh 1985, 227, 5.

95 Zur Basler Tagung vom 14. 11. 1536 vgl. *Köhler*, 498f; *Büsser* 1960, 93–105; WA.Br 12, 243f.

96 Vgl. WA.Br 12, 246–261; zur Entstehung ebd., 242. Die Declaratio ging dann in die endgültige Fassung vom 12. 1. 1537 ein, vgl. ebd., 274f.; vgl. auch *Bizer*, 171–180; *Köhler*, 501–503; Bullingers Verteidigung seines Entwurfs in HBBW 6, 490–493.

97 Vgl. WA.Br 12, 258, 323–326: «Dann wie vß vilen körnlinen ein mäl vnd brot würt ..., also werdent wir, die gantze gemeind der glöubigen, in ein brot und lib gesamlet vnd zusamen getzogen». Andere Aussagen stellen freilich auch bei der Frage nach der Wirkung den Zeichencharakter in den Vordergrund, vgl. ebd., 252, 167f: «Dann vnser schwacher verstand vernimpt ein yedes ding vil bas, wen man ims durch liblich anbildungen fürstelt»; ebd., 253, 180–182: «Witer sind die sacrament ouch waarzeichen des volks gottes, durch die man in die kilchen vnd volk gottes gesamlet, vfgenommen vnd ingeschriben würt vnd mit dänen wir vnseren glouben bezügend».

98 Vgl. WA.Br 12, 248, 23–27: «Damitt wir nun weder zur rechten nach zur lingken abschlügend, sondern in der küniglichen rächten straaß härin trätind, das ist, das wir dem vßeren wort vnd zeychen daß nitt nemind, daß inen die gschrifft zugibt, dargegen ouch das, das des einigen schöpfers ist, nitt der creatur zugebind, Vnd die menschen zu vil vff die geschöpfte wisind ...» Vgl. auch ähnliche Aussagen in den weiteren Fassungen, ebd., 268, 82–92; 272, 56–67.

99 Vgl. WA.Br 12, 258 (Apparat; Ergänzung Bullingers zum ursprünglichen Entwurf); vgl. ebd., 268, 92f; 272, 67f.

Das war also eine Verweigerung der Unterschrift unter die Wittenberger Konkordie. Aber das bedeutete nicht, wie Friedrich behauptet, daß Bullinger «umgekehrt» die Anerkennung der Confessio Helvetica Prior durch Luther forderte[100]. Luther wollte, daß die Schweizer sich seine Lehrart zu eigen machten; Bullinger wollte nur, daß Luther die ihre akzeptierte. Damit sollten Eigenheiten der Lehrfassung nicht nivelliert werden, wenn man doch in der «Summe des Glaubens» einig war[101].

Das ganze Jahr 1537 verging ohne Antwort Luthers[102]. Als sie im Januar 1538 endlich eintraf, war sie unklar: Luther zeigte sich freundlich und konziliant, hielt die Konkordie aber noch nicht für geschlossen[103]. Die Zürcher wollten daraufhin die Debatte um das Abendmahl beenden[104]. Bucer brachte zwar im Verein mit Basel weitere Verhandlungen in Gang[105], aber ein erneuter Briefwechsel mit Luther brachte keine neuen Aspekte[106]. Im Herbst setzte sich Zürich durch mit der Forderung, die Konsequenz zu ziehen und von weiteren Konkordiengesprächen abzusehen[107]. Für Bizer ist damit klar: «Die Konkordie war endgültig am Widerstand des Zürcher Zwinglianismus gescheitert»[108].

Ob diese Entscheidung allein auf Bullingers Einfluß zurückgeht, muß offenbleiben. Sie entsprach seinen Wünschen, wie er sie schon im Frühjahr

[100] *Friedrich*, 140. Ebenso mißverständlich ebd., 133: «Darin forderten sie von Luther eine Anerkennung ihres in Wittenberg vorgelegten Basler Bekenntnisses als Grundlage für eine gemeinsame Konkordie».

[101] Vgl. WA.Br 12, 258 (Apparat); 268, 76–82; 272, 49–56. Deutlicher spricht sich Bullinger in Briefen aus dem Jahr 1537 aus: «Ich will aber jeden bei seiner Privat-Confession lassen... Was nicht mit der unsrigen streitet, verwerfe ich nicht»; «Lassen sie uns gelten, so lassen wir auch sie gelten, und dann ist die Concordie geschlossen» (zitiert nach *Pestalozzi*, 202). Auch im Rückblick 1545 äußern die Zürcher, daß sie die Wittenberger Konkordie gelten gelassen und nur selbst nicht unterzeichnet hätten; nach dem Ergebnis der Verhandlungen hätte man sich «fridens und einigkeit versähen» (*Bullinger*, Warhaffte Bekanntnuß [s. Anm. 84], 37v).

[102] Zu den letztlich ergebnislosen Auseinandersetzungen dieses Jahres vgl. *Bizer*, 200–207; *Köhler*, 505–509.

[103] Die Antwort, am 1. 12. 1537 an Bucer gesandt, kam erst im Januar bei den Schweizern an, vgl. WA.Br 8, 149–153: 150. Sie läßt offen, was an der Erklärung noch nicht ausreicht, hält aber noch weitere Verhandlungen der Schweizer mit Bucer und Capito für notwendig. Vgl. auch *Bizer*, 208–210; *Köhler*, 510f.

[104] Vgl. *Bizer*, 214f.; *Köhler*, 512; ausführlich mit Quellen Ernst *Bizer*, Die Wittenberger Konkordie in Oberdeutschland und der Schweiz, in: ARG 35, 1938, 214–252: 233–237.

[105] Vgl. *Köhler*, 514–517; *Bizer*, 217–221; *Büsser* 1960, 110–131.

[106] Vgl. WA.Br 8, 211–214. 241f.; hierzu auch *Pestalozzi*, 207–210; *Bizer*, 221–223; *Köhler*, 517f. Luthers Antwort vom 27. 6. 1538 enthielt erneut die Aufforderung, mit Bucer eine weitergehende Erklärung abzugeben.

[107] Vgl. *Bizer*, Konkordie, 246–252; *Bizer*, 225f. Wichtig ist aber die Begründung: «... da wir doch achtend, uns unsers theyls in diesem faal der geschrift und concordi gnugsamlich genehert zu haben» (Zürich an Basel, 28. 9. 1538, nach *Bizer*, Konkordie, 250). Die Zürcher wollen also nicht starr auf ihrer Position beharren, sondern sehen schon eine Annäherung und wollen «es unsers theyls gutigklich und frünthlich darby belyben und uns sollicher eynigkeit für dismal benügen lassen» (ebd., 250f).

[108] *Bizer*, 226; vgl. auch ebd., 228; *Bizer*, Konkordie, 248; *Brecht*, 66.

geäußert hatte; aber vor allem deshalb, weil ihm Luthers Antwort schon als Annahme der Schweizer Position erschien[109]. Die erreichte Annäherung genüge, neue Verhandlungen würden nur neuen Streit bringen[110]. Vor allem hatte er gegen Bucer inzwischen ein unüberwindliches Mißtrauen gefaßt[111] und favorisierte um so mehr direkte Kontakte. So sandte er im März 1538 seinen ersten freundlichen Brief an Luther[112]. Luthers Antwort war ebenfalls nicht unfreundlich, deutete aber auch Kritik an Zwingli und Oekolampad an[113]. In seiner Entgegnung verteidigte Bullinger Zwinglis Abendmahlslehre, wobei er die positiven Aspekte hervorhob[114]. Vor allem unterstrich er aber nochmals seinen Wunsch nach brüderlicher Liebe[115]. Dieser Brief steht zeitlich unmittelbar vor der Ratsentscheidung, die den Abbruch der Verhandlungen einleitete. Das zeigt doch deutlich, wie zumindest Bullinger dies verstanden haben wollte: nicht als Abbruch der Kontakte, sondern nur als Ende der formellen Beratungen in Gegenwart Bucers und mit dem Ziel der Formulierung einer Konsensurkunde. Da Luther aber auf den Brief nicht antwortete und im nächsten Jahr schon wieder seine schriftlichen Attacken gegen Zwingli aufnahm[116], war doch die alte Kluft wieder da. Das lag bestimmt nicht in Bullingers Sinn, aber er sah auch keine Alternative. Im März 1539 zog er resigniert das Fazit: Wenn es zu den Bedingungen der Konkordie gehöre, daß keiner mehr für die Wahr-

[109] So seine Äußerungen an Myconius, vgl. *Pestalozzi*, 206. Auch an Martin Frecht hatte er so geschrieben, daß dieser Vadian am 24. 6. schon zum glücklichen Abschluß der Konkordie gratulierte, vgl. Vadianische Briefsammlung, Bd. 5, hg. v. Emil *Arbenz* und Hermann *Wartmann*, St. Gallen 1903, 500.

[110] Vgl. Vadianische Briefsammlung 5, 485f.: «Gott wöll, das nitt grösser span und zwytracht werde» (26. 3. 1538); an Myconius, 22. 2. 1538: «Ich bitt üch umb Gotts willen, sind davor, das man nitt immerdar also tagen musz, und das der Bucerus sin kylch zu Straspurg versäh und ruewig sy, so werdent wir mitt im zefriden und lieb gut brüder blyben; sust weisz ich nit, was mit der zyt darusz wird» (zitiert nach *Bizer*, 216).

[111] Vgl. seinen Brief an Myconius vom 22. 2. 1538: «Plus enim negotio incommodabit quam commodabit. ... Er wolt gen Bern und friden machen, und ist der grösst unfriden darusz worden» (zitiert nach *Pollet*, 354 Anm. 6); vgl. auch ebd., 352. Das Mißtrauen war schon 1537 groß, vgl. Vadianische Briefsammlung 5, 439, und die Briefzitate bei *Pestalozzi*, 199–203, sowie *Friedrich*, 135 mit Anm. 44.

[112] Vgl. WA.Br 8, 207f. Der Brief geht auf die Abendmahlsfrage gar nicht mehr ein, sondern sollte «expurgato rubore» Bullingers «animum erga te ... amantissimum» versichern. Gleichzeitig schrieb Bullinger an Osiander und zeigte sich auch ihm gegenüber überzeugt, daß Luthers Brief die Grundlage für ein völliges Ende des Abendmahlsstreits sein werde, vgl. *Osiander*, Bd. 6, 483,22–484,1.

[113] Vgl. WA.Br 8, 223f.

[114] Vgl. WA.Br 8, 281–285: 283f., 37–58 (1. 9. 1538). Der Brief in deutscher Übersetzung auch bei *Pestalozzi*, 211–213.

[115] Vgl. WA.Br 8, 284, 66–81. Dies war auch der Hauptinhalt seines gleichzeitigen Briefs an Melanchthon, vgl. ebd., 282; *Pestalozzi*, 213f.

[116] Vgl. *Bizer*, 229f.; die Entgegnung der Zürcher WA.Br 8, 546f. Zum weiteren Verlauf des Streits s. o. Anm. 33.

heit und gegen Luther den Mund aufmachen dürfe, dann wolle er damit nichts zu tun haben, denn er betrachte Luther als fehlbaren Menschen, der auf seine Irrtümer hingewiesen werden müsse[117].

Gescheitert ist die Konkordie also an vielen Faktoren, nicht an Bullinger allein. Zuerst daran, daß ganz unterschiedliche Auffassungen über die Voraussetzungen der Kirchengemeinschaft vorlagen. Luther forderte in den essentiellen Punkten völlige Lehreinheit. Bucer gab ihm im Prinzip recht; er versuchte aber nachzuweisen, daß der Streit nur um Worte geführt werde und es jetzt schon eine Übereinstimmung in der Sache gebe. Bullinger hatte anfangs den (berechtigten!) Verdacht, daß Bucer die tatsächlichen bestehenden Unterschiede herunterspielte[118]. Er sah aber schon jetzt eine Einheit bei bleibenden Differenzen als möglich und beharrte deshalb lange darauf, daß keinerlei Korrekturen an der Schweizer Abendmahlslehre notwendig seien.

Seit 1534 sah Bullinger ein, daß er die gemeinsamen Glaubensfundamente herausstellen und zumindest stillschweigend von einzelnen Aussagen Zwinglis abrücken mußte. Das tat er, so weit er es theologisch verantworten konnte. Weil Bucer die Schweizer bewußt im Unklaren ließ, erkannte er nicht, daß Luther auch die dadurch vergrößerte Gemeinsamkeit noch lange nicht genügte. Bullinger stellte sich nicht absichtlich dumm, als er 1538 gegenüber Luther von einer Einigkeit im Grundsatz ausging[119]. Ihm genügte die Einheit im Fundamentalen, um den Wittenbergern die Bruderhand zu reichen. Walther Köhler sah schon hierin die verheißungsvolle ökumenische Vision[120].

III

Auch wenn Bullinger die Einigung mit Luther wollte und als Theologe um sie rang, so war er dennoch nicht in derselben Weise um sie bemüht wie Bucer. Der Straßburger redete mit den Wittenbergern und kam zu einer Konkordie, wie immer die dann auch aussah. Bullinger dagegen ließ sich durch Luthers Angriffe oder erneute Forderungen immer wieder zu einer ähnlich eigensinnigen Reaktion bewegen: Nun müsse man eben unbekümmert bei der als wahr

117 Johannes *Calvin*, Opera Quae Supersunt Omnia, Bd. 10/2, Braunschweig 1872 (CR 38/2), 322 (8. 3. 1539).

118 Vgl. HBBW 2, 154, 32–55 (12. 7. 1532); HBBW 3, 120, 10–12 (8. 5. 1533).

119 Vgl. *Brecht*, 66: Bullinger «wollte aber nicht einsehen, warum Luther die Einigkeit nicht schon für hergestellt hielt»; er «behauptete, nicht zu verstehen, was Luther an Zwingli anstößig war». – Gefördert wurde Bullingers Auffassung von der Einigkeit besonders durch die Abendmahlslehre in Melanchthons Loci von 1535, die er als identisch mit der schweizerischen empfand, vgl. *Pollet*, 290 Anm. 3 (an Bucer, 6. 10. 1537).

120 *Köhler*, 525; vgl. ders., Zwingli und Luther, Bd. 1, Gütersloh 1924, 829–836; *Schultheß-Rechberg*, 85f. 89.

erkannten Position bleiben[121]. Daß er nicht zu den Konkordienverhandlungen nach Wittenberg kam und auch später nicht zu direkten Gesprächen bereit war, das ist wohl am ehesten das, was man ihm als Schuld vorhalten kann. Das Ergebnis war die Spaltung des Protestantismus mit all ihren Folgen.

Doch dies war nicht nur verhängnisvoll. Bullinger wollte zentrale Erkenntnisse Zwinglis über das Abendmahl nicht preisgeben, nämlich seine Deutung als Gedächtnis- und Gemeinschaftsmahl und seinen wesentlich geistlichen Charakter. Das stand damals der Einigung im Weg, aber in der von Zwingli begründeten Abendmahlslehre steckt ein Potential, das im 20. Jahrhundert von ökumenischer Bedeutung sein sollte. Die Lutheraner haben bekanntlich für sich immer gern die sogenannte «lutherische Mitte» reklamiert und behauptet, daß sie die geborenen Vermittler der Konfessionen seien. Aber gerade im heutigen Abendmahlsgespräch wird deutlich, daß der Beitrag der Reformierten unverzichtbar war: vor allem natürlich derjenige Calvins, aber auch derjenige Bullingers.

Im lutherisch-reformierten Dialog brachte die Leuenberger Konkordie 1973 endlich die lang ersehnte Kirchengemeinschaft. Hilfreich war dafür vor allem, daß man den Ausgangspunkt bei Christus nahm als dem, der im Abendmahl sich selbst schenkt[122]. Es stimmt, daß dieser Gedanke schon in der Wittenberger Konkordie zentral ist[123]. Aber auch Bullinger hatte ihn schon 1534 zum Ausgangspunkt für sein Abendmahlsbekenntnis genommen; er steht also keineswegs hinter Bucer zurück. Mehr noch, die substanzontologischen Kategorien, von denen sich die Abendmahlsdiskussion unseres Jahrhunderts mühevoll befreien mußte, hatte er schon von Anfang an völlig beiseitegerückt[124] und ein personalistisches Verständnis von der Präsenz Christi entwickelt.

Der Schwerpunkt der Abendmahlsdebatte verschiebt sich, sobald die Katholiken an ihr beteiligt sind. Will man ein neues Verständnis des von allen Reformatoren bekämpften Opfergedankens gewinnen, dann gelingt dies offenbar nur unter Rückgriff auf die commemoratio als Zentralgeschehen im Abendmahl. Im Dialog zwischen dem Reformierten Weltbund und dem römi-

121 S. o. Anm. 39. 75. 90; vgl. auch HBBW 6, 324, 50–52 (an Myconius, 9. 6. 1536); an dens., 12. 2. 1537: «Quid agendum putem, si Luthero non placet Confessio nostra, rogas? Relinquendum censeo Lutherum et veritati confessae adhaerendum» (zitiert nach *Pollet*, 351 Anm. 5).

122 Leuenberger Konkordie, Nr. 15. 18. Leitend waren hier schon die Aussagen der Bekenntnissynode von Halle 1937 («Christus selber ist Geber und Gnadengabe»), vgl. Marc *Lienhard*, Lutherisch-reformierte Kirchengemeinschaft heute, Frankfurt a. M. 1972, 11; Eckhard *Lessing*, Abendmahl. Ökumenische Studienhefte 1, Göttingen 1993 (BenshH 72), 23.

123 Vgl. *Friedrich*, 124.

124 S. o. Anm. 23. 45; als weitere Beispiele z.B. HBBW 4, 379, 32–37; *Bullinger*, Warhaffte Bekanntnuß (s. Anm. 84), 102r–v. Auch im Streit Calvins mit Caroli 1537 verteidigte Bullinger den Genfer mit scharfen Absagen an die Substanzaussagen, vgl. *Bouvier*, 49f. 449f.

schen Einheitssekretariat ist das Abendmahl ganz vom Gedächtnischarakter her verstanden: «In den Einsetzungsworten liegt der Ton auf dem Faktum der persönlichen Gegenwart des lebendigen Herrn im Geschehen des Gedächtnis- und Gemeinschaftsmahles, nicht auf der Frage, wie diese reale Gegenwart, das ‹Ist›, zustande kommt und zu erklären ist»[125]. Gleich der nächste Satz verbindet dies mit dem für Bullinger charakteristischen Bundesgedanken: «Das Essen und Trinken und der Gedächtnischarakter des Paschamahles, mit dem das Neue Testament das letzte Mahl Jesu verknüpft, proklamieren den Anbruch des Neuen Bundes»[126]. Und zuletzt wird auch die gemeinschaftsstiftende Wirkung des Abendmahls in seiner doppelten Ausrichtung bedacht: «wenn wir das Brot brechen, ist es Teilhabe am Leib Christi (vgl. 1 Kor 10,16). Die Verwirklichung dieser Gegenwart Christi für uns und unsere Eingliederung in ihn, ist eigentlich Werk des Heiligen Geistes, welches sich in der eucharistischen Feier vollzieht ...»[127]. Das hätte Bullinger schon genauso sagen können. Besonders dort, wo er allein, nicht als Sprecher einer Gruppe seine Abendmahlslehre entfaltete, legte er besonderes Gewicht auf diesen Aspekt[128].

Im bilateralen Dialog zwischen Reformierten und Katholiken lassen sich diese Gedanken natürlich besonders stringent verfolgen. Aber auch anderswo erwiesen sie sich als fruchtbar. Besonders das Lima-Papier der Kommission für Glaube und Kirchenverfassung gibt der Bestimmung der Eucharistie als Anamnese oder Memorial breitesten Raum und bestimmt von daher auch die Gegenwart Christi als eine reale, lebendige und handelnde, die aber nur durch den Glauben richtig erfaßt werden kann[129]. Besorgte Lutheraner haben hier schon gefragt, «worin sich eine derartige Eucharistieauffassung noch von der Zwinglis unterscheidet»[130]. Aber eher ist es wieder Bullinger, der im weiteren Verlauf mit seinem Gemeinschaftsgedanken zu Ehren kommt: «Das Teilhaben am einen Brot und gemeinsamen Kelch ... macht deutlich und bewirkt das Einssein der hier Teilhabenden mit Christus und mit den anderen mit ihnen Teilhabenden ...»[131].

[125] Die Gegenwart Christi in Kirche und Welt (1977), Nr. 70 (zitiert nach Dokumente wachsender Übereinstimmung, hg. v. H. *Meyer* u. a., Paderborn/Frankfurt a. M. 1983, 487–518: 503). Weitere Belege für den Stellenwert der Anamnese ebd., Nr. 75. 78. 81. 82.

[126] Ebd., Nr. 70. – Der Bundesgedanke wird in Nr. 80 weiter entfaltet.

[127] Ebd., Nr. 82; vgl. auch Nr. 73.

[128] Vgl. *Bullinger*, Absoluta ... (s. Anm. 84), 95r–101r; knapp auch ders., Summa ... (s. Anm. 61), 143. 152vf. 156r.

[129] Vgl. Taufe, Eucharistie und Amt (1982), Eucharistie Nr. 1. 5–13, bes. 13: «Die Kirche bekennt Christi reale, lebendige und handelnde Gegenwart in der Eucharistie. Obwohl Christi wirkliche Gegenwart in der Eucharistie nicht vom Glauben der einzelnen abhängt, stimmen jedoch alle darin überein, daß Glaube erforderlich ist, um Leib und Blut Christi unterscheiden zu können» (nach Dokumente wachsender Übereinstimmung, 545–585: 560f.).

[130] Jobst *Schöne*, Eucharistie, in: LuThK 8, 1984, 121–136: 132.

[131] Taufe, Eucharistie und Amt, Eucharistie Nr. 19. Vgl. auch ebd., Nr. 26, wo die Eingliederung in den Leib Christi dazu dient, auch die ethische Bedeutung des Abendmahls zu belegen.

Man könnte noch viele Dokumente als Beleg dafür aufführen, daß Bullingers Begriffe sich in der ökumenischen Abendmahlsdebatte als fruchtbar erwiesen haben; von der (notabene!) lutherisch-katholischen Erklärung über das Herrenmahl[132] über den anglikanisch-lutherischen Helsinki-Bericht[133] bis zu der von EKD und der Deutschen Bischofskonferenz in Auftrag gegebenen Studie zu den Lehrverurteilungen[134]. Aber es ist ohnehin vielfach beobachtet, daß das tiefere Verständnis der Anamnese die unüberwindlich scheinenden Fronten in der Abendmahlsdebatte in neue Bewegung gebracht hat[135]. Eine direkte Wirkung Bullingers ist zwar kaum festzustellen. Im allgemeinen wird der Einfluß der orthodoxen Kirchen hierfür verantwortlich gemacht. Daß wir bei einem reformatorischen Theologen aber schon so viele Anklänge an die neuen Konvergenzen in der Abendmahlslehre erkennen können, sollte uns die Rezeption leichter machen.

1934 sah ein hellsichtiger Schweizer es als «providentiell» an, daß die Wittenberger Konkordie scheiterte und den Schweizer Reformierten so eine «Gleichschaltung» mit den deutschen Lutheranern erspart blieb[136]. An Spekulationen darüber, welchen Verlauf die Geschichte genommen hätte, wenn die Konkordie zustande gekommen wäre, sollten wir uns wohl nicht beteiligen. Dennoch können wir den Ausgang für ein Werk der Vorsehung halten. Mit Bullingers eigenständiger Weiterführung von Zwinglis Theologie blieb ein Lehrtyp erhalten, der im 20. Jahrhundert wiederentdeckt werden und Früchte tragen kann. Das ökumenische Gespräch wäre ärmer ohne ihn.

PD Dr. Martin Friedrich, Ginsterheide 15 d, D-58097 Hagen

[132] Das Herrenmahl (1978), Nr. 17 (hier wird der Accra-Bericht, der Vorläufer des Lima-Papiers, zustimmend zum Thema Anamnese zitiert). 36; Nr. 20. 26. 39 (Vereinigung der Abendmahlsteilnehmer zum Leib Christi), s. Dokumente wachsender Übereinstimmung, 271–295.

[133] Vgl. Helsinki-Bericht Nr. 27: «In unseren beiden Traditionen wird die Eucharistie verstanden als Gedächtnis (Memorial) des gekreuzigten und auferstandenen Christus» (zitiert nach Lessing, 95).

[134] Lehrverurteilungen – kirchentrennend?, Bd. I: Rechtfertigung, Sakramente und Amt im Zeitalter der Reformation und heute, hg. v. K. *Lehmann* und W. *Pannenberg*, Freiburg i.B. 1988, Nr. II, 1,2 («Diese Unstimmigkeiten lassen sich heute klären durch ein vertieftes Verständnis des ‹Gedenkens› im Sinne des Alten und Neuen Testaments»).

[135] Vgl. Walter *Schöpsdau*, Eucharistie, in: Kommentar zu den Lima-Erklärungen über Taufe, Eucharistie und Amt, hg. vom Konfessionskundlichen Institut, Göttingen 1983 (BenshH 59), 73–82; André *Birmelé*, Thomas *Ruster*, Vereint im Glauben – getrennt am Tisch des Herrn?, Würzburg/Göttingen 1987, 43–48; *Lessing*, 136f.

[136] Otto Erich *Strasser*, Die letzten Anstrengungen der Straßburger Theologen Martin Bucer und Wolfgang Capito, eine Union zwischen den deutschen Lutheranern und den schweizerischen Reformierten herbeizuführen, in: Zwa 6, H. 1, 1934, 5–15: 15.

Ein Berner «Kunzechismus» von 1541

Bucers verloren geglaubte Bearbeitung des Meganderschen Katechismus

von Rainer Henrich

«Apiario die V^c^ truckt agendbüchly abnemmen und die I^m^ Cuncechismi lassen.» Diese zunächst rätselhafte Notiz von der Hand des Stadtschreibers Peter Cyro findet sich im Berner Ratsmanual unter dem Datum des 20. Mai 1541[1]. Daß hier von einem bei Matthias Apiarius gedruckten Katechismus die Rede ist und daß die Verballhornung von «Catechismus» zu «Cuncechismus» als Anspielung auf den Namen des Berner Pfarrers Peter Kunz gelesen werden muß, ist zwar längst bekannt[2]. Näheres ließ sich bisher allerdings nicht ermitteln, da keines der tausend Exemplare, deren Abnahme der Rat dem Drucker verweigerte, die Zeiten überdauert zu haben schien. Vor kurzem ist es nun aber gelungen, eines davon in der Österreichischen Nationalbibliothek Wien ausfindig zu machen. Der Druck von 1541 läßt sich anhand dieses Exemplars wie folgt beschreiben:

> Ein Kurtzer | vnd Christenlicher be=|richt für die jugend / des Vat|ter vnsers / des waren Christenlich|en Gloubens vnnd der Gebotten | Gottes mit kurtzer erlüterung der | Sacramenten / Wie die zů Berñ | in Statt vnnd Landt | gehaltenn wer=|denn. | [Holzschnitt: Rose] | 1541.
> [Auf Bl. F4r.]: Getruckt zů Berñ by | Mathia Apiario.
> 8°. 44 ungezählte Blätter. Signaturen: A-F^4.
> Wien, Österreichische Nationalbibliothek (80.W.88).
> Vorbesitzer: Nicht bekannt.
> Bibliographischer Nachweis: Index Aureliensis. Catalogus librorum sedecimo saeculo impressorum, Bd. 4, Baden-Baden 1970, Nr. *117.342.

Was aus dieser Beschreibung nicht hervorgeht, ist die Tatsache, daß damit die von Martin Bucer revidierte Fassung des Berner Katechismus wieder zum Vorschein gekommen ist. Bucers Bearbeitung von Kaspar Meganders «Kinderbericht» hatte 1537/38 zu einer Zerreißprobe in der Berner Kirche geführt, galt aber seit langem als verschollen. Der Erstdruck von 1538 bleibt zwar ver-

[1] Zit. nach: *A. Fluri*, Mathias Apiarius, der erste Buchdrucker Berns (1537–1544), in: Neues Berner Taschenbuch auf das Jahr 1897, Bern 1896, S. 233 (nachfolgend zit. als: *Fluri*, Apiarius).

[2] Siehe ebd.; vgl. *A. Fluri*, Beschreibung der deutschen Schule zu Bern, in: Archiv des Historischen Vereins des Kantons Bern 16, 1902, S. 603f (zit.: *Fluri*, Dt. Schule); *M. Sulser*, Der Stadtschreiber Peter Cyro und die Bernische Kanzlei zur Zeit der Reformation, Bern 1922, S. 31.

schwunden, die nun erstmals zugängliche Zweitauflage ist aber inhaltlich identisch.

Um die Bedeutung des Fundes zu erkennen, ist es unumgänglich, ein Stück weit auf die Geschichte der Berner Reformationskatechismen einzugehen; dies lohnt sich um so mehr, als die im Zusammenhang mit der Bearbeitung des Bullinger-Briefwechsels erfolgte Sichtung der Quellen zahlreiche Präzisierungen und Ergänzungen erlaubt. Bereits Berchtold Haller und Franz Kolb haben offenbar einen Katechismus verfaßt; Kenntnis davon haben wir aber einzig durch die 1545 ergangene Weisung des Rates, vorläufig auf dieses Lehrmittel zurückzugreifen[3]. Der erste gedruckte und auch überlieferte Berner Katechismus ist jener, den Megander 1536 erscheinen ließ. Der Zürcher Kaspar Großmann[4], genannt Megander, war ein treuer Gefolgsmann Zwinglis[5]; er vertrat jenen strengen Zwinglianismus, der in den Konkordienverhandlungen der Jahre 1532–36 charakteristisch für die Position Berns war. Seit er 1528 von Zürich als Münsterpfarrer und Professor nach Bern «ausgeliehen» worden war, hatte er sich allerdings durch sein ungeduldiges Wesen und seine oft undiplomatisch geäußerte Kritik gelegentlich unbeliebt gemacht. Zu seinem Katechismus wurde er vielleicht durch das Vorbild seines Zürcher Kollegen Leo Jud angeregt, der 1534 einen solchen veröffentlicht hatte[6]. Davon sagt Megander selbst allerdings nichts; im Vorwort vom 31. Mai 1536 schreibt er, der oft geäußerte Wunsch nach Vereinheitlichung des Unterrichts habe ihn dazu bewogen, die von den Stadtpfarrern seit bald drei Jahren praktizierte «Kinderzucht» in dieser Form aufzusetzen und drucken zu lassen. Noch im selben Jahr folgte eine zweite Auflage[7].

[3] Siehe *Fluri,* Dt. Schule, S. 599 (vgl. S. 596–607 zu Einführung und Organisation des Katechismusunterrichts). Eine Verwechslung mit Meganders Katechismus ist kaum denkbar, da der Konflikt um die Revision des letzteren 1545 noch keineswegs vergessen war.

[4] Kurzbiographie von *H. R. Lavater* in: Der Berner Synodus von 1532. Edition und Abhandlungen zum Jubiläumsjahr 1982, Bd. 2, Neukirchen-Vluyn 1988, S. 377–380; ders., Art. Megander, in: NDB 16, S. 610.

[5] Die gelegentlich kolportierte Charakterisierung Meganders als «Affe Zwinglis» (simia, Nachäffer) stammt aus einem Brief von Peter Kunz an Jodocus Neobolus (Neuheller) in Wittenberg vom 2. Februar 1538 (gedruckt in: *C. B. Hundeshagen,* Die Conflikte des Zwinglianismus, Luthertums und Calvinismus in der Bernischen Landeskirche von 1532–1558, Bern 1842, S. 369–373). Der Brief ist wertvoll als Schilderung des Streits um den Katechismus aus der Sicht eines Megander-Gegners.

[6] Das Verhältnis dieser beiden Katechismen zueinander bleibt noch genauer zu untersuchen. Nach *Güder* wäre jener von Megander eine Bearbeitung des umfangreicheren von Jud speziell für die Jugend; s. *E. Güder,* Zur Geschichte der schweizerischen Katechismen. 1. Der Berner Katechismus, in: Die Kirche der Gegenwart. Monatsschrift für die reformierte Schweiz 6, 1850, S. 319–346, bes. 323–326.

[7] Vielleicht im Zusammenhang mit einem Mandat über die Kinderlehre vom 26. Oktober (vgl. *Fluri,* Dt. Schule, S. 601). Die zwei textgleichen Ausgaben erschienen bei Froschauer in Zürich und bei Lux Schouber in Basel. Nach der Vermutung Karl Schweizers wäre der Zürcher Druck der ursprüngliche, da es sich zunächst um eine Privatarbeit handelte, amtliche Drucke jedoch eher nach Basel vergeben wurden (s. *K. Schweizer,* Die Berner Katechismen im 16. Jahrhun-

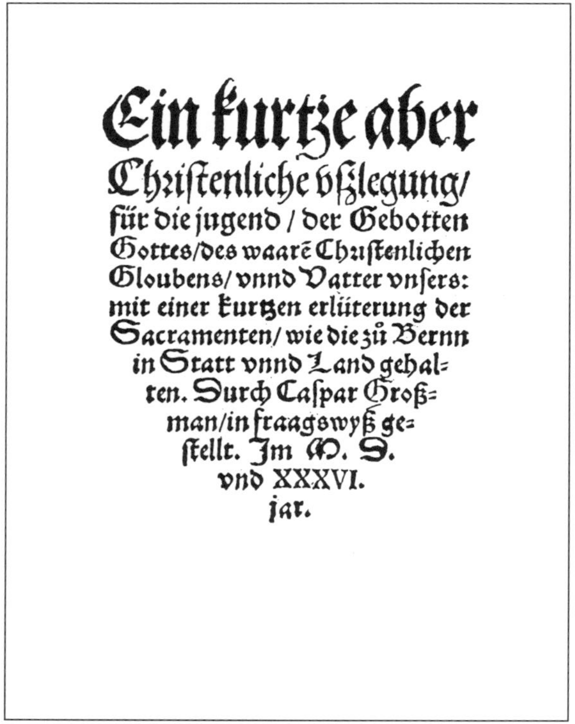

Ein kurtze aber
Christenliche vßlegung/
für die jugend / der Gebotten
Gottes/des waarē Christenlichen
Gloubens/ vnnd Vatter vnsers:
mit einer kurtzen erlüterung der
Sacramenten/ wie die zů Bernn
in Statt vnnd Land gehal=
ten. Durch Caspar Groß=
man/in fraagswyß ge=
stellt. Im M. D.
vnd XXXVI.
jar.

Titel des Katechismus von Kaspar Megander in der 1536 bei Christoph Froschauer in Zürich gedruckten Ausgabe (Stadt- und Universitätsbibliothek Bern, Rar. 161).

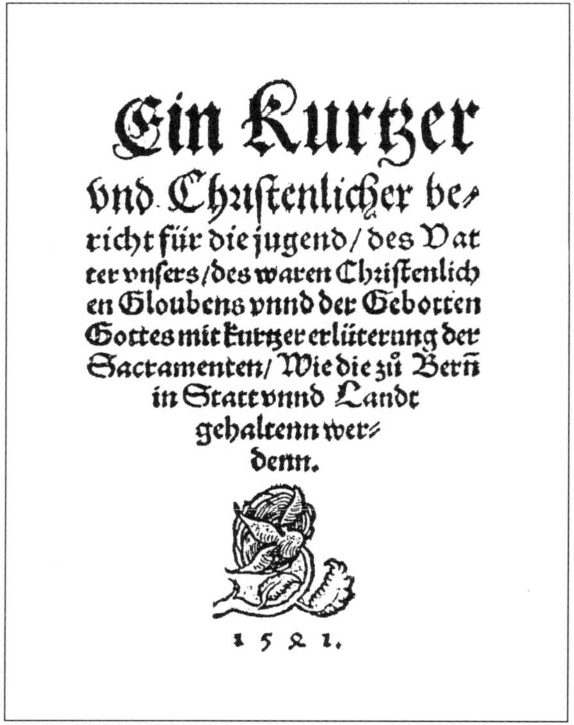

Ein Kurtzer
vnd Christenlicher be=
richt für die jugend/ des Vat
ter vnsers/des waren Christenlich
en Gloubens vnnd der Gebotten
Gottes mit kurtzer erlüterung der
Sacramenten/ Wie die zů Bern̄
in Statt vnnd Landt
gehaltenn wer=
denn.

1 5 4 1.

Titel des neuentdeckten Berner Katechismus von 1541, gedruckt bei Matthias Apiarius in Bern (Österreichische Nationalbibliothek Wien, 80. W. 88).

Bald nachdem das Büchlein erschienen war, begann sich unter den Pfarrern der Stadt Bern ein gefährlicher Zwist anzubahnen, in den auch Megander und sein Katechismus mit hineingezogen wurden. In kurzer Folge waren die beiden besonnenen Reformatoren der ersten Stunde gestorben, 1535 Kolb, im Jahr danach Haller. An die Stelle von Kolb war der temperamentvolle, manchmal zu Jähzorn neigende Simmentaler Peter Kunz getreten, der sich als großer Verehrer Luthers entpuppte[8]. Haller wurde durch Dr. Sebastian Meyer aus Straßburg ersetzt, der bereits vor Jahren in Bern gewirkt hatte, aber 1524 wegen seiner heftigen Predigten entlassen worden war. Inzwischen scheint er ein recht starrsinniger alter Mann geworden zu sein, was selbst ihm wohlgesinnte Zeitgenossen nicht bestreiten mochten[9]. Offenbar überraschend – vielleicht provoziert durch seinen neuen Kollegen Erasmus Ritter[10] – begann er im Frühjahr 1537, die bisher gepredigte Sakramentslehre öffentlich zu kritisieren. Ritter, der seit dem Sommer des Vorjahres in Bern wirkte, stand schon länger im Ruf, ein zwinglischer Heißsporn zu sein. Bevor er nach Bern kam, hatte er sich in Schaffhausen mit seinem lutherisch gesinnten Amtsbruder Benedikt Burgauer derart zerstritten, daß der Rat beide entlassen hatte[11]. Während sich Ritter und Megander zusammen mit dem ebenfalls aus Zürich stammenden Professor Johannes Rhellikan und dem (im übrigen fast unbe-

dert, in: Theologische Zeitschrift aus der Schweiz 8, 1891, S. 91). Ein Exemplar des Zürcher Drucks liegt in der Stadt- und Universitätsbibliothek Bern (Rar. 161; aus dem Besitz Adolf Fluris); ein zweites findet sich zusammen mit mehreren Fragmenten in der Fragmentensammlung des Berner Staatsarchivs. Das einzige bekannte Exemplar des Basler Drucks ist im Besitz der Zentralbibliothek Zürich (18. 2051_1; publiziert auf Mikrofiche: Inter Documentation Company Leiden, Reformed Protestantism, Switzerland/Geneva, KPBU-610/1). Johannes Zwick teilt Bullinger am 4. Januar 1538 mit, Megander habe seinen Katechismus in über 400 Exemplaren verbreitet (Zentralbibliothek Zürich, Ms. F 62, 584v.). Das oft als «Kinderbericht» bezeichnete Büchlein wurde (laut *Geßners* «Bibliotheca universalis»: von Rhellikan) ins Lateinische übersetzt und erschien 1540 in Genf in französischer Übersetzung (Staatsbibliothek zu Berlin – Preußischer Kulturbesitz, Abteilung Historische Drucke, Libr. impr. rari 8° 205 no. 1; vgl. *H. Vuilleumier*, La religion de nos pères. Notice historique sur les catéchismes qui ont été en usage dans l'Eglise du Pays de Vaud depuis le temps de la Réformation, in: RThPh 21, 1888, S. 113-150, bes. 114f). In veränderter Form lebte Meganders Werk in den späteren Berner Katechismen weiter; s. *ders.*, A propos du catéchisme français de Berne de 1551, in: RThPh 25, 1892, S. 292–301.

8 Vgl. über ihn *E. von Känel*, Peter Kunz, Kilchherr von Erlenbach, ein bernischer Reformator, in: 450 Jahre Berner Reformation, hg. v. Historischen Verein des Kantons Bern, Bern 1980, S. 156–193. Äußerungen in seinen Briefen lassen annehmen, daß er entgegen einer oft wiederholten Vermutung erst 1538 durch Vermittlung Capitos in nähere Berührung mit den Wittenbergern kam (s. *Hundeshagen* 369. 373). Laut Mörikers Bericht (s. Anm. 54) gab er zu, früher anders über das Abendmahl gedacht zu haben.

9 Vgl. die diplomatische Antwort des Basler Bürgermeisters Jakob Meyer auf Bullingers Bitte, die Abberufung Sebastian Meyers aus Bern zu betreiben, weil dieser «alt und kybig [zänkisch]» sei (26. November 1537, StA Zürich, E II 336, 32).

10 Manche sahen in Ritter den eigentlichen Auslöser der Unruhe, wie Jakob Meyer im erwähnten Brief schreibt.

11 Siehe *J. Wipf*, Reformationsgeschichte der Stadt und Landschaft Schaffhausen, Zürich 1929, S. 303–310.

kannten) Diakon Jakob Meyer als Wortführer der zwinglischen Fraktion profilierten[12], fand Sebastian Meyer bei Kunz, aber auch bei manchen Angehörigen des Rates Unterstützung.

Schon als der Streit ausbrach[13], war klar, daß er über Bern hinausreichende Implikationen hatte. Seine Brisanz erhielt er dadurch, daß der Straßburger Vermittlungstheologe Martin Bucer gleichzeitig in immer neuen Anläufen versuchte, die reformierten Eidgenossen doch noch zu einer Neuformulierung ihrer Abendmahlslehre zu bewegen, um die Vorbehalte der lutherischen Seite auszuräumen und die Spaltung des protestantischen Lagers zu überwinden. Während Meyer und Kunz diese Bestrebungen überzeugt unterstützten, wandten sich Ritter und Megander ebenso entschlossen gegen eine Anpassung an die Straßburger Kompromißformeln; ihre Gegnerschaft zu Bucer ging so weit, daß aus ihren Kreisen sogar ein Verbot seiner Schriften gefordert wurde, da man ihn beschuldigte, nicht mehr zur Berner Disputation und zum Ersten Helvetischen Bekenntnis zu stehen. An der Frühjahrssynode des Jahres 1537 konnte sich die zwinglische Richtung im wesentlichen noch einmal durchsetzen; die Pfarrer wurden darauf vereidigt[14], gemäß der Berner Disputation und dem an Luther gesandten Bekenntnis[15] zu lehren, und es wurde ihnen untersagt, neue, ungebräuchliche Begriffe[16] in die Abendmahlslehre einzuführen. Sebastian Meyer mußte sich bei seinen Kollegen entschuldigen, und Megander wurde zum Ersten Pfarrer ernannt. Die Gemüter beruhigten sich aber kei-

[12] Die vier Namen stehen unter dem Schreiben, mit dem im Vorfeld der Frühjahrssynode 1537 versucht wurde, mehrere Kapitel im voraus zu beeinflussen (an die Kapitel Thunstetten und Büren, 14. bzw. 16. Mai 1537, StA Bern, A V 1455, 95f, von Ritters Hand). *Guggisberg* spricht nicht ohne Grund von einem «Musterbeispiel von Intrige und Gehässigkeit» (*K. Guggisberg*, Bernische Kirchengeschichte, Bern 1958, S. 204). Auch der Aufruf an die Zürcher Theologen vom 28. November, der «Epidemie des Buceranismus» entgegenzutreten, ist von den gleichen Personen unterzeichnet (StA Zürich, E II 337, 251f, von Rhellikans Hand).

[13] Eine neuere Darstellung fehlt leider; weder die theologischen Positionen der Protagonisten noch die Beweggründe der Obrigkeit sind bisher näher untersucht worden. Grundlegend ist noch immer die oben Anm. 5 zitierte Arbeit von *Hundeshagen.* Weitere Einzelheiten bietet *O. E. Straßer,* Capitos Beziehungen zu Bern, Leipzig 1928 (QASRG 7, NF 4), S. 121ff. Vgl. auch *Guggisberg,* a. a. O., S. 204ff. (Erst nach Abschluß des Manuskripts ist erschienen: *C. Augustijn,* Bern and France. The background to Calvin's letter to Bucer dated 12 January 1538, in: Ordenlich und fruchtbar. FS für Willem van't Spijker, Leiden 1997, S. 155–169.)

[14] Auf diesen Eid beriefen sich die Kapitelsvertreter, die im Januar 1538 gegen die Katechismusrevision protestierten (z. B. StA Aarau, AA 2233, f. 37r., vgl. auch f. 44r.).

[15] Wenn auch der Wortlaut des Abschieds diesbezüglich nicht eindeutig ist, so erhielt doch die «Antwort an Luther» (WA.B 12, Nr. 4268) zusammen mit der Disputation und dem Ersten Helvetischen Bekenntnis den Charakter einer verpflichtenden Lehrgrundlage. Die Kritiker maßen den revidierten Katechismus deshalb an der «disputatio, confessio und responsio» (vgl. Anm. 33).

[16] «alls namlich wäsenlich, lyblich, natürlich, übernatürlich, fleischlich, unsichtbarlich, wunderbarlich und unußsprächenlicher wise» (zit. nach der Abschrift in: StA Zürich, E II 337, 242v.). Dieser problematische Versuch, die Pfarrer auf eine rein biblische Terminologie zu verpflichten, wurde in Zürich begrüßt, aber nicht nachgeahmt (vgl. Bullinger an Myconius, 4. November 1537, StA Zürich, E II 337, 244).

neswegs, wie die Einträge im Ratsmanual über die vor dem Rat ausgetragenen Händel der vier Stadtpfarrer belegen. Unter anderem wurde nun versucht, Megander, Ritter und Rhellikan aus ihren Ämtern zu drängen, wobei Kunz Rücktrittsdrohungen als Druckmittel einsetzte[17]. Als Bucer zu Ohren kam, daß er in Bern als Abtrünniger verschrieen wurde, anerbot er sich, persönlich zu erscheinen, um sich zu rechtfertigen. Tatsächlich gelang es ihm im September, die eigens einberufene Sondersynode und den Rat mehrheitlich von der Aufrichtigkeit seiner Vermittlungsbemühungen zu überzeugen. Damit erhielt jene Richtung die Oberhand, die in der Lehrweise Bucers den Gegensatz zwischen Luther und Zwingli überwunden glaubte. Der Rat, der schon vorher deutlich sein Mißfallen über die Streitigkeiten unter den Pfarrern bekundet hatte, war nun nicht mehr länger bereit, theologische Querelen zu dulden. Die Revision des Katechismus wurde sogleich zum Testfall.

Während der mehrtägigen Verhandlungen hatte Bucer beiläufig Kritik am «Kinderbericht» geübt[18]. Dieser nütze der Jugend nichts und sei für das ganze Volk schädlich, da er das Abendmahl als bloßes Gedächtnismahl erkläre, wo es doch um etwas «Wahrhaftes» (d. h. Reales) gehe. Wenn dieses Büchlein Luther vor Augen komme, so werde dies der Konkordie abträglich sein. Deshalb schlug Bucer vor, der Text sei so zu modifizieren, daß darin gemäß 1Kor 10, 16 auf die Gemeinschaft des Leibes und Blutes Christi als Gabe des Abendmahls hingewiesen werde. Ein explizites Bekenntnis zu eben dieser Aussage hatte er bereits in seinem Schreiben an die reformierten Städte der Eidgenossenschaft vom 1. April 1537 als erste Bedingung für eine dauerhafte Einigung genannt[19]. Megander erklärte sich im Interesse der Konkordie zu einer Ergänzung bereit, die dem Wort Gottes nicht zuwider sei, worauf sich eine Gruppe von Theologen unter Bucers Leitung an die Arbeit machte[20]. Oswald Myconius berichtet in einem bisher unbeachtet gebliebenen Brief an Theodor Bibliander vom 26. März 1538 über die entscheidende Sitzung; von ihm hören wir, Bucer habe Meganders Katechismus grundsätzlich gebilligt und erklärt, es gehe nur darum, ihn im Sinne der getroffenen Vereinbarung zu ergänzen,

[17] Siehe StA Bern, A II 130, 164f. 169f. 281. 288; Rhellikan an Bullinger, 21. August 1537, Zentralbibliothek Zürich, Ms. F 62, 455.

[18] Einzelheiten der Verhandlungen sind vor allem dem ausführlichen Bericht von der Hand Heinrich Mörikers zu entnehmen, der den Anfang einer von ihm selbst angelegten Aktensammlung im ehemaligen Brugger Kapitelsarchiv bildet und der auch schon von *Hundeshagen* und *Straßer* benützt wurde (StA Aarau, AA 2233, Nr. 1). Die Tatsache, daß die wenigen Bemerkungen zur Katechismusfrage z. T. erst nachträglich eingefügt wurden, zeigt klar, wie nebensächlich dieser Punkt zunächst war.

[19] *M. Bucer,* Deutsche Schriften (nachfolgend zit. als: BDS), Bd. 6/1, Gütersloh 1988, S. 285,12–286,15.

[20] Zwick berichtet im oben Anm. 7 erwähnten Brief, Capito und Bucer seien beauftragt worden, den Katechismus in Anwesenheit der Basler Theologen Myconius und Grynäus sowie der vier Stadtpfarrer zu revidieren; es steht aber außer Zweifel, daß die Überarbeitung im wesentlichen Bucers Werk ist.

wogegen Megander nichts einzuwenden gehabt habe[21]. Nach Abschluß der Verhandlungen verließ Bucer Bern im frohen Bewußtsein, die dortige Kirche befriedet und für die Konkordie gewonnen zu haben[22]. In Wirklichkeit hatte er aber durch sein allzu unbekümmertes Eingreifen den Keim zu einem neuen Streit gelegt, der kurz darauf mit größter Erbitterung ausgetragen wurde.

Schon bald wurde klar, daß sich Meganders Gegner mit der Textrevision nicht zufriedengaben; sie wollten den «neuen» Katechismus begreiflicherweise gedruckt sehen und erwirkten eine entsprechende Verfügung des Rates an die Pfarrer[23]. Megander stellte sich auf den Standpunkt, die von ihm zugestandene Ergänzung habe einzig darin zu bestehen, daß ein Hinweis auf 1 Kor 10, 16 nachgetragen werde, während die Gegenpartei Bucers revidierten Text veröffentlichen wollte[24]. Zwar traten Megander und Ritter am 2. Dezember vor den Rat und legten dar, damit würde von der Lehre jener Schriften abgewichen, die im Frühjahr für verbindlich erklärt worden waren. Sie konnten sich aber mit dieser Ansicht nicht durchsetzen, da ihre Gegner behaupteten, von wirklichen Neuerungen in der Lehre könne keine Rede sein. Der Rat beharrte deshalb auf dem Druck des Katechismus und drohte den Pfarrern mit Entlassung, falls sie sich nicht fügen sollten. Immerhin bestätigte man Megander schriftlich, daß Bucer seinen Katechismus nur punktuell kritisiert habe[25], und beauftragte am 6. Dezember eine Kommission, das Büchlein nochmals zu verbessern. Obwohl Ritter noch mehrere Änderungen durchsetzen konnte[26], so war das Ergebnis für die Zwinglianer doch zutiefst unbefriedigend. Ihr Versuch, den Rat durch ein Schreiben umzustimmen, das Bullinger auf ihren

[21] «Dum apud minores [im Barfüßerkloster] dominorum iussu, qui fuerant deputati, convenissemus, ne Gaspar iniquius ferret, quod de catechismo petebatur, ad hunc modum Bucerus adloquebatur eum: ‹Meister Caspar, ich sag also, das in üwerem catechismo nüt ist, das unwar sy; nach dem wir aber handlend umb einer concordi willen und aber der andren part noch nit gnůg gschicht, begerend wir nüt zeenderen, sunder das hinzůhin thon werde, wie wir es angesächen [beschlossen] hand, damit beden teilen gnůg geschäch. Bittend hie, ir wellend üch diß nit lassen beschwären. Wir hand unseren catechismum zů Strasburg wol zum 3. oder 4. mol gemeret, aber es acht sin niemen [es hält sich niemand darüber auf]› etc. Hęc igitur cum ita sint facta, quis adeo temerarius, ut dicat aliquid actum Gaspare nesciente? Qui tum igitur passus est omnia fieri pro senatus instituto» usw. (Zentralbibliothek Zürich, Ms. F 81, 361). Auch Bucer erklärt, Megander habe jedes Wort gebilligt (an Bullinger, 25. Februar 1538, StA Zürich, E II 347, 124).

[22] «Bernae nostra actio magnam concordiam peperit» (an Margaretha Blarer, 22. März [1538]; s. Briefwechsel der Brüder Ambrosius und Thomas Blaurer, bearb. v. T. *Schieß*, Freiburg i. Br. 1908–1912, Bd. 2, S. 834; vgl. Bd. 1, S. 860).

[23] Wohl am 22. November; s. die Notiz in StA Bern, A II 131, 141: «Ein zedell ann die predicanten der kinderzucht halb.»

[24] Megander, Ritter, Rhellikan und Diakon Meyer an die Zürcher Theologen, 28. November 1537, StA Zürich, E II 337, 251f.

[25] So auch in Meganders Abgangszeugnis vom 24. Dezember (StA Bern, A I 337, S. 161, und A I 378, Teil 2, f. 302v.–303r.).

[26] Ritter an die Zürcher Theologen, 21. Dezember 1537, StA Zürich, E II 337, 247. Die von Ritter mitgeteilten Einzelheiten zur Textgeschichte waren bisher unbekannt.

Wunsch im Namen der Zürcher Pfarrer verfaßt hatte, scheiterte am 21. Dezember. Nun standen Megander und Ritter vor der Gewissensfrage, ob sie den Katechismus mit ihrer Unterschrift anerkennen oder ihr Amt aufgeben wollten. Megander, der seit längerem mit dem Gedanken an eine Rückkehr nach Zürich gespielt hatte[27], blieb hart und weigerte sich, die revidierte Ausgabe unter seinem Namen erscheinen zu lassen. Am 24. Dezember erhielt er seinen Abschied. Ritter zögerte, gab jedoch nach, als eine sofortige Entscheidung von ihm verlangt wurde; seine Vorbehalte nahm er allerdings nicht wirklich zurück. Dank seinem Einlenken, das ihm verschiedentlich zum Vorwurf gemacht wurde[28], blieb die zwinglische Richtung im städtischen Pfarrkollegium wenigstens als Minderheit präsent. Auch die freundeidgenössische Intervention des Zürcher Rates[29], der eindringlich vor einer Änderung der Bekenntnisgrundlagen warnte, konnte den Neudruck nicht mehr verhindern.

Das einzige bekannte Exemplar dieses im Januar 1538 bei Apiarius gedruckten Katechismus lag noch 1850 bei den Akten des Kapitels Brugg-Lenzburg und wurde von Eduard Güder beschrieben[30]; spätestens seit 1896 ist es jedoch verschollen[31]. Adolf Fluri sah im Berner Staatsarchiv ein Fragment, das heute ebenfalls unauffindbar ist[32]. Schließlich liegt in der Burgerbibliothek Bern ein in polemischer Absicht angefertigter Vergleich der von Bucer revidierten mit der ursprünglichen Fassung[33]. Diese verstreuten Belege genügen

[27] Dies geht aus seinem Briefwechsel mit Bullinger deutlich hervor, vgl. z. B. HBBW 6, S. 358, 2–7. Im Oktober benutzte er die Reise zur Zürcher Herbstsynode, um sich sein verbrieftes Recht auf eine angemessene Wohnung vom Rat bestätigen zu lassen (StA Zürich, B V 8, 93f). Man erhält den Eindruck, daß beide Seiten nur auf einen passenden Anlaß für die Trennung gewartet hatten. Schon Myconius deutete dies an: «Qui scis vero, an hac sit usus occasione, ut tandem commodius rediret Tigurum?» (im Brief an Bibliander, s. Anm. 21).

[28] Vgl. *Schweizer,* a. a. O., S. 95, sowie das an Peter Schnyder (Frick) in Biel adressierte Rechtfertigungsschreiben vom 15. Januar 1538 (Abschrift: StA Aarau, AA 2233, f. 47).

[29] Zürich an Bern, 27. Dezember 1537, Entwurf: StA Zürich, B IV 8, 198f; Abschriften: ebd., E I 1. 2b; E II 338, 1376f.

[30] Siehe *Güder,* a. a. O., bes. S. 331. Die Akten dieses Kapitels liegen heute im Aargauischen Staatsarchiv. Auf dasselbe Exemplar beziehen sich auch die knappen Angaben von *Hundeshagen* (a. a. O., S. 94, Anm. a) und von *J. J. Frikart* (Beiträge zur Geschichte der Kirchengebräuche im ehemaligen Kanton Bern seit der Reformation, Aarau 1846, S. 75).

[31] Siehe *Fluri,* Apiarius, S. 233; *ders.,* Dt. Schule, S. 602, Anm. 1. Schon Karl Schweizer (vgl. Anm. 7) scheint diesen Katechismus nicht mehr selbst gesehen zu haben.

[32] Die Beschreibung aus dem Nachlaß Fluris ist auszugsweise gedruckt in: BDS 6/3, S. 266, Text C. Zu Fluris Vorlage s. *H. Bloesch* (Hg.), Dreißig Volkslieder aus den ersten Pressen der Apiarius, Bern 1937, S. 28, Nr. 32; *H. Kaufmann, P. Nabholz,* Verzeichnis schweizerischer Inkunabeln und Frühdrucke, Fasz. III, Zürich 1969, S. 10, Nr. 1040. Die Foliierung des von Fluri beschriebenen Fragments stimmt nicht mit dem Druck von 1541 überein.

[33] Burgerbibliothek Bern, Mss. h. h. LI. 269; teilweise gedruckt in: BDS 6/3, S. 266–269, Text B. Die Handschrift ist nicht diejenige Ritters; es bestehen aber offensichtliche Parallelen zum Brief Ritters vom 21. Dezember (s. Anm. 26). An beiden Orten wird mit ausführlichen Zitaten der Nachweis versucht, daß die Neuerungen im Widerspruch zu den im Frühjahr für verbindlich erklärten Schriften stünden. Genauso verfährt der bisher übersehene Bericht, den ein

immerhin, um die nun erstmals zugängliche Zweitauflage von 1541 als textgleich mit dem verlorenen Erstdruck zu identifizieren. Während die noch vor der ersten Drucklegung vorgenommenen Korrekturen darin enthalten sind[34], fehlen die den Vertretern mehrerer Kapitel nachträglich zugestandenen Textänderungen[35] auch in der Neuauflage. Fluris Vermutung, beim «Cuncechismus» von 1541 habe es sich um eine von Kunz vorgenommene Neubearbeitung gehandelt[36], hat sich damit als unzutreffend erwiesen. Welches sind nun aber die Besonderheiten dieses Berner Katechismus von 1538/41?

Einige der augenfälligsten Änderungen brauchen nicht auf Bucer zurückzugehen; sie können bei der Drucklegung vorgenommen worden sein. Dies gilt für die Neuformulierung des Titels und für die merkwürdige Umstellung der Hauptstücke[37], die dazu führte, daß die überleitenden Texte gar nicht mehr richtig passen. Die Vorrede Meganders ist ersetzt durch den Erlaß vom 6. Dezember 1537[38], in dem es heißt, die Obrigkeit habe «den Kinderbericht so bißhar in vnser Statt und land gehalten widerumb von nüwen mit etwz verrer erlüterung ettllicher punckten vernüwt» und befehle den Pfarrern und Lehrern, «das sy einmundig vnd in glichem bruch nach diser form wie hierinn vergriffen / vnser jugend ... vnderwisend vnd lerend»[39].

Wichtiger sind die inhaltlichen Änderungen, die Bucer vorgenommen hat. Am 2. Dezember hatte sich Megander vor dem Rat beklagt, Bucer habe hinterrücks 38 Artikel beigefügt und 13 getilgt[40]; diese Zahlen werden auch spä-

Unbekannter 1538 nach einem Besuch in Bern verfaßt hat (Universitätsbibliothek Basel, Mskr. Ki. Ar. 22a, 244f); ähnlich auch ein (fiktiver?) Brief aus Konstanz vom 10. Januar 1538 (StA Aarau, AA 2233, Nr. 8).

34 Die nachfolgend kursiv wiedergegebenen Teile fehlen im erwähnten polemischen Vergleich: «Also gibt ouch Christus sich selbs *vnns sinen gloubigenn* / mit denn Zeichen brot vnd win / *dann der vngloubig die gemeinschaft deß lybs und blůtz Christi nit empfacht / obglich wol das Zeichen»* (F3v.). Es handelt sich um eine der Änderungen, die Ritter noch vor der Drucklegung durchsetzen konnte, wie er in seinem Brief vom 21. Dezember berichtet. Ob die kleine Umstellung und Ergänzung bei der Frage nach der zeitlichen Priorität der Taufe (Er.-v.) ebenfalls schon vor der ersten Drucklegung erfolgte, wissen wir nicht.

35 Siehe Anm. 60.

36 *Fluri,* Dt. Schule, bes. S. 605, Anm. 1. Hintergrund der Verballhornung dürfte sein, daß Kunz die treibende Kraft bei der erneuten Publikation des revidierten Katechismus war.

37 Herrengebet – Credo – Dekalog anstelle von Dekalog – Credo – Herrengebet (die drei Texte sind übrigens nicht mehr in den Dialog integriert, sondern den Fragen und Antworten vorangestellt). Die ungewöhnliche Reihenfolge findet sich in Bucers Katechismen nicht, vgl. aber die Formulierung im Berner Mandat vom 20. September 1533: «das sy [sc. die Kinder] leerind pätten und im glouben, [ge]potten und verpotten Gottes underwysen werdind» (zit. nach: *Fluri,* Dt. Schule, S. 598).

38 Dieser Erlaß scheint sonst nirgends überliefert zu sein. Er ist am Schluß gezeichnet mit den Initialen des Seckelschreibers E[berhard] V[on] R[ümlang].

39 A2r.–v.

40 StA Bern, A II 131, 169–172.

ter immer wieder genannt[41]. Sie müssen allerdings wesentlich relativiert werden: Megander hat jede Frage oder Antwort, die auch nur geringfügig erweitert wurde, als «Beifügung» eines Artikels und jede Änderung des von ihm formulierten Wortlauts als «Streichung» gezählt. Sein Katechismus umfaßte 43 Fragen und Antworten zum Dekalog, 49 zum Credo, 52 zum Herrengebet und 58 zu den Sakramenten. Beim Herrengebet und beim Credo hat Bucer zwei, beim Dekalog drei Antworten erweitert. Bei den beiden letztgenannten Teilen wurde je eine Frage und Antwort eingefügt. Außerdem wurde die Einleitung zum Credo ganz unbedeutend und jene zum Dekalog etwas stärker ergänzt. Der Großteil der Änderungen findet sich bei der Erläuterung der Sakramente: Hier wurde ebenfalls die Einleitung leicht erweitert, eine Frage und Antwort hinzugefügt[42] und der Text von drei Fragen und 21 Antworten abgeändert (in der Regel erweitert)[43]. Anders gesagt: Von den ursprünglich 202 Fragen und Antworten sind 174 unverändert übernommen worden. Quantitativ sind die Eingriffe also nicht allzu bedeutend, sie gehen aber doch weiter, als den bisher veröffentlichten Fragmenten zu entnehmen war. Insgesamt bestätigt sich bei genauerer Betrachtung das Bild, das sich bereits aus den Fragmenten ergab. In der für Bucer typischen Redundanz ist der Hinweis auf die Mitteilung der Gemeinschaft des Leibes und Blutes Christi im Abendmahl an nicht weniger als fünf Stellen eingefügt worden[44]. Mit einem von Bucer oft verwendeten Ausdruck, der bei den eidgenössischen Theologen schon früher auf Skepsis gestoßen war, wird dieses Mitteilen mehrfach als ein «Übergeben» umschrieben[45]. Besonders bezeichnend ist die Umdeutung des auf Zwingli zurückgehenden Ringgleichnisses in eben diesem Sinne[46]. Bucer geht es aber nicht nur um einen stärkeren Objektivismus in der Lehre von den Sakramen-

41 Z. B. in einer Notiz Bullingers, die wohl zur Vorbereitung eines Vorstoßes beim Zürcher Rat diente (s. StA Zürich, E II 337, 249f).

42 Die am 6. Dezember eingesetzte Kommission fügte außerdem eine Erklärung des von Bucer eingeführten Begriffs «Gemeinschaft des Leibes und Blutes Christi» bei. Sie wurde wörtlich einem Votum Oekolampads an der Berner Disputation entnommen, wie Ritter in seinem Brief vom 21. Dezember (s. Anm. 26) berichtet.

43 Die Oberflächlichkeit des Vorgehens zeigt sich daran, daß unverändert gefragt wird (E8r.): «Was ist das inner vnnd wäsenlich / dauon du hie redest?», obwohl diese Ausdrücke in der vorausgehenden Antwort gar nicht mehr vorkommen. Auch Meganders Inkonsequenz bei der Aufteilung der Zehn Gebote (vgl. *Güder*, a. a. O., S. 326f) blieb unkorrigiert.

44 Durch die nachträgliche Bearbeitung sind noch zwei weitere Stellen dazugekommen.

45 Man kann geradezu von einem Reizwort sprechen; es findet sich im revidierten Text siebenmal. Im Hintergrund steht der bucerische Begriff der «exhibitio», den Bullinger schon verschiedentlich kritisiert hatte (s. HBBW 4, S. 379, 32–40; Bd. 5, S. 101f, 6–25). Auf zwinglischer Seite sprach man – etwa im Ersten Helvetischen Bekenntnis – lieber von «anbieten», «fürtragen» u. ä. (s. BSRK 107).

46 Der Ring ist nicht mehr nur Gedenkzeichen zur Erinnerung an den abwesenden Ehemann, sondern mit ihm übergibt der Bräutigam der Braut sich selbst (s. BDS 6/3, S. 268). Zu Zwinglis Ringgleichnis s. *F. Büsser* in: Z 6/3, S. 241f.

ten, sondern auch um eine Aufwertung des Amtes[47]. Auf weitere Einzelheiten kann aber an dieser Stelle leider nicht eingegangen werden[48].

Literarisch war die Bearbeitung zweifellos kein Gewinn für Meganders Katechismus; theologisch aber ist es Bucer gelungen, die für sein Konkordienwerk wesentlichen Begriffe einzubringen. Dabei scheute er sich nicht, auch Ausdrücke zu verwenden, die von der Frühjahrssynode zwar nicht verworfen, aber doch vorläufig untersagt worden waren[49]. So gesehen monierten die Kritiker zu Recht, der neue Katechismus stehe im Widerspruch zu verbindlichen Synodalbeschlüssen. Da aber fast gleichlautende Formulierungen auch schon im Ersten Helvetischen Bekenntnis und im Brief der reformierten Orte an Luther zu finden sind, konnte sich auch die Gegenseite durchaus im Recht sehen. Nicht umsonst behaupteten die Straßburger, Megander habe die «adiectiuncula» zum Katechismus gar nicht verwerfen können, da sie ja nichts enthielten, was nicht auch im Bekenntnis stehe[50].

Trotzdem verwundert es nicht, daß der Versuch der Obrigkeit, der Berner Kirche den neuen Katechismus zwangsweise aufzuoktroyieren, weitherum Aufsehen erregte und auch Widerstand provozierte. Während der Abgang Meganders für seine Zürcher Kollegen keine Überraschung darstellte und von ihnen relativ gelassen hingenommen wurde, reagierte beispielsweise Calvin[51] mit heller Empörung. Vor allem im Lande selbst, besonders im Aargau, begann sich Opposition zu regen. Bereits am 26. Januar 1538 sah sich der Rat genötigt, sowohl den alten als auch den neuen Katechismus zum Verkauf zuzulassen; zugleich wurde beschlossen, dem Drucker nicht mehr als 400 Exemplare des neuen abzunehmen[52]. Am Tag darauf fand in Aarau eine Zusammenkunft von Pfarrern aus den Kapiteln Brugg und Aarau statt, an der über den neugedruckten Katechismus diskutiert wurde. Initiator dieses Treffen war vermutlich der Dekan des Kapitels Brugg, Heinrich Möriker[53], der sich nun mit eini-

47 So wurde etwa die Frage eingefügt: «Wie hörend wir jetzund Gottes wort / so er nit selbs mit vns redet?» Antwort: «Von vnseren ordenlichen Predigern vnnd Pfarrherrnn vß deren mund Gott redet.» Das Gebot, Vater und Mutter zu ehren, wurde (über die schon von Megander genannte Obrigkeit hinaus) auf «Prediger / Pfarrherr» ausgedehnt.

48 Eine vergleichende Edition der ursprünglichen und der revidierten Fassung von Meganders Katechismus ist in Planung.

49 Z. B. «vnsichtbarlich vnd himlischer wyß» (s. BDS 6/3, S. 269).

50 Capito und Bucer an Vadian, 5. September 1538 (Vadianische Briefsammlung, hg. v. *E. Arbenz* und *H. Wartmann,* Bd. 7, St. Gallen 1913, S. 78).

51 Siehe Calvins Brief an Bucer vom 12. Januar 1538, der u. a. sehr pointierte Schilderungen der Wesensart von Meyer und Kunz enthält (CR 38/2, Nr. 87; vgl. *Augustijn,* wie oben Anm. 13).

52 StA Bern, A II 132, 101. In der Seckelmeisterrechnung sind 500 Exemplare verbucht; s. *Fluri,* Dt. Schule, S. 602, Anm. 1.

53 Magister Heinrich Möriker war seit Mai 1536 Dekan des Brugger Kapitels (s. StA Aarau, AA 2233, Notiz auf dem Einband); vgl. über ihn HBBW 5, S. 249, 34f mit Anm. 14. Seine Abneigung gegen Kunz mag damit zusammenhängen, daß er diesem 1535 bei der Ersatzwahl für Kolb unterlegen war (s. ebd.). Der 1543 von ihm verfaßte Katechismus (s. *Frikart,* a. a. O., S. 76f) ist heute leider unauffindbar.

gen Kollegen auf den Weg nach Bern machte, um dort gegen das Vorgehen der Stadtpfarrer und des Rates zu protestieren[54]. Unterwegs schlossen sich der Delegation auch Vertreter der Kapitel Büren, Nidau und Thunstetten an. Die Pfarrer von Biel[55] spielten ihnen einige wichtige Akten über die Konkordienverhandlungen zu, darunter das ihnen im Wortlaut noch nicht bekannte Schreiben der reformierten Orte an Luther. Erstaunt entnahmen sie daraus, daß schon früher bedenkenerregende Formulierungen eingeführt worden waren. Dennoch hielten sie in ihrer Supplikation[56] daran fest, man wolle ihnen einen von Bucer aufgestellten «Kinderbericht» aufnötigen, der gerade die Ausdrücke enthalte, deren Gebrauch an der letzten Synode untersagt worden sei. Auch könne man nicht dulden, daß der Rat Vorschriften in Gewissensfragen erlasse, ohne die Synode konsultiert zu haben.

Als die Delegierten in Bern ihre Vertrauensleute kontaktierten, kamen sie zum Schluß, daß im Kleinen Rat kaum mehr als drei und im Großen nicht mehr als 20 Ratsherren auf ihrer Seite stünden. Auch Megander, den sie heimlich befragen ließen, äußerte sich skeptisch und wollte sich nicht mehr exponieren[57]. Erwartungsgemäß wurden sie denn auch recht ungnädig empfangen, als sie ihre Klagen am 31. Januar vortrugen. Aber immerhin erhielten sie die Möglichkeit, ihre Bedenken mit den Stadtpfarrern und einigen Ratsverordneten gründlich zu diskutieren. Die teils turbulenten Gespräche führten schließlich zu einem Vergleich und endeten in unerwartet freundlicher Stimmung. Im Abschied vom 2. Februar[58], der allen Kapiteln mitgeteilt werden sollte, heißt es, mit dem neuen Katechismus habe man keine Neuerung einführen, sondern sich bei ausländischen Kirchen vom Verdacht hinsichtlich der Sakramentslehre befreien wollen. Die Obrigkeit lasse den Pfarrern alle Freiheit, wie seit der Berner Disputation und den Synoden gemäß der Schrift und den Bedürfnissen der örtlichen Gemeinden über die Sakramente zu lehren[59]; dies soll auch für die «ungebräuchlichen» Wörter und für den Kinderbericht gelten. Nicht im Abschied genannt sind einige ganz konkrete Zugeständnisse: Der Stadt-

[54] Wichtigste Quelle ist ein bereits von *Hundeshagen* und *Straßer* benutzter Bericht Mörikers, der die Ereignisse sehr detailreich schildert (StA Aarau, AA 2233, Nr. 3; im gleichen Band finden sich weitere Aktenstücke, die in diesen Zusammenhang gehören).

[55] In Biel wirkte neben Jakob Würben seit 1536 der Zürcher Peter Schnyder, der mit Bullinger in enger Verbindung stand (vgl. etwa HBBW 6, Nr. 878). Er verkörpert wie sein Freund Erasmus Ritter den «Typus des etwas vierschrötigen und ständig polternden Zwinglianers» (*H. R. Lavater,* Johannes Goeppel, in: Jahrbuch des Oberaargaus 21, 1978, S. 149–176, zu Schnyder bes. S. 161).

[56] StA Bern, A V 1439, Nr. 50; StA Aarau, AA 2233, Nr. 2 (die Unterschriften der Delegierten: Nr. 15a).

[57] Kurz darauf verließ er die Stadt und war am 3. Februar bereits in Aarau (s. StA Aarau, AA 2233, f. 30v.).

[58] StABern, A V 1455, Nr. 125; StA Aarau, AA 2233, Nr. 15.

[59] «O Ergöw, du edler schatz / du bist bliben by der disputatz» reimte ein Unbekannter zum Ärger der Berner, wie Rhellikan am 12. Februar seinen Zürcher Kollegen berichtet (StA Zürich, E II 337, 282f).

schreiber erhielt den Auftrag, im gedruckten Katechismus zwei Stellen eigenhändig abzuändern[60], und der Diakon Jakob Meyer, der wegen seines Widerstands wie Megander entlassen worden war, wurde zur Versetzung in eine Landgemeinde begnadigt.

Mit diesem Kompromiß war zwar der Streit um den Katechismus im wesentlichen beendet, keineswegs aber der Richtungskampf in der Berner Kirche. Sein Fortgang kann hier nicht weiter verfolgt werden. Von Interesse ist in unserem Zusammenhang jedoch die Frage, wie es 1541 zum Neudruck des Katechismus und zu dessen verlegerischem Mißerfolg kam. Näheres darüber erfahren wir aus zwei Briefen Ritters an Bullinger[61]. Angefragt, was zur Zeit in Bern gedruckt werde, berichtet Ritter am 11. Februar 1541, es heiße, der Katechismus solle neu erscheinen. Viele wünschten, daß dabei die nach(!) dem Weggang Meganders erfolgten Änderungen[62] zugrundegelegt würden, andere seien dagegen. Deshalb sei der Drucker aufgefordert worden, seine Arbeit zu unterbrechen; ein definitiver Beschluß des Rates sei noch nicht bekannt. Am 14. März ergänzt Ritter seine frühere Mitteilung durch die Nachricht, der Drucker habe sich nicht an die Anweisung gehalten, worauf die Kritiker veranlaßt hätten, daß auch das Agendenbüchlein neu aufgelegt würde, das der alten, d. h. zwinglischen Lehrweise folge. Damit publiziere nun ein und dieselbe Offizin Unvereinbares («et calidum et frigidum»). Aus dieser kurzen Schilderung ergibt sich in aller Deutlichkeit, wie umstritten die Neuauflage von Anfang an war. Ein weiteres Ereignis besiegelte ihr Schicksal endgültig: Sebastian Meyer, der trotz aller Widerstände und trotz seines vorgerückten Alters so lange ausgeharrt hatte, nahm seinen Abschied und zog sich nach Straßburg zurück. Der am 5. Mai[63] zu seinem Nachfolger gewählte Simon Sulzer war zwar eindeutig der Wunschkandidat der Kreise um Kunz und Meyer, während der zwinglisch gesinnte Aargauer Heinrich Möriker wie schon 1535 unterlag. Dennoch begann mit dem Rückzug Meyers der Niedergang der bucerischen Partei[64]. Auch bei ihren Anhängern im Rat waren die Konkordienhoffnungen inzwischen der Ernüchterung gewichen. Der eingangs zitierte Beschluß vom 20. Mai, auf den Ankauf der neugedruckten Katechismen zu verzichten, war die erste sichtbare Konsequenz des Stimmungswandels. Am

60 Bezeichnenderweise handelt es sich um Stellen, an denen vom «Übergeben der Gemeinschaft des Leibes und Blutes Christi» die Rede ist. Neu wird gesagt, Christus *verkünde*, daß er schenke und übergebe; die «himmlische Weise» des Übergebens wird als *geistliche* interpretiert (vgl. *Hundeshagen*, a. a. O., S. 102).

61 StA Zürich, E II 362, 41f.

62 Falls es sich bei dieser Formulierung nicht um ein Versehen handelt, sind die Ergänzungen gemeint, die den Kapitelsvertretern zugestanden worden waren.

63 StA Bern, A II 146, S. 175.

64 In den Verhandlungen mit den Kapitelsvertretern war es zwar Kunz, der das Wort führte; Eberhard von Rümlang sah jedoch in Meyer den eigentlichen «Urheber der Tragödie» (in einem wohl 1542 geschriebenen Brief an Bullinger, StA Zürich, E II 360, 357f) und unterstützte tatkräftig die vorsichtige Annäherung zwischen Kunz und Bullinger.

15. August 1542 verfügte der Rat, der Kinderbericht, der «etlich dunkle und unbrüchliche, ouch hievor in der kilchen alhie nit geübte wort» enthalte, sei gemäß der Berner Disputation und der Agende auszulegen und zu verbessern[65]. Aber erst mit dem Beschluß vom 25. Februar 1545, man solle die Belehrung über die Sakramente der Predigt vorbehalten und «den catechismum berüwen lassen, dwyl die predicanten der verbesserung nit eins», war der von Bucer revidierte Katechismus endgültig außer Kraft gesetzt, wie Stadtschreiber Cyro befriedigt im Ratsmanual vermerkte[66].

Rainer Henrich, lic. theol., Bullinger-Briefwechseledition, Kirchgasse 9, 8001 Zürich

[65] Siehe *Fluri,* Dt. Schule, S. 604.
[66] «Hoc senatus consulto Buceri catechismus ex autoratus, so nun zum andern mal geblätzet [gebessert] worden» (s. ebd., S. 604f).

Heinrich Bullinger und der Gantnerhandel in Chur (1570–1574)

von Erich Wenneker

«Im Höüwmonat starb zuo Cur Herr Johann Ganttner; hat sin predigampt bis in sin alter und absterben mit demuot, frommkeit, gottseligkeit und guotem verstand wol ziert.»[1] Mit diesen Worten faßte der Bündner Malerpoet Hans Ardüser in seiner Chronik zum Jahre 1605 das Wirken des Churer Stadtpfarrers und späteren Antistes Johannes Gantner zusammen. Der gleiche Mann, den Ardüser in seiner Zeit als Antistes von 1596–1605 kannte und schätzte, hatte 25 Jahre vorher, als Pfarrer an der Regulakirche in Chur einen heftigen Streit verursacht. Der sollte ihm nicht nur sein Amt kosten und zu seinem fünfzehnjährigen Ausschluß aus der evangelisch-rätischen Synode führen, sondern fügte dem reformatorischen Anliegen im Freistaat Gemeiner Drei Bünde erheblichen Schaden zu. Es ging um ein Problem, das 1553 in Genf mit der Verbrennung des spanischen Antitrinitariers Michael Servet[2] und der sich daraus entwickelnden Kontroverse zwischen dem Genfer Reformator Jean Calvin und Sebastian Castellio[3] um die Toleranzfrage ein langes Vorspiel hatte. Es mag einem so scheinen, als ob die 1570 beginnende Kontroverse zwischen den beiden Churer Stadtpfarrern Tobias Egli und Johannes Gantner eine Art Epilog des Streites zwischen Calvin und Castellio war.[4]

Dabei sind jedoch auch die Bündner Besonderheiten zu beachten, die bisher in der Literatur nur sehr wenig Beachtung gefunden haben. Im Rahmen dieser Arbeit sollen deshalb die Bündner Voraussetzungen, das Verhältnis der beiden Hauptkontrahenten Egli und Gantner sowie die ausführlichen Stellungnahmen Heinrich Bullingers mitberücksichtigt werden.

[1] Hans *Ardüser,* Rätische Chronik, hg. auf Veranstaltung der bündnerischen naturhistorischen Gesellschaft, Chur 1877, Reprint Vaduz 1973, 212. Zu Ardüser vgl. Paul *Zinsli,* Der Malerpoet Hans Ardüser. Eine volkstümliche Doppelbegabung um die Wende des 16. Jahrhunderts, Chur 1986.

[2] Zu der umfangreichen Literatur über Servet vgl. die zusammenfassende Arbeit von A. Gordon *Kinder*, Michael Servetus, Baden-Baden und Bouxwiller 1989 (Bibliotheca Dissidentium 10), und die dort vollständig aufgeführte Literatur.

[3] Zum Streit zwischen Calvin und Castellio vgl. Joseph *Lecler,* Geschichte der Religionsfreiheit im Zeitalter der Reformation, Bd. 1, Stuttgart 1965, 447–490 [zit.: Lecler I] sowie: Hans Rudolf *Guggisberg*, Sebastian Castellio, 1515–1563. Humanist und Verteidiger der religiösen Toleranz im konfessionellen Zeitalter, Göttingen 1997 [zit.: Guggisberg, Castellio].

[4] So Lecler I 492 in seiner Kapitelüberschrift. Guggisberg, Castellio 267.

Parität und Toleranz in Religionsfragen im Freistaat Gemeiner Drei Bünde

Die Reformation im Freistaat Gemeiner Drei Bünde nahm eine wenig einheitliche Entwicklung. Schon sehr früh bemühten sich einzelne Streiter der neuen Lehre, die Ideen der Reformation Luthers und Zwinglis aufzunehmen und zu verkündigen. Die Anfänge der Reformation in Graubünden sind gut erforscht.[5]

Die mit der Berufung von Johannes Comander an St. Martin in Chur[6] beginnende Reformation und ihre Ausbreitung brachten eine Fülle von Problemen mit sich. Vor allem die auch in Bünden stark vertretenen Täufer machten es notwendig, das Nebeneinander der Konfessionen zu ordnen. Eine solche Regelung traf der Bundestag des Freistaates mit dem Glaubensmandat vom 15. Februar 1526.[7] Das Mandat stellte es jedem Einwohner in den Drei Bünden frei, sich nach eigenem Ermessen oder Gewissen zum römisch-katholischen oder zum evangelischen Glauben zu bekennen. Das Verhältnis der beiden Konfessionen zueinander wurde durch diese paritätische Regelung[8] geprägt. Es wurde keine allgemeinverbindliche Regel für alle beschlossen. Die Entscheidung über die Annahme einer der beiden Konfessionen verschob sich auf die Ebene der Gemeinden. Jede Verfolgung oder Kränkung der anderen Konfession wurde unter Strafandrohung verboten. Die Regel, daß die Mehrheit der Gemeinde die Konfessionszugehörigkeit bestimmte, galt fast im ganzen 16. Jahrhundert, und gegen sie wurde selten verstoßen. Sie ist jedoch immer auf die beiden genannten Konfessionen beschränkt geblieben, was eine der Voraussetzungen für den Gantnerhandel war. Eine Weiterentwicklung der Parität zu einer toleranten Regelung mit der Duldung von mehr als zwei Konfessionen gab es im Freistaat Gemeiner Drei Bünde ebensowenig wie in der

[5] Eine Übersicht über die Anfänge der Reformation sowie weiterführende Literaturangaben finden sich bei: Hans *Berger,* Die Reformation, Chur 1986 (Bündner Kirchengeschichte 2. Teil) [zit.: Berger, Reformation]. Vgl. auch noch immer Emil *Camenisch,* Bündnerische Reformationsgeschichte, Chur 1920 [zit.: Camenisch, Reformationsgeschichte], der jedoch durch einige neuere, bei Berger genannte Arbeiten in mehren Punkten überholt ist.

[6] Zur Reformation in Chur vgl. Hans *Berger,* Die Reformation in Chur und ihre Ausstrahlung auf Bünden, in: Bündner Monatsblatt 1967, 81–139 und 145–188 [zit.: Berger, Chur], und Georg *Jäger,* Die Reformation in der Stadt Chur, in: Martin Bundi, Ursula Jecklin, Georg Jäger, Geschichte der Stadt Chur, 2. Teil: Vom 14. bis zum 17. Jahrhundert, Chur 1986, 274–338 [zit.: Jäger, Chur]. Zu Comander vgl. vor allem die umfangreiche Biographie von Wilhelm *Jenny,* Johannes Comander, 2 Bünde, Zürich 1969–1970.

[7] Das Datum des Mandats ist nicht völlig gesichert, da das Original verloren ist. Textfassungen finden sich bei Ulrich *Campell,* Historia Raetica, Tom. I-II, hg. von Placidus Plattner, Basel 1887–1890 (QSG 8–9), hier: II 161f. [zit.: Campell, Historia], und bei Petrus Domenicus Rosius de *Porta,* Historia Reformationis ecclesiarum Raeticarum, Chur/Lindau 1772, 146 [zit.: de Porta, Historia]. Die beiden Fassungen enthalten wesentliche Abweichungen. Möglicherweise kannte Rosius de Porta noch das Original, oder er benutzte eine andere Quelle als Campell.

[8] Vgl. zur Begriffsbestimmung und zur Entwicklung in der Eidgenossenschaft Hans Rudolf *Guggisberg,* Parität, Mentalität und Toleranz, in: Zwa XV, H. 8, 1982/2, 632–649.

Eidgenossenschaft.[9] Ausdrücklich verbietet das Mandat die Täufer und andere Sekten für alle Zeiten. Wer trotz Widerlegung und eingehender Belehrung bei seinem Irrglauben bleibt, sollte bestraft werden. Die Handhabung dieser Strafandrohung in Graubünden war milde. Hinrichtungen von Täufern hat es nicht gegeben und nur in einigen ganz schweren Fällen ist auf Landesverweisung entschieden worden.[10] Die entsprechenden Mandate der Drei Bünde wurden zwar verschiedentlich erneuert, aber z. B. in den Untertanenlanden Veltlin, Chiavenna und Bormio kaum durchgeführt. So konnten sich dort bedeutende Gemeinschaften von Antitrinitariern und Täufern bilden, die zwar offiziell verboten, aber dennoch geduldet wurden.[11] Ergänzende Bestimmungen zum Glaubensmandat von Februar 1526 enthielt der 2. Ilanzer Artikelbrief vom 25. Juni 1526.[12] Er erlaubte es, daß Katholiken in einer protestantischen Gemeinde leben konnten und Protestanten in einer katholischen Gemeinde; eine Bestimmung, gegen die bis in die erste Hälfte des 17. Jahrhundert oftmals verstoßen wurde.[13]

Die innere Entwicklung der evangelisch-rätischen Kirche als Voraussetzung des Gantnerhandels

Neben der als Landesrecht geltenden Parität zwischen reformierter und römisch-katholischer Konfession ist auch die innere Entwicklung der evangelisch-rätischen Kirche zu beachten.

Dabei ist davon auszugehen, daß sich Ordnungen, Regeln und Bestim-

[9] Eine Regelung, die vier Konfessionen zuließ, wie es zeitweise im Fürstentum Siebenbürgen galt, war in Graubünden nicht denkbar. Bezeichnend ist, daß mehrere der italienischen Flüchtlinge, denen die Bündner Regelung nicht ausreichte, nach Siebenbürgen oder Polen weiterzogen.

[10] Diese Handhabung unterschied sich doch wesentlich von der in der Eidgenossenschaft und den deutschen Ländern. Über den Strafenkatalog und die Häufigkeit der Strafen vgl. Horst W. *Schraepler,* Die rechtliche Behandlung der Täufer in der deutschen Schweiz, Südwestdeutschland und Hessen 1525–1618, Tübingen 1957.

[11] Vgl. Peter *Dalbert,* Die Reformation in den italienischen Talschaften Graubündens nach dem Briefwechsel Bullingers, Diss. phil., Zürich 1948; Emil *Camenisch,* Geschichte der Reformation und Gegenreformation in den italienischen Südtälern Graubündens und den ehemaligen Untertanenlanden Chiavenna, Veltlin und Bormio, 2. Aufl., Chur 1950, sowie die Übersicht zu den einzelnen Personen bei Manfred *Welti,* Kleine Geschichte der italienischen Reformation, Gütersloh 1985.

[12] Abgedruckt bei Constanz *Jecklin,* Urkunden zur Verfassungsgeschichte Graubündens, Teil II, Chur 1884, 89–98.

[13] Vgl. Camenisch, Reformationsgeschichte 104: «Ein Katholik mußte in einer protestantischen und ein Protestant in einer katholischen Gemeinde geduldet werden. So wollte und bestimmte es das Landesrecht, das aber freilich oft übertreten wurde.» Während im 16. Jahrhundert der Streit um die Einführung der einen oder anderen Konfession wichtig war, bestimmten im 17. Jahrhundert oft die Konflikte um die gemeinsame Benutzung von Kirchen und der Aufteilung des Kirchengutes das Verhältnis von Protestanten und Katholiken in einer Gemeinde.

mungen erst dann entwickeln, wenn sich eine Notwendigkeit ergibt. Für die junge evangelische Kirche gab es eine Fülle von Schwierigkeiten, die gelöst werden mußten. Womit sollten die Gläubigen unterrichtet werden? Was dürfen Pfarrer predigen? Wer kann überhaupt Pfarrer in dieser Kirche sein, die sich ja gerade erst neu bildete? Für den inneren Zusammenhalt der evangelisch-rätischen Kirche waren zwei Ereignisse des Jahres 1537 von besonderer Wichtigkeit: das Erscheinen des ersten Bündner Katechismus[14] und die Schaffung der Synode im Jahre 1537.[15]

Die ersten reformierten Pfarrer in Graubünden baten ihre Churer Kollegen Comander und Blasius um die Erstellung eines Katechismus zum Unterricht der Gläubigen. Der erste Bündner Katechismus war kein selbständiges Werk, sondern die Bündner Zusammenfassung von drei Vorlagen, dem St. Galler Katechismus und dem Kleinen und Großen Katechismus des Zürcher Stadtpfarrers Leo Jud.[16] In ihm wurden das Apostolische Glaubensbekenntnis, die Zehn Gebote, das Unser Vater und in einem längeren Abschnitt Taufe und Abendmahl behandelt. Am Ende stand ein Gebet um Erleuchtung, wahren Glauben und Kraft, um in die Nachfolge Jesu zu treten.

Ein weiteres wichtiges Ereignis für die Entwicklung der reformierten Kirche in den Drei Bünden war die Bildung der evangelisch-rätischen Synode. Mit dem raschen Fortschreiten der Reformation in Graubünden begann für einzelne Regionen das Problem des Pfarrermangels. Am Anfang fehlte es vor allem in den italienischen und rätoromanischen Gebieten an reformierten Pfarrern, die die jeweilige Sprache kannten. Dieses lockte auswärtige Geistliche an, die sich um die freien Pfarrstellen bewarben, die andernorts keine Stelle fanden oder dort abgesetzt worden waren. In den Bündner Südtälern, dem Engadin und den Untertanenlanden waren es vor allem italienische Glaubensflüchtlinge, unter deren Einfluß die Reformation eingeführt wurde[17] oder die ein Pfarramt ausübten. Unter diesen Exulanten waren aber auch einige, die mit ihren antitrinitarischen und täuferischen Ideen Unruhe in die Gemeinden

14 Vgl. Emil *Camenisch,* Der erste evangelische Bündner Katechismus 1537, in: Aus fünf Jahrhunderten Schweizerischer Kirchengeschichte. Festschrift Paul Wernle, Basel 1932, 39–72 [zit.: Camenisch, Katechismus]. Bei der Bedeutung dieses Katechismus ist es nur schwer zu verstehen, warum sich kein einziges Exemplar des Werkes erhalten hat.

15 Die beste Darstellung über die Entstehung der Synode bietet noch immer Johann Rudolf *Truog,* Aus der Geschichte der evangelisch-rätischen Synode 1537–1937, Chur 1937, 11–14 [zit.: Truog, Synode].

16 Camenisch, Katechismus 69.

17 Der bekannteste dieser italienischen Exulanten war der ehemalige Bischof von Capodistria, Pietro Paolo Vergerio. Zu ihm und seinem Wirken als Reformator des Bergells vgl. Angelika *Hauser,* Pietro Paolo Vergerios protestantische Zeit, Diss. phil., Tübingen 1980, und die dort genannte ältere Literatur. Vergerio stand theologisch der lutherischen Lehre näher, was mehrfach zu Problemen mit ihm führte. Noch nach seinem Wegzug nach Tübingen 1553 versuchte er mehrfach, Luthers Kleinen Katechismus, den er selber übersetzte, in den Bündner Südtälern einzuführen.

brachten. Teilweise kam es sogar zu Streit unter Geistlichen um ein Pfarramt, weil Prediger bereit waren, die Gemeinde gegen eine geringere Bezahlung zu versorgen. Die führenden Prediger Johannes Comander, Johannes Blasius[18] und Philipp Gallicius[19] spürten, daß solche Mißstände beseitigt werden mußten, wenn die reformatorische Bewegung nicht Schaden erleiden sollte. So wandten sich die Pfarrer am 14. Januar 1537 an den in Chur versammelten Bundestag der Drei Bünde mit der Bitte, eine Synode bilden zu dürfen. Der Bundestag faßte den Beschluß, den «ehrwürdigen, wolgelerten predicanten und hirten des evangeliums unserer dryen pündten landen»[20] die Bildung der Synode zu erlauben, und legte gleichzeitig die Aufgaben fest. Die Beratung der Gemeinde bei der Pfarrerwahl, die Prüfung der Kandidaten für das Predigtamt und die Disziplinargewalt über Leben und Lehre aller in den Drei Bünden wirkenden evangelischen Pfarrer wurden der Synode als Aufgaben zugewiesen. Kein fremder Prediger sollte eine Pfarrstelle bekommen, ohne sich zuvor der Synode zu präsentieren und ein Zeugnis der Wählbarkeit zu erhalten.[21]

Im Laufe der Zeit erwies sich die Synode allein jedoch auch nicht als ausreichend, um die Probleme der evangelischen Pfarrer untereinander zu regeln. Vor allem die Pfarrer in den italienischsprachigen Gemeinden der bündnerischen Untertanenlanden Veltlin, Bormio und Chiavenna waren oft untereinander-

[18] Blasius stammte aus dem Münstertal und war von 1526–1530 Pfarrer in Malans und von 1530–1550 an der Regulakirche in Chur als Kollege Comanders. Er verstarb am 18. Juli 1550 an der Pest. Vgl. Jakob Rudolf *Truog*, Die Pfarrer der evang. Gemeinden in Graubünden und seinen ehemaligen Untertanenlanden. Sonderdruck aus den Jahresberichten 1934/35 der Historisch-antiquarischen Gesellschaft von Graubünden, Chur o. J., 39 [zit.: Truog, Pfarrer].

[19] Gallicius stammte ebenfalls aus dem Münstertal. Nach dem Studium in Ingolstadt war er 1524–1526 Kaplan im Engadiner Dorf Chamues-ch, wo er wegen seiner evangelischen Gesinnung verbannt wurde. Er wirkte als reformierter Pfarrer in Lavin (1529–1530, 1535–1537, 1540–1542 und 1544–1551), in Langwies (1530–1531), Scharans (1531–1535), Malans (1537–1539), als Lehrer an der Nikolaischule in Chur (1542–1544) und von 1551–1566 Pfarrer an der Regulakirche in Chur. Vgl. Truog, Pfarrer 114, und Conradin *Bonorand*, Die Engadiner Reformatoren. Philipp Gallicius, Jachiam Tütschett Bifrun, Durich Chiampell. Voraussetzungen und Möglichkeiten ihres Wirkens aus der Perspektive der Reformation im allgemeinen, Chur 1987.

[20] Die Urkunde befindet sich im Synodalarchiv Chur (Evangelischer Kirchenrat Graubünden). Ein Abdruck bei de Porta, Historia I/1 191, und bei Truog, Synode 11. Vgl. Werner *Graf*, Die Ordnung der Evangelischen Synode in Graubünden von der Reformation bis 1980, in: Jahresbericht der Historisch-antiquarischen Gesellschaft von Graubünden 112, 1982, 7–93, hier: 18–30 [zit.: Graf, Ordnung].

[21] Im Reformationsjahrhundert gab es in den Untertanenlanden einige italienische Prädikanten, die nie in die Synode aufgenommen wurden. Selbst der bereits erwähnte Vergerio ließ sich nicht in die Synode aufnehmen. Er plante die Bildung einer eigenen Synode der italienischsprachigen Gemeinden. Als dieser Plan scheiterte und die Confessio Raetica verbindlich für alle Pfarrer wurde, verließ er seine Gemeinde Vicosoprano und zog nach Württemberg.

ander zerstritten, was auch in den Gemeinden zu Unruhen führte.[22] Bei den meisten dieser Pfarrer handelte es sich um italienische Exulanten, die mehr oder weniger vom Lehrsystem der reformierten Kirche abwichen. In der Trinitätslehre, der Prädestination, der Soteriologie, bei der Auferstehung der Toten sowie in der Sakramentslehre gab es sehr unterschiedliche Ansichten.[23] Solche abweichenden Lehrmeinungen sollten weder von den Kirchen noch von den weltlichen Behörden geduldet werden. Am Ende der sehr langwierigen Auseinandersetzungen in der reformierten Gemeinde in Chiavenna steht deshalb auch ein Dekret des Bundestags der Drei Bünde, daß alle diejenigen, «die weder zu der predig noch zu der meß gondt»,[24] ausgewiesen werden sollen. Dieses Dekret bezog sich vor allem auf innerprotestantische Streitigkeiten und entsprach mit seiner Ablehnung einer toleranten Haltung für Andersdenkende den Bestimmungen aus dem Glaubensmandat und dem 2. Ilanzer Artikelbrief von 1526. Daß diese Dekrete nicht immer in voller Strenge angewandt wurden, wird der Gantnerhandel zeigen. Die Synode hatte auch bereits mit der Einführung der Bekenntnisse Schritte in diese Richtung unternommen.

Die Bedeutung der Bekenntnisse für die Toleranzfrage

Die Schwierigkeiten mit den italienischen Glaubensflüchtlingen führten zur Aufforderung des Bundestages, die Synode solle für die Pfarrer und Lehrer in den Untertanenlanden eine Glaubensgrundlage verfassen. Ein solches Bekenntnis sollte als Abgrenzung sowohl zur katholischen Kirche als auch zu den radikalen Ansichten im eigenen protestantischen Lager dienen. Die Synodalen wollten sich daneben auch von denen absetzen, die keine Kirchendisziplin halten wollten, die die Sonntagsfeier verwarfen und die von der Synode aufgestellte Taufformel nicht anerkennen wollten.[25]

Mit der Abfassung des Bekenntnisses wurde der aus dem Engadin stammende, aber an der Regulakirche in Chur wirkende Philipp Gallicius beauftragt. Die Synode nahm 1552 seinen Entwurf unter dem Vorbehalt an, daß der

[22] Vgl. die in der Anmerkung 11 genannten Arbeiten. Ergänzend sind die Hinweise aus dem Briefwechsel der Churer Pfarrer mit dem St. Galler Reformator Vadian heranzuziehen. Die entsprechenden Hinweise finden sich bei Conradin *Bonorand,* Vadian und Graubünden, Chur 1991, 127–181.

[23] Vgl. dazu: Salvatore *Caponetto,* La Riforma protestante nell'Italia del Cinquecento, Torino 1992 (Studi storici 14). Massimo *Firpo,* Riforma protestante e eresia nell'Italia del Cinquecento. Un profilo storico, Roma 1993 (Quadrante Laterza 59).

[24] Dekret vom Mai 1570. Zitiert nach Bullingers Korrespondenz mit den Graubündnern. Hg. von Traugott *Schieß,* 3 Bände, Basel 1904–1906 [zit.: Graubünden, Korr.], hier: Band 3, S. XXVIII. Das dazugehörige Dekret vom 27. Juni 1570, in dem die Amtsleute zur Durchführung des Beschlusses aufgefordert werden, findet sich bei de Porta, Historia I/2, 501.

[25] Diese Aufzählung als Begründung für die Abfassung der Confessio Raetica findet sich bei Ulrich Campell, dem ersten Bündner Kirchenhistoriker. Siehe Campell, Historia II 308.

Zürcher Antistes Heinrich Bullinger zustimme. Die Churer Pfarrer Comander und Gallicius übersandten Bullinger das Bekenntnis mit der Bitte um Prüfung.[26] Wegen einer Erkrankung konnte Bullinger die Prüfung nicht sofort durchführen und seine endgültige Stellungnahme ist nicht erhalten. Am 6. Juni 1553 dankt ihm Gallicius für die Begutachtung und berichtet gleichzeitig über die Verhandlungen der Synode zur Confessio Raetica.[27] Im Herbst 1553 wurde die Confessio Raetica auch vom Bundestag gebilligt und in Kraft gesetzt. Sie findet sich am Anfang des Matrikelbuches der Synode.[28] Gedruckt wurde sie erstmals über 200 Jahre später in der Reformationsgeschichte des Petrus Domenicus Rosius de Porta.[29] Der Kirchenhistoriker macht dazu die Bemerkung, er habe das Kleinod von Staub und Moder gereinigt und biete es in genauer Textwiedergabe nach dem Manuskript dem geneigten Leser dar.[30] Die Confessio Raetica besteht aus zwei zu trennenden Teilen. Der erste Teil mit der Überschrift «Fides Synodi evangelium Christi in tribus Rhaetiae foederibus praedicantium» ist das eigentliche Bekenntnis und umfaßt 20 Artikel, von denen sich die Hälfte mit den Sakramenten befaßt. Der zweite Teil enthält unter dem Titel «Placita Synodi evangelium Christi in tribus Rhaetiae foederibus praedicantium» eine Kirchenordnung mit Bestimmungen über den Ablauf der Synode, die Feier der Festtage und zur Amtsführung der Pfarrer[31]. Die Confessio Raetica war von jedem Pfarrer in den Drei Bünden zu unterschreiben. Mit der Unterschrift bestätigte er seine Rechtgläubigkeit im Sinne des Bekenntnisses. Ab 1555 war die Unterschrift mit der Eintragung in die Synodalmatrikel verbunden. Ein Teil der italienischen Exulanten verweigerte die Unterschrift und verließ daraufhin das Land. Auch die Bestimmungen der Confessio Raetica ließen für eine innerprotestantische Toleranz keinen Raum. Sie widersprach der Rechtgläubigkeit, wie sie nach diesem Bekenntnis gefordert war. Als zweite Bekenntnisschrift der evangelisch-rätischen Kirche wurde 1566 die Confessio Helvetica posterior[32] angenommen. Das 1561 von Hein-

[26] ZürichStA E II 365, 127ff. Abgedruckt bei Graubünden, Korr. I 294–297 (Nr. 209).

[27] ZürichStA E II 365, 143f. Abgedruckt in Graubünden, Korr. I 297f. (Nr. 211).

[28] Evangelischer Kirchenrat Graubünden, Synodalarchiv Chur, Matrikelbuch Band 1.

[29] de Porta, Historia I/2, 197–224. Eine vollständige deutsche Übersetzung bietet Emil *Camenisch*, Die Confessio Raetica, in: Jahresbericht der Historisch-antiquarischen Gesellschaft von Graubünden 36, 1913, 223–260. Die von Camenisch stammende Artikelzählung, die im Matrikelbuch und bei de Porta fehlt, ist hier benutzt. Vgl. auch Graf, Ordnung 21–30.

[30] de Porta, Historia I/2. Als Vorlage diente ihm die Fassung im Matrikelbuch.

[31] Die älteste bekannte Bündner Kirchenordnung ist die Churer Kirchenordnung von 1545, die auf einer älteren, nicht mehr erhaltenen Vorlage basiert. Vgl. Berger, Chur 124–128, und Jäger, Chur 241–245.

[32] Für den lateinischen Text verwende ich die Ausgabe bei Wilhelm *Niesel* (Hg.), Bekenntnisschriften und Kirchenordnungen der nach Gottes Wort reformierten Kirche, 3. Auflage, Zollikon-Zürich 1938, 219–275 [zit.: BSKORK]. Eine brauchbare Übersicht über den theologischen Inhalt bietet Ernst *Koch*, Die Theologie der Confessio Helvetica Posterior, Neukirchen-Vluyn 1968.

rich Bullinger ursprünglich als Privatbekenntnis abgefaßte Werk, wurde von dem Kurfürsten Friedrich III. von der Pfalz (1515–1576) als Bekenntnis auf dem Augsburger Reichstag 1566 vorgelegt. Friedrich bekannte sich seit 1560 zur reformierten Konfession und hatte mit der kurpfälzischen Kirchenordnung von 1563 und dem darin enthaltenen Heidelberger Katechismus die Weichen für den Umbau der kurpfälzischen als einer reformierten Kirche gestellt. Da der Augsburger Religionsfriede von 1555 jedoch nur die katholische und die lutherische Konfession im Reich erlaubte und die «Zwinglianer» als Häretiker angesehen wurden, war Friedrich unter Druck. Durch die Vermittlung des einflußreichen Arztes Thomas Erastus[33] bat Friedrich Bullinger um Hilfe bei der Abfassung eines Glaubensbekenntnisses für den Augsburger Reichstag von 1566.[34] Dieser sandte Friedrich sein Privatbekenntnis von 1561, das auf dem Augsburger Reichstag auch von Zürich, Bern, Schaffhausen, Mülhausen, Biel sowie von Chur und den Drei Bünden angenommen wurde. Sehr bald sollte dieses Bekenntnis im Freistaat der Drei Bünde die Confessio Raetica in der Bedeutung zurückdrängen, obwohl auch diese formal in Kraft blieb.[35] Die für die Toleranzfrage wichtigen Aussagen finden sich im dritten Kapitel über die Trinitätslehre, wo alle Gegner der Lehre vom dreieinigen Gott verworfen werden.[36] Auch hier ist für abweichende Lehrmeinungen kein Platz. Wie dieses sich in der Auseinandersetzung im sehr begrenzten Bereich des Freistaates der Drei Bünde auf die Toleranzfrage auswirken konnte, zeigt der Gantnerhandel.

Die Kontrahenten: Tobias Egli und Johannes Gantner

In den unterschiedlichen Persönlichkeiten und unterschiedlichen Positionen der beiden Churer Stadtpfarrer, die ab 1566 an der Martins- und der Regulakirche wirkten, scheint ein Teil des Streites begründet zu sein.

Tobias Egli stammte aus einer Familie, die ursprünglich den Namen Götz führte und aus dem thurgauischen Neunforn stammt.[37] Sein schulischer und theologischer Lebensweg ist durch die Begleitung Heinrich Bullingers geprägt.[38] Er wurde 1534 in Zürich geboren, wo er auch die Schulen besuchte.

33 Zu Erastus vgl. Ruth *Wesel-Roth,* Thomas Erastus, Lahr/Baden 1954.

34 Vgl. Walter *Hollweg,* Der Augsburger Reichstag von 1566 und seine Bedeutung für die Entstehung der Reformierten Kirche und ihres Bekenntnisses, Neukirchen-Vluyn 1964.

35 Vgl. Graf, Ordnung 28.

36 BSKORK 226.

37 Zu Eglis Leben vgl. die Kurzbiographie von Traugott *Schieß* in Graubünden, Korr III, IX–XIII, sowie die Arbeiten von Michael *Valèr,* Die evangelischen Geistlichen an der Martinskirche in Chur, Chur 1919, 50–53, und Hans *Berger,* Evangelisch Chur – seine Prädikanten, Kirchen und Friedhöfe, Chur 1978, 65f. [zit.: Evangelisch Chur].

38 Zwar haben auch die Vorgänger Eglis als Churer Antistites, Comander und Johannes Fabricius Montanus, immer Wert auf gute Beziehungen zum Zürcher Antistes gelegt, aber Egli stand zu diesem in einem Schüler-Lehrer-Verhältnis.

Um 1557 hielt er sich in Marburg auf, wie ein Brief des Professors Andreas Gerhard Hyperius an Johann Wolf in Zürich berichtet.[39] 1558 wurde Egli ordiniert und erhielt die Pfarre Weiach. Noch im gleichen Jahr wechselte er auf Vermittlung Bullingers nach Frauenfeld, wo er sehr bald als entschiedener Kämpfer für die reformierte Sache auftrat. Dadurch geriet er mit Katholiken in Streit und wurde 1561 auf der Tagsatzung in Baden als Störer des Landfriedens im Thurgau verklagt. Seiner Verhaftung entging er, nach vorheriger Warnung, durch die Flucht nach Zürich.[40] Erneut fand Egli in Bullinger einen Fürsprecher und dieser vermittelte ihm eine neue Stelle. Die Bündner Gemeinde Davos hatte in Zürich um einen geeigneten Kandidaten für ihr Pfarramt nachgesucht. Im März 1561 hielt Egli dort eine Probepredigt und zog im Mai mit seiner Familie um. Die Abgeschiedenheit des Bündner Dorfes machte aber vor allem seiner Frau zu schaffen, die aus der Zürcher Familie Göldli stammte. So dachte Egli bereits im Frühjahr 1563 über einen erneuten Wechsel nach.[41] 1565 wurde er nach Russikon berufen, wo er aber nur sehr kurze Zeit wirkte.[42] Als der Churer Antistes Johannes Fabricius Montanus 1566 an der Pest starb, wandten sich die Bündner erneut an Bullinger mit der Bitte, ihnen einen geeigneten Nachfolger zu nennen. Bullinger, der von den Schwierigkeiten, die Egli auf seinen vorherigen Stellen hatte, wußte, schlug ihn für dieses wichtige Amt vor. Egli erhielt die Stelle, wurde Pfarrer an St. Martin in Chur und Antistes. Die enge Verbindung zu Bullinger hat er bis zu seinem Tode 1574 nicht abbrechen lassen, was im Gantnerstreit von besonderer Bedeutung war.

Dem «auswärtigen» Antistes Tobias Egli stand der Sproß einer begüterten Churer Bürgerfamilie, Johannes Gantner, gegenüber. 1554/55 trug er sich als einer von zwölf neu immatrikulierten Studenten in die Matrikel der Universität Basel ein.[43] 1558 wurde er in die Synode aufgenommen und schrieb sich

[39] Das Autograph des Briefes befindet sich in der Zentralbibliothek Zürich Ms. F 39, p. 11. Abgedruckt mit deutscher Übersetzung in: Andreas Gerhard Hyperius, Briefe 1530–1563, hg. von Gerhard *Krause*, Tübingen 1981, Nr. 26

[40] Vgl. Alfred L. *Knittel*, Werden und Wachsen der evangelischen Kirche im Thurgau von der Reformation bis zum Landfrieden von 1712, Frauenfeld 1946, 105.

[41] Der Churer Antistes Johannes Fabricius Montanus hat in einem Brief vom 17. März 1561 an Bullinger Bedenken geäußert, daß Egli durch Beeinflussung anderer negativ den Davosern gegenüber eingestellt sei. Vor allem Eglis Frau hatte anscheinend von Anfang an eine Abneigung gegen Davos, das ihr zu abgelegen war. Vgl. ZürichStA E II 370, 658; Regest in Graubünden, Korr. II, 284.

[42] In diesem Punkt ist Berger, Evangelisch Chur 65, zu berichtigen, der annimmt, Egli sei von Davos nach Chur gewechselt.

[43] Die Matrikel der Universität Basel, Band II: 1532/33–1600/01, hg. von Wilhelm *Wackernagel*, Basel 1956, Nr. 47. Vgl. dazu Jakob Rudolf *Truog*, Die Bündner Studenten in Basel von 1460 bis 1700 und die Studien der Bündner Prädikanten von von 1701–1842, in: Jahresbericht der Historisch-antiquarischen Gesellschaft von Graubünden 61, 1938, 75–123.

als «Johannes Gantnerus cur. 1558» in die Synodalmatrikel ein.[44] Im gleichen Jahr tritt er seine erste Pfarrstelle in der Gemeinde Castiel im Schanfigg an,[45] wo er der erste namentlich bekannte reformierte Pfarrer war. Er war ein guter Prediger und zog in Chur daher schon bald die Aufmerksamkeit auf sich. So war es auch nicht verwunderlich, daß nach dem Tode des Pfarrers an St. Regula in Chur, Philipp Gallicius, mit Gantner zum ersten Mal ein Mitglied einer Churer Bürgerfamilie als reformierter Pfarrer an die Regulakirche berufen wurde.[46] Egli und Gantner traten ihr Churer Amt im gleichen Jahr 1566 an, in dem die Pest beide Vorgänger dahinraffte. Schon bald nach dem Amtsantritt sollte sich das abspielen, was Voraussetzung für den Gantnerhandel war.

Das Vorspiel des Streites: Der Schwenckfelder und Täufer Georg Frell

Die Grenzen der Bündner Parität schlossen die Täufer von einer Duldung aus. Gerade in täuferischen Kreisen war das Bewußtsein für die Notwendigkeit von Toleranz besonders ausgeprägt. Ihre Ideen zielten auf die praktische Duldung von Minderheiten[47] hin, und dazu benutzten sie die Lehre und das Vorbild Christi und der Apostel als Begründung. Für sie gab es nur eine freiwillige Kirchenzugehörigkeit auf der Grundlage des persönlichen Glaubensweges, und so verstanden sie Christentum als aktive Jüngerschaft Christi. Aus der Bergpredigt Matthäus 5-7 entnahmen sie die Verpflichtung der Christen, alle, also auch die Ungläubigen zu lieben. Den christlichen Glauben empfanden sie als Geschenk Gottes, und er sei niemals durch Zwang herbeizuführen. Für diese Auffassung waren sie auch bereit zu sterben, denn Leiden und Märtyrertod wurden in Täuferkreisen als Geschenk Gottes angesehen.[48] Die Anfänge der

[44] Das Original der Synodalmatrikel befindet sich im Archiv des Evangelischen Kirchenrats Graubünden in Chur, vgl. Jakob Rudolf *Truog*, Die Bündner Prädikanten 1555–1901 nach den Matrikelbüchern der Synode, in: Jahresbericht der Historisch-antiquarischen Gesellschaft von Graubünden 31, 1901, 1–58, hier 7.

[45] Vgl. Jakob Rudolf *Truog*, Die evang. Pfarrer der evangelischen Gemeinden in Graubünden und seinen ehemaligen Untertanenlanden (Ergänzungen und Berichtigungen), in: Jahresbericht der Historisch-antiquarischen Gesellschaft von Graubünden 75, 1945, 113–147, hier 117.

[46] Den Lebensweg Gantners schildert Hans *Berger*, Evangelisch Chur, 66f., und in einer sehr anschaulichen, allgemeingehaltenen Form in seinem Aufsatz: Johannes Gantner von Chur. Lebensbild eines Kämpfers für die Gewissensfreiheit, in: Bündner Jahrbuch 36, 1994, 82–88 [zit.: Berger, Gantner]. Vor allem in der letzten Arbeit ist die Sympathie Bergers für Gantner sehr zu spüren, aber in einigen Punkten kann ich seiner Interpretation des Wirkens Gantners nicht folgen.

[47] Vgl. Hans Rudolf *Guggisberg*, Wandel der Argumente für religiöse Toleranz und Glaubenseinheit im 16. und 17. Jahrhundert, in: Zur Geschichte der Toleranz und Religionsfreiheit. Hg. von Heinrich Lutz, Darmstadt 1977, 455–481.

[48] Zusammenfassung der Argumente nach Harold S. *Bender*, Täufer und Religionsfreiheit im 16. Jahrhundert, in: Zur Geschichte der Toleranz und Religionsfreiheit. Hg. von Heinrich Lutz, Darmstadt 1977, 111–134.

Täuferbewegung lagen in Zürich. Schon sehr bald breitete sich die Bewegung aber auch in Chur und den Drei Bünden aus.[49] Das Glaubensmandat von 1526 und die anderen rechtlichen Bestimmungen waren die Grundlage für die Verfolgung und Bestrafung der Täufer. In Chur und der Bündner Herrschaft konnten sich kleinere Täuferkreise über längere Zeit halten, weil sie im Verborgenen wirkten. Johannes Comander beklagte sich bereits am 1. Januar 1544 in einem Brief an Bullinger über die Duldsamkeit des Churer Bürgermeisters Luci Heim und des jüngeren Tscharner gegenüber den Täufern. Bullinger solle sie zu größerem Eifer für das Evangelium anspornen.[50] Eine andere Täufergruppe ist vermutlich um 1545 in Ilanz um Leupold Scharnschlager (ca. 1490–1563) entstanden. Scharnschlager wurde 1530 wegen seines täuferischen Glaubens aus dem Tirol vertrieben und hielt sich bis 1534 in Straßburg auf. Nach verschiedenen weiteren Stationen lebte er seit 1546 als Schulmeister in Ilanz. Er war Ältester der oberdeutschen Täufergemeinden und ein wichtiger Mitarbeiter des oberdeutschen Täuferführers Pilgram Marpeck. Bis zu seinem Tode konnte er in Ilanz unbehelligt leben und arbeiten. Kleinere Täufergruppen finden sich daneben auch in anderen Bündner Gemeinden.[51] Am Anfang des Jahres 1560 berichtete der Churer Antistes Johannes Fabricius Montanus Bullinger von einem Streitgespräch mit einem Täufer.[52] Der Zürcher sandte seinem Kollegen im März des gleichen Jahres sein Buch über die Täufer mit der Bitte um ein Urteil.[53] Im Briefwechsel Fabricius–Bullinger taucht Ende 1561 auch erstmalig der Name des Buchhändlers Georg (Jörg) Frell auf, der im November 1561 zum Täufertum übertrat und kurz danach gefangengesetzt wurde.[54] Über Frell sind wir vor allem durch seine Autobiographie sehr gut informiert, die Simon Ragett im Domleschger Dorf Scheid in einem Exemplar einer Froschauerbibel fand und die von ihm und Oskar Vasella ediert wurde.[55] Frell wurde um 1530 in Chur als eines von sieben Kindern

[49] Vgl. Oskar *Vasella,* Von den Anfängen der bündnerischen Täuferbewegung, in: Zeitschrift für schweizerische Geschichte 19, 1939, 165–184 (Wiederabdruck in: Oskar Vasella, Geistliche und Bauern, Chur 1996, 102–121), und Berger, Reformation 58–64. Für die Entwicklung in Chur siehe auch Jäger, Chur 322–331.

[50] ZürichStA E II 343, 296. Druck in Graubünden, Korr. I, 58f.

[50] ZürichStA E II 343, 296. Druck in Graubünden, Korr. I, 58f.

[51] Die Akten sind teilweise ediert in Quellen zur Geschichte der Täufer in der Schweiz, Zweiter Band: Ostschweiz, hg. von Heinold Fast, Zürich 1973, 511–541.

[52] ZürichStA E II 375, 398. Regest in Graubünden, Korr. II, 175.

[53] ZürichStA E II 373, 122. Regest in Graubünden, Korr. II, 180. Es handelte sich um Bullingers Schrift «Der Widertöufferen vrsprung», vgl. HBBibl I, Nr. 394–401.

[54] ZürichStA E II 350, 178f. Teilabdruck in: Quellen zur Geschichte der Täufer in der Schweiz II, 526f. (Nr. 644).

[55] Die Autobiographie des Täufers Georg Frell von Chur. Hg. von Simon *Ragett,* eingeleitet von Oskar Vasella, in: Zwa VII, Heft 7, 1942/1, 444–469. Ferner: Die Autobiographie des Täufers und Schwenckfelders Jörg Frell, 1574, hg. von Heinold *Fast,* in: Mennonitische Geschichtsblätter 39, 1982, 50–65.

des Vitt Frell und der Barbara Sengerin geboren. Er ging in Zürich zur Schule und hielt sich in Zurzach und Rheinfelden auf. Nach zehnjähriger Lehr- und Wanderzeit im Buchhandel kehrte er 1555 in seine Heimatstadt zurück. Zuletzt hatte er in Zürich bei Froschauer gearbeitet, und mit diesem stand er auch später noch in geschäftlichen Beziehungen. Der als Buchbinder Zugewanderte fand nach eigener Aussage in Chur schlechte Aufnahme. Nach seinem Übertritt zum Täufertum wurde es zuerst bis 1566 still um ihn. Möglicherweise steht dieses im Zusammenhang mit dem Beschluß des Churer Stadtrates vom 10. Mai 1562, daß jeder Bürger oder Hintersaße sonntags zum Gottesdienstbesuch verpflichtet war.[56] Diese Maßnahme richtete sich hauptsächlich gegen die Täufer. Frell scheint Chur für kurze Zeit verlassen zu haben. Seit 1568 war er aber wieder als Buchhändler in der Stadt tätig. Tobias Egli berichtet an Bullinger, daß er von einem Buchhändler Schriften Caspar Schwenckfelds bezogen habe, um diese mit Bullingers Werken zu vergleichen.[57] Es ist Vasella zuzustimmen, der in diesem Buchhändler Frell vermutete, weil dieser auch später mit Schwenckfelds Büchern handelte.[58] Nach Aussagen Eglis gab es in Chur einen Personenkreis, der den Gedanken Schwenckfelds nahe stand und seine Bücher las.[59] In seinen nachfolgenden Briefen berichtet Egli Bullinger regelmäßig über Frell. In der Zwischenzeit verschärfte sich die Situation, weil dieser immer öfter seine täuferischen Ideen verbreitete. Frell wollte sein neugeborenes Kind nicht taufen lassen, bevor es erwachsen und zur Erkenntnis des Glaubens fähig wäre. Damit stellte er sich außerhalb der geltenden Landesordnungen, und der Churer Stadtrat drohte ihm die Verbannung an, wenn er nicht innerhalb von acht Tagen von seinem bisherigen täuferischen Glauben Abstand nehme.[60] Nach Eglis Aussage war Frells Frau bereits vier Jahre nicht mehr in der Kirche gewesen. Frell selber soll daneben auch das Buch «Faßnachtsküchle oder Vermanungsbüchle» – Autor war der Pfälzer Bernhard Herxheimer, der der «Schwenckfelderei» verdächtigt wurde – in Chur und im Prättigau verbreitet haben.[61] Frell griff die Prädikanten in seiner Verteidigung

56 ChurStadtA, Stadtverordnungen Z 54.

56 ChurStadtA, Stadtverordnungen Z 54.

57 ZürichStA E II 376, 144. Regest in Graubünden, Korr. III, 85f., Nr. 88. Der adelige Laie Kaspar Schwenckfeld von Ossig (1489–1561) vertrat ein radikales Geistchristentum mit Ablehnung der Sakramente. Zu seiner Theologie vgl. Handbuch der Dogmen- und Theologiegeschichte, Band II, Göttingen 1980, 587–591, und die dort genannte Literatur.

58 Vgl. Autobiographie Frell, Einleitung von Vasella 450.

59 Leider sind die Personen nicht bekannt, die zu diesem Kreis gehörten.

60 Egli an Bullinger am 1. Mai 1570, ZürichStA E II 327, 2474. Teildruck in Graubünden, Korr. III, 183–186.

61 Bernhard Herxheimer, Faßnachtsküchlein/oder warnung/Büchlein, (um) 1554. Zu den einzelnen Ausgaben vgl. Verzeichnis der im deutschen Sprachgebiet erschienenen Drucke des XVI. Jahrhunderts – VD 16 –, Band 9, Stuttgart 1987, 16. Über Herxheimer ist nur wenig bekannt. Er wurde 1559 wegen seiner genannten Schrift der «Schwenckfelderei» beschuldigt, als Pfarrdiener und Schulmeister in den kurpfälzischen Städten Landau und Edenkoben entlassen und aus der Kurpfalz verbannt.

vor dem Rat an und warf ihnen Verfälschung der Heiligen Schrift vor. Dazu schmähte er Zwingli und die Prädikanten. Dieses Vorgehen wollte der Churer Stadtrat nicht durchgehen lassen. Er entschied auf Verbannung Frells und auf Beschlagnahme seiner Bücher. Frell verließ die Stadt am Abend vor dem festgesetzten Tag, um nicht Urfehde schwören zu müssen. Er blieb jedoch in der Umgebung und hielt sich in der Nähe des bischöflichen Schlosses auf, weil er mit Unterstützung von Katholiken rechnete und das Stadtgericht ihn dort nicht erreichen konnte.

Mit Frells Verbannung beginnt der eigentliche Gantnerhandel, der Streit zwischen den beiden Pfarrern Egli und Gantner um die Frage, wie tolerant die Kirche sein darf und welches Recht die Obrigkeit hat, um in Glaubensdingen Entscheidungen und Strafen zu treffen.

Eglis Streit mit Gantner und das Eingreifen Bullingers in die Auseinandersetzung

Bullinger war in Zürich über die Entwicklung in der Auseinandersetzung mit Frell immer wieder von Egli informiert worden. Wie mit den ersten beiden Antistes der Churer Kirche, Johannes Comander und Johannes Fabricius Montanus, führte er auch mit dem von ihm unterstützten Egli einen sehr regen Briefwechsel. Daneben erhoffte sich Egli gerade in der Auseinandersetzung mit dem Täufer Frell von Bullinger Unterstützung, der bereits seit Beginn seiner Amtszeit als Zürcher Antistes mit dem Problem der Täufer konfrontiert wurde und so über reiche Erfahrung in diesem Gebiet verfügte.[62] Für die evangelisch-rätische Synode hatte er mehrfach gegen antitrinitarisches und täuferisches Gedankengut in der Gemeinde Chiavenna Stellung bezogen. Die erneut ausbrechenden Streitigkeiten zwischen Reformierten und Täufern in Schaffhausen veranlaßten Bullinger, 1559 mit der Abfassung eines Werkes gegen die Täufer zu beginnen, das er am 8. März 1560 beendete und unter dem Titel «Der Widertöufferen vrsprung» in Druck gab. Deshalb wandte sich Egli immer wieder mit der Bitte um Rat an Bullinger und informierte ihn ausführlich über den Stand in der Angelegenheit Frell. Egli berichtete am 1. Mai 1570[63] von der Aufforderung des Churer Stadtrates an Frell, innerhalb von acht Tagen zu widerrufen, und Bullinger stimmte dieser Maßnahme am 5. Mai ausdrücklich zu.[64] Eglis Hoffnung, daß die Angelegenheit bald erledigt werden kann, erfüllte sich nicht. Denn völlig überraschend erhoben sich aus dem Kreise der

[62] Noch immer die beste Übersicht zu diesem Thema bietet Heinold *Fast,* Heinrich Bullinger und die Täufer, Weierhof 1959 [zit.: Fast, Bullinger], der auch kurz auf den Streit um Frell eingeht.

[63] ZürichStA E II 377, 2474. Regest in Graubünden, Korr. III, 183–186.

[64] ZürichStA E II 342, 592. Regest in Graubünden, Korr. III, 186f.

reformierten Pfarrerschaft der Drei Bünde Proteste gegen eine Verurteilung und Ausweisung Frells. Neben einigen Veltliner Prädikanten[65] kam der größte Widerstand ausgerechnet von Eglis Kollegen an der Regulakirche, Johannes Gantner. In seinen Predigten wandte er sich mehrmals gegen die Einmischung der weltlichen Obrigkeit in kirchliche Angelegenheiten. Gantner trat als Verfechter der unbedingten Gewissensfreiheit als Recht des einzelnen Christen ein. Er konnte damit zwar Frells Ausweisung nicht verhindern, aber geriet damit in einen bitteren Streit mit seinem Kollegen Egli, in dem Bullinger eine wichtige Rolle spielte.

Kaum hatte Egli Bullinger von Gantners Eintreten für den verurteilten Frell berichtet, forderte dieser eine Verhandlung der Angelegenheit vor der evangelisch-rätischen Synode. In Bullingers Augen war Gantner verdächtig, einen Irrlehrer zu verteidigen und selber ein Irrlehrer zu sein. Er müsse aus dem Pfarramt entfernt werden und, wenn er freiwillig darauf verzichte, sorgfältig beobachtet werden. Als Lektüre für die sachliche Auseinandersetzung empfahl er Egli seine Ausführungen zum Dekalog in den Predigtdekaden.[66] Am 15. September 1570 schlug Bullinger mildere Töne gegenüber Gantner an. Man solle versuchen, mit Gantner zu reden und ihn zu bekehren. Er bot Egli auch an, wenn er es wünsche, sich in dieser Angelegenheit brieflich an Gantner zu wenden. Gleichzeitig mahnte er seinen Korrespondenzpartner zur Wachsamkeit gegenüber den Schwenckfeldern.[67] Eine Woche später beklagte sich Bullinger, daß selbst die Prediger nicht in der Lage seien, zwischen Wahrem und Falschem zu unterscheiden, und daß sie offen falsche Lehrer und Sektierer verteidigten. Egli möge die Behörden zur Pflichterfüllung ermahnen, damit keine Unruhen entstünden. Gleichzeitig bot er sich erneut an, Gantner zu schreiben.[68] In dieser Zeit scheint die Auseinandersetzung der beiden Stadtpfarrer abgeflaut zu sein.

Anfang Oktober 1570 sollte der Streit jedoch noch einmal neu und um so heftiger entbrennen. Deutlich wird dieses in dem Brief Bullingers an Egli vom 13. Oktober. Vorausgegangen war eine Predigt Gantners in der Regulakirche am 8. Oktober. In ihr verteidigte er Frell erneut. Leider gibt es keine authentischen Dokumente Gantners, die den Inhalt der Predigt wiedergeben. So kann der Inhalt der Predigt nur durch Bullingers Schreiben an Egli rekonstruiert

[65] Hierbei trat vor allem Bartholomäus Sylvius hervor, der eine Schrift gegen die Landesverordnung der Drei Bünde publizierte, die nur die römisch-katholische und die reformierte Konfession erlaubte. Zu Sylvius vgl. Truog, Pfarrer 150.

[66] Bullinger an Egli am 26. Mai 1570, ZürichStA E II 342, 594. Teildruck in Graubünden, Korr. III, 195.

[67] Bullinger an Egli am 15. September 1570, ZürichStA E II 343, 604. Teildruck in Graubünden, Korr. III, 212f.

[68] Bullinger an Egli am 22. September 1570, ZürichStA E II 342, 605. Regest in Graubünden, Korr. III, 213f.

werden.[69] Woher Bullinger den Inhalt der Predigt so genau kannte, konnte bisher nicht geklärt werden. Ein Schreiben Eglis oder eines anderen Churers, der ihn über den Inhalt so ausführlich informierte, ist aus dem fraglichen Zeitraum nicht erhalten. Die erhaltene Fassung des Bullingerbriefes ist zwar an Egli gerichtet, die Verwendung der deutschen Sprache läßt jedoch vermuten, daß der Churer Stadtrat der eigentliche Adressat war. Bullinger berichtet, daß Gantner seine Toleranzforderung für Frell mit den folgenden neun Punkten begründet hat:

1. Die Diener des Herrn sollen unter Berufung auf das Gleichnis vom Unkraut unter dem Weizen (Matthäus 13) das Unkraut nicht ausreißen, sondern aufwachsen lassen.
2. Die Apostel haben nur den Bann als Strafe gekannt.
3. Das Beispiel des Petrus mit Ananias und Saphira (Apostelgeschichte 5) lasse sich nicht aus Berechtigung einer Bestrafung veranziehen, weil dort nicht Menschen, sondern Gott selber straft.
4. Die Sprüche des Alten Testaments beweisen nichts, denn die Christen sind ein neues Volk: Für sie hat das das Alte Testament keine Geltung.
5. Die Apostel haben niemanden zum Glauben gezwungen. Der Glaube ist frei und eine lautere Gnade Gottes.
6. Eine Obrigkeit soll niemanden zwingen, etwas gegen sein Gewissen zu tun oder zu glauben.
7. Da ein Christ nicht schwören soll, kann von niemandem ein Eid verlangt werden, der diese Regel befolgen will.
8. Frell hat nichts getan und keinen Aufruhr angestiftet. Er soll deshalb auch nicht des Landes verwiesen werden.
9. Die Papisten sollen vertrieben und ausgerottet werden, denn sie sind gegen Gott und nicht die Täufer.

Als Gewährsleute für die Thesen Gantners werden die Kirchenväter Tertullian, Augustinus, Hieronymus sowie die reformatorischen Theologen Johannes Brenz und Sebastian Franck genannt. In der Literatur wird als weiterer Gewährsmann Gantners auch Sebastian Castellio genannt. Die Nähe seiner Gedanken zu den Toleranzideen Castellios sind auch nicht zu übersehen.[70]

[69] Bullinger an Egli am 13. Oktober 1570, ZürichStA E II 342, 606. Vollständig abgedruckt in Graubünden, Korr. III, 215–218.

[70] Es ist jedoch fraglich, ob man ohne weiteres Lecler, Religionsfreiheit I, 492, zustimmen kann, der in Gantner einen Nachfolger Castellios sieht. Auch Bergers Lebensbild Gantners geht zu einseitig von der Verbindung zu Castellio aus und belegt diese auch in der Literatur. Dieser Komplex bedarf jedoch noch einer gründlichen Untersuchung in den Gemeinsamkeiten wie in den Unterschieden. So ist die These Gantners, daß die Katholiken ausgerottet werden müßten, kaum Gedankengut Castellios. Lecler schießt mit seinem Lösungsversuch, dieses als bewußte Verfälschung des Sachverhaltes durch Bullinger anzusehen, sehr weit über das Ziel hinaus.

Bullinger geht in seiner Stellungnahme auf jede der neun Thesen Gantners zumindest kurz ein. Bei der ersten These weist er gleich auf die Inkonsequenz von Gantners Toleranzgedanken hin, indem er nachfragt, welche Berechtigung eine Deutung hat, die zwar das Unkraut unter dem Weizen wachsen lassen will, dieses aber nicht für die Katholiken gelten soll. «So man nun das unkrudt sol wachsen lassen, worumb wil er dann imm 9. artickel, daß man die bäpstler ußrüte? Lasse rächt dieselben under dem unkrut ouch uffkummen, und richte man fürohin weder morder noch andere übelthäter ouch nitt etc.»[71] Bullinger stellt eine Verbindung zwischen der Bekämpfung von religiösen Irrlehrern und Verbrechern her. Die Konsequenz der toleranten Auslegung Gantners ist für ihn, daß dann nicht nur die Irrlehrer, sondern auch die Verbrecher nicht mehr verfolgt würden.

In der zweiten These, die vom Bann handelt, greift Bullinger auf seine Erfahrungen aus vierzig Jahren Auseinandersetzungen mit Täufern zurück. Nach seiner Meinung haben die Täufer den Bann zu allen Zeiten verworfen, seinen Sinn aber auch noch nie verstanden.[72]

Die dritte These Gantners, daß die in Apostelgeschichte 5 aufgeschriebene Erzählung von Ananias und Saphira nicht die Berechtigung einer Bestrafung zeigt, weil nicht Menschen, sondern Gott es ist, der dort straft, lehnt Bullinger mit Hinweis auf Römer 13 ab. Er greift dabei auf das System einer kirchlich-staatlichen Einheit zurück, wie sie bereits Zwingli lehrte. In der These Gantner sieht er eine Nähe zu der täuferischen Auffassung von der Trennung beider Reiche.[73] Für Bullinger ist die Obrigkeit eine unter Gottes Gebot stehende moralische Macht und auch das Beispiel des Petrus aus der Apostelgeschichte zeigt für ihn kein anderes Bild.

Der vierten These Gantners, die das Alte Testament als Beweis für die Bestrafung von Andersgläubigen nicht gelten lassen will, weil es für die Christen keine Gültigkeit mehr hat, tritt Bullinger besonders scharf entgegen. Mit Recht weist er daraufhin, daß Christus und die Apostel selber immer wieder auf das Alte Testament Bezug genommen haben. Bullingers Theologie der Schriftautorität betont die Einheit des alttestamentlichen Gottesvolkes mit der Kirche.[74] Für eine Ablehnung des Alten Testamentes ist da kein Platz. Mit der Bewertung «und das ist ein rächter töuffischer artickel»[75], die in der Beurtei-

[71] ZürichStA E II 342, 606. Zitiert nach Graubünden, Korr. III, 216.

[72] Fast, Bullinger 141, weist daraufhin, daß Bullinger Bedenken gegenüber der täuferischen Verbindung von Abendmahl und Kirchenzucht, und insbesondere des Banns hatte. In der Frühzeit seiner theologischen Entwicklung bis etwa 1525 war er von der Rechtmäßigkeit dieser Verbindung aber selbst überzeugt gewesen.

[73] Vgl. Fast, Bullinger 148–156.

[74] Vgl. die ausführliche Darstellung zur Frage der Schriftautorität bei Fast, Bullinger 156–167. Vgl. auch Robert C. *Walton*, Heinrich Bullinger und die Autorität der Schrift, in: Text–Wort–Glaube. Festschrift Kurt Aland, Berlin 1980, 274–297.

[75] ZürichStA E II 342, 606. Zitiert nach Graubünden, Korr. III, 217.

lung der achten und neunten These wiederholt wird, unterstellt Bullinger Gantner täuferisches Gedankengut.

Bei der fünften These akzeptiert Bullinger nicht die Ansicht, daß die Apostel niemanden zum Glauben gezwungen haben. Für ihn ist der Glaube nicht allein freie Gnade und Gabe Gottes, sondern auch menschliche Tugend und Meiden von Lastern. «Wer wil aber darumb ungestraafft die lassen, die große laster begand?»[76]

Gantners sechste These lehnt Bullinger ganz ab. Er sieht im Gewissen des einzelnen etwas zu subjektives, um es als ausschlaggebend für die Beurteilung der religiösen Fragen gelten lassen zu können. So fragt er: «Wo stadt es geschriben, das eins yeden gwüßne und nitt das geschriben wort Gottes sölle sin die regel, nach deren wir urteylind und handlind?»[77]

In der Auseinandersetzung mit der siebenten These geht es um die Frage des Eides. Bullinger geht dabei soweit, daß die Abschaffung des Eides im Rechtsleben den Zusammenbruch des Regiments zur Folge hätte und daher nicht möglich ist. Biblisch versucht er diese Ansicht mit einer Berufung auf Hebräer 6 zu untermauern.

Die achte und die neunte These behandelt Bullinger zusammen. Er unterstellt Frell, daß er im Zusammenhang mit seinen Ideen einen Aufruhr in Chur anstiften will, auch wenn dieser bisher nicht erfolgt ist. Es ist Bullingers feste Ansicht, daß der Aufruhr mehr oder weniger nur eine Frage der Zeit ist, wenn Frell nicht rechtzeitig Einhalt geboten wird. Und wenn einer die Päpstlichen ausrotten, die Täufer aber verschonen will, wie Gantner vorschlägt, zeigt das nicht deutlich, «das Ganthner der töuffern schirmer ist?»[78]

Bullinger geht sogar noch weiter. Er beschuldigt Gantner nicht nur, Täufer zu schützen, sondern selber zum Täufertum abgefallen zu sein und einen Aufruhr gegen die Obrigkeit vorzubereiten. Dieses wird besonders betont, um dem Churer Stadtrat zu zeigen, daß es nach Bullingers Meinung eigentlich nur eine Möglichkeit gibt: Gantner muß aus seinem Amt entfernt werden.

Bullinger wußte beim Abfassen seines Schreibens noch nicht, daß der Churer Stadtrat am gleichen Tag mehrheitlich entschieden hatte, Frell aus Chur auszuweisen und Gantner aus seinem Amt als Pfarrer an der Regulakirche zu entlassen. Am 16. Oktober wurde dieses ihm von Stephan Willi mitgeteilt.[79] Am 23. Oktober unterrichtete Egli ihn ausführlich über die Angelegenheit und über die Suche nach einem Nachfolger als Pfarrer an der Regulakirche. Gewählt wurde, mit ausdrücklicher Zustimmung Bullingers, der aus dem Engadin stammende Pfarrer und Historiker Ulrich Campell.

[76] ZürichStA E II 342, 606. Zitiert nach Graubünden, Korr. III, 217.
[77] ZürichStA E II 342, 606. Zitiert nach Graubünden, Korr. III, 217.
[78] ZürichStA E II 365, 606. Zitiert nach Graubünden, Korr. III, 217.
[79] ZürichStA E II 365, 780. Zitiert in Graubünden, Korr. III, 218.

Der Streit vor der evangelisch-rätischen Synode

Mit der Ausweisung Frells und der Amtsenthebung Gantners hatte der Gantnerhandel aber noch immer nicht sein Ende erreicht. Die Entscheidung des Churer Stadtrats war nicht einheitlich getroffen worden. Eine Minderheit hatte Verständnis für das Anliegen Gantners, obwohl alle wußten, daß er gegen die bestehenden Ordnungen der evangelisch-rätischen Kirche verstoßen hatte. Diese hatte er mit seiner Unterschrift unter die Synodalmatrikel als für ihn bindend anerkannt. Auch mit den Landesordnungen war sein Verhalten nicht in Einklang zu bringen. Gantner hatte im Stadtrat aber einige Freunde, die ihn gerne als Pfarrer behalten hätten. Einige Mitglieder des Stadtrates waren auch der Meinung, daß man doch den Einheimischen Gantner behalten und den Zugereisten Egli entlassen sollte. So sah Gantner trotz des Ratsentscheides noch eine weitere Möglichkeit, und er legte Berufung gegen die Entscheidung ein. Der Rat verfügte, die Synode solle sich mit der Auseinandersetzung beschäftigen. Im Juli 1571 wurde der Fall Gantner auf der Churer Synode verhandelt. Bullinger war gebeten worden, selber an der Synode teilzunehmen, mußte aber wegen seines Gesundheitszustandes eine Badekur durchführen und deshalb absagen. Bereits am 1. Juni hatte er Egli Ermutigung für die bevorstehende Synode zugesprochen. Er ließ sich durch Rudolf Gwalther[80] vertreten. Dieser und Egli informierten ihn über den Verlauf. Dieser Verlauf der Synode läßt sich aus drei Quellen rekonstruieren. In der Stadtbibliothek Zofingen befindet sich eine Abschrift des sonst nicht erhaltenen Synodalprotokolls.[81] Dazu ist der Brief Eglis an Bullinger vom 20. Juni 1571 zu beachten.[82] Als dritte Quelle kommt der Bericht von Gantners Nachfolger an der Regulakirche, Ulrich Campell, in Frage, der in seiner «Historia Raetica» ausführlich den gesamten Gantnerhandel aus seiner Sicht darstellt.[83] Bei Egli wie auch bei Campell ist zu berücksichtigen, daß sie zu Gantners Gegnern gehörten. Leider hat sich kein Bericht erhalten, der diese Angelegenheit aus anderer Perspektive schildert. Die Synode mußte sich im Juni 1571 mit dem Fall Gantner und im darauffolgenden November mit mehreren italienischen Pfarrern befassen, die ähnliche Ansichten wie Gantner vertraten. Gegen den Widerstand einer kleinen Minderheit beschloß die Synode, Gantner für zunächst ein Jahr von der

[80] Gwalther, der Gatte von Zwinglis Tochter Regula, war seit 1542 Pfarrer an St. Peter in Zürich. Nach dem Tode Bullingers 1575 wurde er dessen Nachfolger als Pfarrer am Großmünster und Antistes, vgl. Zürcher Pfarrerbuch 311.

[81] Betitelt mit «Sententia synodi fratrum Curiae congregatae anno Domini 1571, den 13. Iunii, de D. Ioanne Gantnero approbantibus simul praeclarissimis viris ac dominis additis synodo ab illustrissimis dominis Rhetorum.» Ich danke der Stadtbibliothek Zofingen für die Überlassung einer Kopie des Berichtes.

[82] ZürichZB Ms S 124, 67. Abgedruckt in Graubünden, Korr. III 251–254.

[83] Siehe Campell, Historia II 459–490. Campells Darstellung ist mit einer dogmatischen Beurteilung und Wertung des Vorganges verbunden und dadurch langatmig und mühsam zu lesen.

Synode zu suspendieren, was aber gleichzeitig einem Ausschluß vom Pfarramt gleichkam. Diese zeitweise Ausschließung war durch die Bestimmungen der Confessio Raetica und der Confessio Helvetica Posterior möglich. Für die Suspendierung Gantners wurden insgesamt vier Gründe angegeben. Drei von ihnen bezogen sich auf den Streit um den Täufer Frell. Die Synode stellte fest, Gantner hat einen offensichtlichen Ketzer verteidigt und die Obrigkeit in der Ausübung ihres Amtes bekämpft. Damit wandte sie sich gegen die Thesen 6 und 8 Gantners. Die Synode stellte sich in diesen Punkten voll hinter die Argumentation Bullingers. Als weiterer Grund wurde angeführt, daß er sein Amt insgesamt viermal im Stich gelassen habe. Dieser Vorwurf war wohl dadurch entstanden, weil Gantner in einer Predigt seinen Rücktritt erklärt hatte. Als aber ein Teil der Bürgerschaft ihn behalten wollte, predigte er noch gelegentlich, aber nicht regelmäßig in der Regulakirche.

Ein völlig neuer Aspekt kommt durch den dritten Punkt in unser Blickfeld. Gantner wurde nämlich auch deshalb von der Synode ausgeschlossen, weil er einen Amtsbruder aus seiner Gemeinde vertrieben habe. Wie kam es zu diesem Vorwurf? In der Zeit zwischen seiner Amtsenthebung durch den Churer Stadtrat und der Junisynode 1571 hat Gantner mehrere Reisen unternommen. Bei einer soll er Frell zu dessen täuferischen Glaubensbrüdern begleitet haben. Eine gewisse Zeit hielt er sich auch in der Schanfigger Gemeinde St. Peter auf. Dort nahm er sich die Rechte des Ortspfarrers heraus und trat in direkte Konkurrenz zum amtierenden Pfarrer Johannes Geer.[84] Dieser beschwerte sich bei der Synode über das Verhalten Gantners. Die Synode warf Gantner vor, den amtierenden Amtsbruder regelrecht vertrieben zu haben, was sie, trotz mancherlei amtsbrüderlicher Zwistigkeiten mit Geer, nicht durchgehen lassen wollte.[85]

Gantner wollte sich mit der Entscheidung der Synode nicht zufrieden geben. Er wandte sich an den Bundestag der Drei Bünde, der jedoch im November 1571 die entsprechenden Beschlüsse des Churer Stadtrats und der evangelisch-rätischen Synode bestätigte. Offiziell hatte der Gantnerhandel damit sein Ende gefunden, aber im Hintergrund wirkte der Streit noch bis 1574 weiter.

[84] Zu Geer vgl. Truog, Pfarrer 177.

[85] Dieser Vorwurf wurde in der Literatur bisher nur am Rande berücksichtigt. So schreibt Lecler I 493: «Gantner wurde abgesetzt, er verließ Coire (sic!) und trug das Evangelium zu den Menschen in den Bergen (sic!)»; (im französischen Originaltext lautet die Stelle: «Gantner fut déstitué; il quitta Coire et s'en fut évangéliser les gens de la montagne»; Joseph Lecler, Histoire de la tolérance au siècle de la Réforme, tome 1, Aubier 1955, S. 344). Dabei beruft sich Lecler auf die Darstellung des Kirchenhistorikers Rosius de Porta, bei dem er aber den Sachverhalt überlesen hat oder ihn einfach verschweigt, um sein Idealbild von Gantner nicht zu zerstören. So übersieht Lecler auch, daß die Synode mehr als einen Grund für die Suspendierung Gantners hatte, auch wenn nicht zu bestreiten ist, daß sein Eintreten für einen Irrlehrer wohl der ausschlaggebende Grund für die Suspendierung war.

Die Nachwirkungen des Gantnerhandels

Mit der Suspendierung durch die Synode im Juli 1571 war Gantner endgültig seines Amtes enthoben, und auch der Weg in ein neues Pfarramt war ihm vorerst versperrt. Sein Eintreten für die Gewissensfreiheit und den Täufer Georg Frell hatte persönliche Konsequenzen. Nach einer Reise kehrte er wieder nach Chur zurück, wo er mehrere Jahre lang ein kleines landwirtschaftliches Gut führte, das seiner Familie gehörte. Der begabte Prediger war für einige Jahre vom Pfarramt ausgeschlossen, weil er gegen die Ordnungen des Freistaates Gemeiner Drei Bünde und der evangelisch-rätischen Synode verstoßen hatte.

Fünfzehn Jahre war Johannes Gantner aus der evangelisch-rätischen Synode ausgeschlossen. 1586 wurde er wieder aufgenommen. Für zehn Jahre wurde er Pfarrer in Maienfeld, um anschließend erneut nach Chur berufen zu werden. Von 1595 bis zu seinem Tode 1605 wirkte er als Pfarrer und Antistes an der Martinskirche.[86]

Tobias Egli hatte nach dem Ausschluß Gantners vom Pfarramt in Chur keinen leichten Stand. Bei der Wahl des Nachfolgers hatten Bullinger und er sich für den Engadiner Ulrich Campell eingesetzt, der sich jedoch in Chur nie richtig einlebte und Probleme mit der deutschen Sprache hatte. Mit Gantner waren die Churer einen sehr guten Prediger gewohnt, wogegen Campells Begabungen auf anderem Gebiet lagen. 1574 entließ ihn der Stadtrat auf recht unrühmliche Weise. Dazu setzten Egli in der Stadt und in der Synode Gesinnungsfreunde Gantners stark zu. In den nächsten Jahren sollte auch der Bullenhandel um Dr. Johann Planta die Churer Pfarrer beschäftigen und sie in Schwierigkeiten bringen.[87] Da viele Churer Bürger Egli und Campell die Schuld am Ausgang des Handels gaben, wurde Eglis Situation in der Stadt immer schwieriger. Dazu brach am 23. Juli 1574 ein verheerender Brand aus, der fast dreihundert Gebäude in der Stadt vernichtete.[88] Egli sah in diesem Brand eine Strafe Gottes für das Verhalten der Churer im Gantnerhandel und in der nach seiner Meinung ungerechtfertigten Entlassung Campells. In einer Predigt sagte er dieses seiner Gemeinde in recht drastischer Form[89], was seine Situation

[86] Berger, Gantner 87, vermutet, daß die Churer Pfarrer Kaspar Hubenschmid und Johannes Pontisella ihm den Weg zurück in die Synode geebnet haben.

[87] Zum sogenannten Bullenhandel vgl. Michael *Valèr,* Johann von Planta. Ein Beitrag zur Geschichte Rätiens im XVI. Jahrhundert, Zürich 1888, sowie Gian *Bundi,* Dr. Johann Planta-Rhäzüns und sein Lehnsherr, in: Bündnerisches Monatsblatt 1916, 33–48, und ders., Das Geständnis des Dr. Johann Planta, in: Bündnerisches Monatsblatt 1929, 73–79.

[88] Egli hat eine Beschreibung des Brandes in einem Brief an seinen Amtsbruder Scipio Lentulo in Chiavenna hinterlassen, der im Staatsarchiv Zürich aufbewahrt wird. Eine deutsche Übersetzung des Briefes bei Traugott *Schieß,* Der Churer Stadtbrand vom 23. Juli 1574, in: Bündnerisches Monatsblatt N. F. 4, 1899, 137–144, 161–169, 185–193 und 217–223.

[89] Vgl. Berger, Evangelisch Chur 65f.

sicherlich nicht verbesserte. Bereits wenige Monate später, am 15. November 1574, starb Egli in Chur an der Pest. In seinem Kampf gegen Frell und dessen Verteidiger Gantner erwies er sich als Kind seiner Zeit, daß kein Verständnis für Gewissensfreiheit aufbrachte, sondern die Ordnungen des Staates und der Kirche als gut und notwendig ansah. Nach seiner Überzeugung waren Gantners Ideen mit der Wahrheit der reformierten Konfession nicht vereinbar.[90] In diesem Punkt wußte er sich eins mit seinem Zürcher Kollegen und Lehrer Heinrich Bullinger, der ihn nicht nur theologisch und seelsorgerlich unterstützte, sondern ihn auch immer wieder zum Durchhalten in seinem immer schwieriger werdenden Amt ermutigte.

Erich Wenneker, Pfarrer, Kirchtor 3 A, D-31061 Alfeld (Leine)

[90] So einseitig diese Position Eglis und Bullingers war, halte ich es doch für problematisch, sie mit dem Fundamentalismus heutiger Tage zu vergleichen, so wie Berger, Gantner 86f., es tut.

Zur neuhochdeutschen Edition ausgewählter Zwingli-Werke

von Frauke Volkland

Die Übersetzer und die Übersetzerin haben in der neuen Ausgabe ausgewählter Schriften des Zürcher Reformators[1] eine wahrhafte Glanzleistung vollbracht: Zwinglis Gedankenwelt und sein Wirken rücken uns im ausgehenden 20. Jahrhundert erstaunlich nahe; sie gewinnen an Aktualität und Spannung. Natürlich ist die Frage legitim, ob die Ziele einer wissenschaftlichen Quellenedition mit einer sprachlichen Übertragung der Texte über eine zeitliche Spanne von beinahe 500 Jahren hinweg überhaupt so einfach zu vereinbaren sind. So einfach nicht – bei einer gewissenhaften und selbstkritischen Hinterfragung der eigenen Editionsgrundsätze aber sehr wohl, wie die vorliegende vierbändige Ausgabe beweist.

Die Verantwortlichen waren sich bei ihrer Unternehmung der Risiken und Einbußen, die eine Übertragung der alemannisch-eidgenössischen Schreibsprache Zwinglis in das Neuhochdeutsche mit sich bringen würde, wohl bewußt: Thomas Brunnschweiler weist darauf hin, daß eine Übertragung in ein modernes Deutsch niemals der kommunikativen Situation des 16. Jahrhunderts gerecht werden könne, da deren im Text enthaltene Signale verlorengingen. Ganz konkrete Probleme stellten bei der Übersetzung immer wieder der Umgang mit Zwinglis «Monstersätzen», die es zu teilen und umzugruppieren galt, und vor allem die semantischen Tücken, die oftmals die Falle eines Scheinverständnisses bereithielten.

Das Ziel der Verantwortlichen war es, neuhochdeutsche Äquivalente zu finden, die sich wie Zwinglis Originaltext an der Alltagssprache orientieren. Um ein Höchstmaß an semantischer Tiefenschärfe zu erreichen, mußten die Möglichkeiten der heutigen deutschen Sprache ausgeschöpft werden.[2]

Daß es bei diesen Bemühungen nicht an Mut und Innovationsfreude mangelte, sei an den Wörtern «mulchen» und «blawer hirt» gezeigt: Zwingli legt in seiner Schrift «Die freie Wahl der Speisen» die Unsinnigkeit von Speiseverboten dar und bringt als Veranschaulichung das Beispiel, daß erst vor hundert Jahren die Eidgenossen vom Papst die Erlaubnis erkauft hätten, in der Fastenzeit «mulchen» zu essen.[3] Mit «mulchen» ist zunächst das Gemolkene an sich

[1] Huldrych Zwingli, Schriften. Im Auftrag des Zwinglivereins hrsg. von Thomas *Brunnschweiler* und Samuel *Lutz,* Zürich: Theologischer Verlag 1995, 4 Bände (ca. 2000 S.), ISBN 3-290-10978-X (Gesamtwerk), Fr. 75.–.

[2] Zur Übersetzungsproblematik siehe den Aufsatz von Thomas *Brunnschweiler,* Zwingli übersetzen, in: Zwa XXI, 1994, S. 15–27.

[3] Huldrych Zwingli, Die freie Wahl der Speisen, übers. von Samuel *Lutz,* in: Zwingli, Schriften, Bd. I, Zürich 1995, S. 42.

gemeint, dann die Milch und was aus ihr bereitet wird. Samuel Lutz übersetzt hier ganz frisch mit «Milchprodukte», was inhaltlich den Sachverhalt genau trifft, beim Lesen aber trotzdem schmunzeln läßt, klingt der Begriff «Milchprodukte» aus Zwinglis Munde doch sehr modern. Ebenso verhält es sich mit den «blawen» Hirten aus der 1523 entstandenen Schrift «Der Hirt»: Hans Rudolf Lavater benutzt nicht das naheliegende, aber farblose «kraftlos» als Übersetzungsvariante, sondern greift mutig nach dem eher legeren «schlapp»[4], das aber wiederum die Sache genau auf den Punkt bringt und zudem sehr anschaulich ist.

Warum wurde auf die beiden Beispiele, an die sich noch viele weitere anhängen ließen, in dieser Ausführlichkeit eingegangen? – Dank der lebendigen Übersetzungen bleibt der Charakter von Zwinglis Sprache mit ihrem Bilderreichtum, ihrer Konkretheit und Gewitztheit selbst über die große zeitliche Distanz hinweg beibehalten, und dies trägt erheblich zum Lesevergnügen bei, das man bei einigen der Zwinglischen Schriften empfinden kann und ruhig auskosten sollte.

Wen wollte Zwingli aber mit seinen Schriften erreichen und wen haben die Herausgeber der neuen Edition als Zielgruppe bei ihrem Unternehmen im Blick gehabt?

Die Lebendigkeit von Zwinglis Sprache rührt auch daher, daß er mit vielen seiner Schriften das «gemeine Volk» ansprechen wollte und diesem somit «nach dem Munde» schrieb. Die Herausgeber der neuen Edition verfolgten in erheblichem Maße dasselbe Ziel: Neben Studierten und noch Studierenden sollen auch Schülerinnen und Schüler sowie an Theologie interessierte Laien aus den verschiedensten Berufssparten mit dem Schaffen des Zürcher Reformators vertraut gemacht werden.[5]

Bei den unterschiedlichen Zielgruppen liegt aber ein Problem begründet, dem die Verantwortlichen mit der Einigung auf einen gewissen kompromißhaften Charakter der Edition beikamen:

Fachleute der geisteswissenschaftlichen Disziplinen, besonders der Theologie, Geschichte und Germanistik, werden die neue Edition gewinnbringend an den Anfang ihrer Arbeiten stellen können, werden bei vertiefenden Studien jedoch nicht um eine Konsultation der originalsprachlichen Edition im Corpus Reformatorum herumkommen. – Brunnschweiler stellte ja bereits zu Recht fest, daß die kommunikative Situation bei einer Übersetzung zwangsläufig verlorengehen müsse, und gerade diese ist ja entscheidend für manch theologische, historische und vor allem sprachwissenschaftliche Untersu-

[4] Huldrych Zwingli, Der Hirt, übers. von Hans Rudolf *Lavater*, in: Zwingli, Schriften, Bd. I, Zürich 1995, S. 274.

[5] Zu den Zielgruppen der Edition siehe den Aufsatz von Samuel *Lutz*, Zwingli Schriften. Ein Projekt des Zwinglivereins Zürich, in: Zwa XXI, 1994, S. 9–14.

chung. Die Neuedition leistet der Wissenschaft jedoch hervorragende Dienste als zuverlässiger Ausgangstext für weiterführende Untersuchungen – und eben eine solche Grundlage fehlte bisher, weisen doch die älteren Editionen zumeist sprachliche Mängel bei der Übersetzung auf und/oder bringen die Texte nicht in ihrer ungekürzten Originallänge. Auf die Vorteile der breitgefächerten Textauswahl der neuen Edition im Gegensatz zur oftmals das Blickfeld verengenden und einen ganz bestimmten Zwingli zeigenden Auswahl einiger älterer Ausgaben, vor allem der sogenannten «Kirchenratsausgabe», wird noch an späterer Stelle eingegangen werden.

Besonders zugute kommt dem Wissenschaftler und der Wissenschaftlerin der ausführliche Registerteil, der sich am Ende eines jeden Einzelbandes sowie zusätzlich in Form eines Gesamtregisters am Ende des vierten Bandes befindet und in Bibelstellen-, Personen-, Orts- und Sachregister aufgeteilt ist.

Die Anmerkungsapparate sind hingegen relativ knapp gehalten und befinden sich nicht im Fußteil, sondern im Anhang des jeweiligen Bandes, was sich mit der zweiten, hauptsächlichen und zahlenmäßig größeren Zielgruppe, die die Editoren im Blick hatten, begründen läßt: Ohne sich beinahe dazu genötigt zu sehen, jede Anmerkung zu konsultieren – wie das bei Fußnoten ja zumeist der Fall ist –, sollen dem interessierten Laien die nötigsten Hintergrundinformationen zu nicht einfachen Sachverhalten möglichst kurz und prägnant im Anhang zugänglich gemacht werden. Diese Absichten wurden denn auch in der überwiegenden Zahl der Fälle erfolgreich verwirklicht, an einigen Stellen wurde der Knappheit jedoch auf Kosten der vollen Verständlichkeit der Vorrang gegeben. Ein Beispiel: Zwingli predigt den Dominikanerinnen am Oetenbach, und als Veranschaulichung dafür, daß Papst und Konzilien irren können, weist er auf den arianischen Glaubensstreit zwischen Anastasius und Liberius hin. Die Anmerkung liefert hier lediglich Informationen zu den angesprochenen Personen, legt aber nicht die eigentliche Problematik des Arianismus dar.[6]

Solche kleinere Mängel sind jedoch die Ausnahme, und der an Theologie und Schweizer Geschichte interessierte Laie hat mit der Neuedition ein eigentliches «Zwingli-Lesebuch» an die Hand bekommen: Da nicht nur die sogenannten Hauptschriften ediert sind, sondern auch eine breite Auswahl aus kleineren Schriften, die alle chronologisch entsprechend ihrer Entstehung angeordnet sind, wird der Leserin und dem Leser die Vielschichtigkeit der Persönlichkeit und des Schaffens Zwinglis plastisch vor Augen geführt. Mal zeigt sich der Reformator in dem uns eher gewohnten Gewand des Theologen und Predigers, mal lernen wir ihn als Staats- und scharf kalkulierenden Kriegsmann kennen, mal entpuppt er sich als besorgter Erzieher und Vater. Zwingli zeigt

[6] Huldrych Zwingli, Die Klarheit und Gewißheit des Wortes Gottes, übers. von Christine *Christ-von Wedel*, in: Zwingli, Schriften, Bd. I, Zürich 1995, S. 437, Anm. 30.

sich uns in dieser Vielschichtigkeit, obwohl die auf uns gekommenen Schriften lediglich einen Zeitraum von elf Jahren umspannen: Der erste Band der Edition beginnt mit dem Pestlied, in dem Zwingli das Durchleiden seiner Pesterkrankung von 1520 als Bild für seine Berufung zum Reformator und für die tödliche Bedrohung seines Reformationswerks durch das feindliche Lager benutzt. Diese Interpretation legt nahe, daß Zwingli das Lied erst zu einem späteren Zeitpunkt, wahrscheinlich 1525, verfaßt hat. Der vierte Band endet mit seiner 1531 und damit kurz vor seinem Tode verfaßten Hauptschrift, der «Erklärung des christlichen Glaubens».

Ursprünglich war die Edition als dreibändige Ausgabe vorgesehen. Glücklicherweise entschieden sich die Herausgeber aber noch in einer späteren Arbeitsphase dazu, das anfangs nicht eingeplante Pestlied doch aufzunehmen und dieses außerdem sowohl originalsprachlich als auch in einer neuhochdeutschen Prosaübersetzung abzudrucken. Die sehr umfangreiche Hauptschrift «Auslegung und Begründung der Thesen oder Artikel» von 1523 nimmt bereits allein den zweiten Band der Edition für sich in Anspruch. Der Rahmen einer dreibändigen Ausgabe mußte deshalb spätestens durch die weitere Hinzunahme des «Kommentars über die wahre und falsche Religion» von 1525 gesprengt werden. Diese Hauptschrift Zwinglis, in der er seine evangelische Lehre zum ersten Mal vollumfänglich behandelt und mit der er sich an die damalige politische und kirchliche Öffentlichkeit aller Länder wandte, lag bereits in einer Übersetzung von Fritz Blanke vor. Dieser glückliche Umstand ermöglichte es, diesen Text, dessen Übersetzung von Andreas Beriger und Samuel Lutz noch gründlich überarbeitet wurde, relativ kurzfristig in die Edition aufzunehmen. Auch für «Die Vorsehung» von 1530 schaffte man noch Platz im vierten Band. Die Schrift ist für Zwinglis Wirken besonders interessant, da sie in direktem Zusammenhang mit seiner theologischen Auseinandersetzung mit Luther steht: Zwingli hielt vor dem Religionsgespräch in Marburg vom September 1529 eine Predigt über die Vorsehung vor dem Landgrafen Philipp von Hessen. Auf Wunsch des Fürsten arbeitete er diese 1530 noch schriftlich aus – ein Zeichen für die Beharrlichkeit des Reformators, war doch das Religionsgespräch mit Luther kläglich gescheitert; ein Zeichen aber auch für seine Dankbarkeit dem jungen Fürsten gegenüber, der sich um die Verständigung zwischen den beiden Reformatoren bemühte.

Dafür, daß die verschiedenen Persönlichkeitsprofile des Reformators nicht zusammenhangslos nebeneinanderstehen, sorgt jeweils eine kurze Einleitung in die Enstehungszusammenhänge der Texte. Diese Einleitungen vermitteln gleichsam en passant einen knappen Überblick über die historischen Ereignisse einer für die Schweiz, aber auch für ganz Europa bewegten Zeitspanne. Der Zürcher Reformator wird hier aus der Enge seiner Vaterstadt als auch der alten Eidgenossenschaft herausgeholt und erscheint als Persönlichkeit, die auf der damaligen europäischen Bühne ihre Rolle zu spielen hatte und auch zu spielen wußte. Eine in der Zwingli-Forschung nicht mehr neue Erkenntnis schlägt sich nun endlich in einer neuen Edition augenscheinlich nieder. Aber auch Zwinglis Patriotismus kommt zu seinem Recht – um so mehr gewinnt seine Person im heutigen Spannungsfeld der Schweizer Politik, die zwischen schweizspezifischen Anliegen und den europäischen Interessen ihren Standort auszuloten versucht, ungemein an Aktualität.

Manche Leserinnen und manche Leser wünschten sich aber mit Sicherheit noch stärker durch die komplexen historischen Zusammenhänge geführt, ja hießen mitunter einen roten Faden, vor allem, was Zwinglis theologische Vielschichtigkeit anbetrifft, willkommen. An diesem Punkt werden sie jedoch mehr oder weniger allein gelassen, und es wird deutlich, daß die Verantwortlichen eben nicht in erster Linie die Herausgabe eines «Lesebuches» beabsichtigten, sondern die einer an wissenschaftlichen Maßstäben orientierten Quellenedition: Die Einführungen sollen lediglich als Orientierung dienen, der Quellentext steht im Zentrum des Interesses. So gehen jedem Text denn auch die Angaben zum Original und zur für die Übersetzung dienenden wissenschaftlichen Ausgabe im Corpus Reformatorum voraus, wie auch die jeweils für die Übersetzung Verantwortlichen genannt sind. Um einzelne Stellen in der originalsprachlichen Ausgabe problemlos konsultieren zu können, sind als Marginalien die entsprechenden Seitenzahlen aufgeführt.

Das Bild vom Schweizer Reformator Zwingli bleibt so notwendigerweise facettenhaft und kann weiterhin in der Forschung kontrovers diskutiert werden. Aber gerade diese Offenheit spricht ja für die neue Edition, und es bleibt dem Leser und der Leserin überlassen, sich mit Hilfe der Texte verschiedenen Fragen an das Leben und Schaffen des Reformators zu nähern. Zwingli als theologisch nicht eigenständige Persönlichkeit anzusehen, wie dies immer noch gelegentlich geschieht, dürfte nach der Lektüre der reichhaltigen Auswahl aber kaum noch möglich sein. Deutlich wird jedoch auch, worin eine wichtige Gemeinsamkeit Zwinglis mit anderen Reformatoren seiner Zeit zu suchen ist, nämlich in der breitgefächerten Bildungsbasis: Spannungsvoll sind scholastische Elemente im Sinne der «via antiqua» mit einem Erasmischen Humanismus und dem Gedankengut der Kirchenväter verbunden. Der Gang durch die Texte der Quellenedition zeigt auf spannende Weise, wie immer wieder eines der Elemente auf besondere Weise zum Tragen kommt und wie es entscheidend am reformatorischen Gedankengut Zwinglis mitbeteiligt ist.

Die in der Forschung stets von neuem aufgenommenen und lebhaft diskutierten Fragen, seit wann man Zwingli eigentlich als Reformator bezeichnen könne, welche Rolle der Einfluß Luthers auf ihn gespielt habe und wie seine theologische Entwicklung zu beurteilen sei, können allein mit Hilfe der vorliegenden Edition natürlich nicht beantwortet werden: Die meisten der edierten Quellen gehören zu den bekannteren und in ihrer Bedeutung längst erkannten Texten, als daß sich durch ihre Interpretation noch grundlegend neue Erkenntnisse ergeben würden. Hierzu muß zusätzlich auf die schwerer zugänglichen und zum Teil noch unerforschten Randglossen Zwinglis zu biblischen Büchern und anderen Schriftstellern sowie auf dessen Selbstaussagen über seine Entwicklung zum Reformator zurückgegriffen werden. Bedauerlich, aber verständlich ist in diesem Zusammenhang, daß die Herausgeber die ursprüngliche Absicht verworfen haben, auch ausgewählte Briefe Zwinglis zu edieren. Eine solche Edition harrt also weiterhin ihrer Realisierung.

Fazit und Ausblick: Der «neue Zwingli» kann von einem breiten Lesepublikum mit Gewinn gelesen werden. Hingewiesen wurde auf die hervorragende Übersetzung der einzelnen Texte, auf die Berücksichtigung der zum Teil divergierenden Interessen von Wissenschaft und Laienpublikum als auch auf die wohlüberlegte Textauswahl, die das breite Spektrum und die große Reichweite von Zwinglis Wirken zum Ausdruck bringt. Neben diesen Vorzügen der Edition sollen auch die sehr ansprechende Ausführung, die den vier Bänden die Auszeichnung einbrachte, 1995 zu den schönsten Schweizer Büchern gehört zu haben, und der günstige Ladenpreis nicht verschwiegen werden – tragen diese beiden Faktoren doch zur noch größeren Attraktivität der Ausgabe bei.

Zu hoffen bleibt, daß Zwingli in dieser Form auch wirklich Einzug in viele Privathaushalte und Institutionen hält, und dies nicht nur in der Schweiz. Zwar ist es auch eine wichtige Aufgabe, den Schweizern «ihren» Reformator dank der Übersetzungsleistung ein ganzes Stück näherzubringen, doch besonders wichtig dürfte die Rezeption der übersetzten Zwingli-Schriften in Deutschland, ja auf internationaler Ebene überhaupt sein. Hier dürfte die Edition vor allem im wissenschaftlichen Sektor eine bedeutende Rolle spielen, galt es doch bisher zuerst die sprachliche Hürde zu nehmen, bevor der Inhalt in den Vordergrund des Interesses gerückt werden konnte. Auf eine Vertiefung der Zwingli-Forschung im Ausland, wo Luther und Calvin immer noch vorrangig behandelt werden, ist sehr zu hoffen. Vielleicht gelingt es Zwingli bereits in naher Zukunft, aus dem Schatten der beiden anderen großen Reformatoren herauszutreten?!

Frauke Volkland, Burstwiesenstr. 13, 8606 Greifensee

Neue Literatur zur zwinglischen Reformation

Hans Ulrich Bächtold · Hans Jakob Haag · Kurt Jakob Rüetschi

Berücksichtigt sind wissenschaftliche und wissenschaftsrelevante Publikationen zu Themen und Personen der Zürcher Reformation und zu deren Umfeld; Rezensionen wurden nicht aufgenommen. Redaktionsschluß dieser Ausgabe: Ende 1996. Die Bibliographie ist in vier Abteilungen gegliedert: Sammelschriften, Bibliographien, Quellen und Darstellungen. Die Titel der Sammelschriften erscheinen unter der jeweils angegebenen Kurzform in den übrigen Abteilungen. Die in eckigen Klammern gesetzten Zusätze stammen von den Autoren der Bibliographie.

Als Abkürzung für Werke und Zeitschriften gelten – neben den in den ZWINGLIANA üblichen (vgl. oben S. 4) – folgende Sigel:
BZGA (Basler Zeitschrift für Geschichte und Altertumskunde)
MQR (Mennonite Quarterly Review)
NZZ (Neue Zürcher Zeitung)
SRV (Schweizerisches Reformiertes Volksblatt)
ZTB (Zürcher Taschenbuch)
ZSG (Zeitschrift für Schweizerische Geschichte), ab 1951: SZG

Wir danken allen aufmerksamen LeserInnen, die uns auf entlegene Titel hingewiesen haben. *Die Bibliographie steht Internet-Benutzern auch als HTML-Dokument zur Verfügung (URL: http://www.unizh.ch/irg/biblio.html).*

Sammelschriften

Friedrich Wilhelm *Bautz*, Traugott Bautz: Biographisch-bibliographisches Kirchenlexikon. Bde. 6, 7, 9, 10 und 11. Herzberg (Bautz) 1993–1996.
Zitiert: Bautz: Kirchenlexikon.

Ferdinando *Citterio*, und Luciano Vaccaro (Hg.): Storia religiosa della Svizzera. Mailand (Centro Ambrosiano) 1996 (Europa ricerche, 3).
Zitiert: Citterio/Vaccaro: Storia religiosa.

Michael *Erbe* et al. (Hg.): Querdenken. Dissens und Toleranz im Wandel der Geschichte. Festschrift zum 65. Geburtstag von Hans R. Guggisberg. Mannheim (Palatium Verlag im J & J Verlag) 1996.
Zitiert: Erbe: Querdenken.

Sinclair B. *Ferguson*, David F. Wright (Hg.): New Dictionary of Theology. Leicester, England/Downers Grove, Illinois (Inter-Varsity Press) 1988.
Zitiert: Ferguson/Wright: New Dictionary of Theology.

Ole Peter *Grell*, Bob Scribner (Hg.): Tolerance and intolerance in the European Reformation. Cambridge (University Press) 1996.
Zitiert: Grell/Scribner: Tolerance and intolerance.

Hans J. *Hillerbrand* (Hg.): The Oxford Encyclopedia of the Reformation. 4 Bde. (1: Abst-Doop, 2: Dord-Manu, 3: Marb-Scan, 4: Scha-Zwin). New York/Oxford (Oxford University Press) 1996.
Zitiert: Hillerbrand: Oxf. Encycl. of the Ref.

Lexikon für Theologie und Kirche. 3., völlig neu bearb. Aufl. Bde. 2, 4 und 5. Freiburg i. Br. (Herder) 1994–1996.
Zitiert: LThK.

Rudolf *Merker* (Hg.): Zwischenhalt. Vierundzwanzig Beiträge zur Evangelisch-reformierten Landeskirche des Kantons Aargau. Baden (Merker im Effingerhof) 1994.
Zitiert: Merker: Zwischenhalt.

Richard A. *Muller*, John L. Thompson: Biblical Interpretation in the Era of the Reformation. Essays Presented to David C. Steinmetz in Honor of His Sixtieth Birthday. Grand Rapids, Mich./Cambridge, U. K. (Eerdmans) 1996.
Zitiert: Muller/Thompson: Biblical Interpretation.

Bob *Scribner*, siehe Ole Peter Grell.

Heribert *Smolinsky*, siehe Marc Venard.

John L. *Thompson*, siehe Richard A. Muller.

Luciano *Vaccaro*, siehe Ferdinando Citterio.

Oskar *Vasella*: Geistliche und Bauern. Ausgewählte Aufsätze zu Spätmittelalter und Reformation in Graubünden und seinen Nachbargebieten. Hg. v. Ursus Brunold und Werner Vogler. Chur (Verlag Bündner Monatsblatt/Desertina) 1996.
Zitiert: Vasella: Geistliche und Bauern.

Marc *Venard*, Heribert Smolinsky (Hg.): Von der Reform zur Reformation (1450–1530). Freiburg i. Br. (Herder) 1995 (Die Geschichte des Christentums. Religion, Politik, Kultur, 7).
Zitiert: Venard/Smolinsky: Von der Reform.
Die französische Original-Ausgabe erschien 1994 (vgl. Zwa 22. 1995, 119).

David F. *Wright*, siehe Sinclair B. Ferguson.

Heide *Wunder* (Hg.): Eine Stadt der Frauen. Studien und Quellen zur Geschichte der Baslerinnen im späten Mittelalter und zu Beginn der Neuzeit (13.–17. Jahrhundert). Basel (Helbing & Lichtenhahn) 1995.
Zitiert: Wunder: Eine Stadt der Frauen.

Bibliographien

Hans Ulrich *Bächtold*, Hans Jakob Haag: Neue Literatur zur zwinglischen Reformation. In: Zwa 23. 1996, 169–194.

Michael *Beyer*, siehe Helmar Junghans.

Fritz *Büsser*: Huldrych Zwingli. Old Sources and Treatises on his Life and Work on Microfiche. [Katalog.] Leiden (Inter Documentation Company) [1996].

Paul *Fields*: Calvin Bibliography 1996. In: Calvin Theological Journal. 31. 1996, 420–463.
Siehe insbes. die Abschnitte «Friends and Associates» und «Polemical Relationships» (429–433).

Hans Jakob *Haag*, siehe Hans Ulrich Bächtold.

Hans-Peter *Hasse*, siehe Helmar Junghans.

Frank *Hieronymus*: Briefe aus der UB als Quellen der Buchdruck- und Wissenschaftsgeschichte. Ein Auswahlverzeichnis als Folge von 25 Jahren Ausstellungen in der UB. In: Beiheft zu: Für alle(s) offen. Bibliotheken auf neuen Wegen. FS F. Groebli. Hg. v. Frank Hieronymus. Basel (Universitätsbibliothek) [1995].
Betrifft v. a. das 16. Jahrhundert.

Marco *Jorio*: Oskar Vasella (1904–1966) – ein bedeutender Reformationshistoriker. In: ZSKG 90. 1996, 83–99.
96–99: «Anhang: Verzeichnis der Veröffentlichungen von Oskar Vasella nach 1963 (Ergänzung der Liste in der Festschrift, S. 615–643).»

Helmar *Junghans*, Michael Beyer, Hans-Peter Hasse: Lutherbibliographie 1996. In: Lutherjahrbuch. 63. 1996, 143–189.
Siehe insbes. die Abschnitte «‹Schwärmer› und Täufer» und «Schweizer und Oberdeutsche» (172–174).

Hans-Christoph *Rublack*: Literaturbericht. In: ARG. Beiheft. 25. 1996.
Siehe bes. die Angaben unter «Zwingli» (20f), «Täufertum und heterodoxe Richtungen» (51–57) und «Schweiz» (153–158).

Heiner *Schmidt*: Quellenlexikon zur deutschen Literaturgeschichte. Bibliography of Studies on German Literary History. Personal- und Einzelwerkbibliographien der internationalen Sekundärliteratur 1945–1990 zur deutschen Literatur von den Anfängen bis zur Gegenwart. 3., überarb. und erw. Aufl. des Quellenlexikons der Interpretationen und Textanalysen. Bde. 6–9: Ege-Fis, Fis-Gei, Gei-Goe, Goe-Gua. Duisburg (Verlag für pädagog. Dokumentation) 1996.
Verzeichnet die neuere Literatur auch über Autoren aus dem Umfeld der zwinglischen Reformation wie Thomas Erastus (VI 260), Matthias Erb (VI 262), Johannes Frisius [Fries] (VII 377), Johann Froben (VII 385), Hans Füssli (VII 442), Peter Füssli (VII 444), Johannes Gast (VII 488), Pamphilius Gengenbach (VIII 26f), Konrad Gesner [Geßner] (VIII 106–108), Henricus Glareanus (VIII 129f), Konrad Grebel (IX 272), Sebastian Grübel (IX 469) usw.

Margrit *Schütz*, siehe Meinrad Suter.

Pierre Louis *Surchat*: Bibliographie der Schweizer Geschichte – Bibliographie de l'histoire suisse 1993. Bern (Landesbibliothek) 1996.
Vgl. bes. den Abschnitt I D: «Das Zeitalter des Humanismus, der Reformation und der Gegenreformation, 1517–1648» (12–18).

Meinrad *Suter*, Margrit Schütz: Bibliographie der Geschichte, Landes- und Volkskunde von Stadt und Kanton Zürich. Juli 1995–Juni 1996. In: ZTB 1997. NF 117. 1996, 355–438.

Quellen

Hippolyte *Aubert* (Hg.), Alain Dufour, Béatrice Nicollier, Reinhard Bodenmann (Bearb.): Correspondance de Théodore de Bèze. Bd. 19 (1578). Genf (Droz) 1996 (THR, 304).
Unter den 47 im Hauptteil edierten Stücken finden sich sechs an Gwalther gerichtete und sieben von diesem geschriebene Briefe. Vgl auch das Reg.

Irena *Backus*: Guillaume Postel, Théodore Bibliander et le «Protévangile de Jacques.» Introduction historique, édition et traduction française du Ms. Londres, British Library, Sloane 1411, 260r–267r. In: Apocrypha 6. 1995, 7–65.

Reinhard *Bodenmann*, siehe Hippolyte Aubert.

Josef *Brülisauer*: Neue Beiträge zur Biographie Konrad Hofmanns. In: Zwa 23. 1996, 11–62.
54–59: «Anhang 2: Die Prozessakten.»

Susanna *Burghartz*: Ehen vor Gericht. Die Basler Ehegerichtsprotokolle im 16. Jahrhundert. In: Wunder: Eine Stadt der Frauen. 1995, 167–187.
181–187: Wiedergabe der Quellen zum Fall Barbel Tölin gegen Jacob Lapp 1538.

Christine *Christ-von Wedel*: «Praecipua coniugii pars est animorum coniunctio.» Die Stellung der Frau nach der «Eheanweisung» des Erasmus von Rotterdam. In: Wunder: Eine Stadt der Frauen. 1995, 125–149.
Im Anhang (141–149) Wiedergabe des 6. Kapitels der «Christiani matrimonii institutio» von Erasmus, 1542 übersetzt von Johannes Herold.

John Patrick *Donnelly* (Hg./Übers.): Peter Martyr Vermigli: Sacred Prayers Drawn from the Psalms of David. Kirksville, Mo. (SCJ Publishers) 1996 (Sixteenth Century Essays & Studies, 34 = The Peter Martyr Library, 3).
Enthält die von Vermigli in Straßburg geschriebenen, erstmals 1564 von Josias Simler herausgegebenen und bei Froschauer in Zürich gedruckten «Preces sacrae ex Psalmis Davidis desumptae» in englischer Übersetzung.

Alain *Dufour*, siehe Hippolyte Aubert.

Cornelius J. *Dyck* (Hg./Übers.): Spiritual Life in Anabaptism. Scottdale (Herald Press) 1995 (Classic Devotional Resources).
Enthält auch zahlreiche Schriften und Schriftauszüge aus dem schweizerischen Täufertum in englischer Übersetzung.

Fulvio *Ferrario*, siehe Ermanno Genre.

Edward J. *Furcha*: The Essential Carlstadt. Fifteen Tracts by Andreas Bodenstein (Carlstadt) from Karlstadt. Waterloo, Ont. und Scottdale, Pa. (Herald Press) 1995 (Classics of the Radical Reformation, 8).
387–394 (Nr. 15): «On the Incarnation of Christ. A Sermon Preached by Dr. Andreas Bodenstein from Karlstadt, Archdeacon at Zurich, on the Occasion of His Farewell, in the Year of the Lord, 1534.» Vgl. auch das Reg.

Ermanno *Genre*, Fulvio Ferrario (Hg.): Ulrico Zwingli: Scritti pastorali. Volume secondo delle Opere di U. Zwingli con 55 illustrazioni nel testo e 8 fuori testo. Turin (Claudiana) 1996 (Collana «Testi della Riforma», 20).
Italienische Übersetzungen (durch Ermanno Genre, Brunarosa Vola Sabatini, Fulvio Ferrario und Paolo Tognina) von fünf Werken Zwinglis: 21–95: «Il pastore» (nach Z III 5–68), 103–152: «Replica di H. Zwingli contro Geronimo Emser, assertore del canone della messa» (nach Z III 241–287), 159–181: «Lettera di Zwingli a Matteo Alber, predicatore a Reutlingen, sulla cena del Signore» (nach Z III 335–354), 158–238/239–247: «Prima/Ultima Predica di Zwingli a Berna» (nach Z VI/I 450–492/493–498).

Hans R. *Guggisberg*: Grüße aus der Fremde. Drei Briefe der Dienstmagd Sara Castalio aus Duisburg an ihren Vormund, Basilius Amerbach, und an ihre Mutter in Basel, 1578–1580. In: Wunder: Eine Stadt der Frauen. 1995, 235–240.
Wiedergabe der 3 Briefe vom 10. April 1578 (238), s. d. (238f) und 15. Juli 1580 (240).

Hans Rudolf *Hagemann*, und Heide Wunder: Heiraten und Erben. Das Basler Ehegüterrecht und Ehegattenerbrecht. In: Wunder: Eine Stadt der Frauen. 1995, 150–166.
157–159: Wiedergabe einer «Eheberedung» zwischen Hans Lompart und Clemens Keller betr. ihre Kinder Maria (Mergeli) Lompart und Andreas Keller vom 10. März 1527.

Leszek *Kieniewicz*: Polskie przypadki Henryka Wolfa z Zurychu. Dziennik podrózy z lat 1570–1578 [Polnische Erlebnisse des Heinrich Wolf aus Zürich. Reisetagebuch aus den Jahren 1570–1578]. Peregrinationes sive peregrinationum Heinrichi Wolphii Tigurini brevis et compendiaria descriptio. Warschau (Arx Regia) 1996.

David *Loades* (Hg./Übers.): Revolution in Religion. The English Reformation, 1530–1570. Cardiff (University of Wales Press) 1992 (The Past in Perspective).
Wiedergabe des Briefes von John Hooper an Bullinger, 3. September 1553 (83f), und eines Zwingli-Textes über die Gegenwart Christi im Abendmahl (115f) in englischer Übersetzung.

William G. *Naphy* (Hg./Übers.): Documents on the Continental Reformation. New York (St. Martin's Press) 1996 (Documents in History Series).
Enthält: «Bullinger (1504–75) on the Initial Opposition to Zwingli in Zürich» (36f), «Bullinger on Zwingli's Preaching (1521)» (37), «Accounts of the Reformation Continuing to Gain Ground in Zürich» (37–39), «Second Zürich Disputation (1523)» (39–41), «The Removal of Organs and Relics in Zürich (June 1524)» (41f), «The Dissolution of Religious Houses in Zürich (5 December 1524)» (42), «The Prohibition of the Mass in Zürich (12 April 1525)» (42f), «M. de Watteville to Berne's Council on the Progress of the Reformation in the Pays de Vaud (28 September 1531)» (43), «Conrad Grebel to Münzer (5 September 1524)» (91), «Balthasar Hübmaier to Oecolampadius» (91f), «Confessions from Fourteen Anabaptists (Zollikon, 7 February 1525)» (92f), «Kessler on Total Immersion» (93), «Trial of Dr Hübmaier, Waldshut (7 February 1525)» (93f), «Zürich Edict Against Anabaptism (7 March 1526)» (94), «Marburg Colloquy (1529)» (94–100).

Peter *Neuner* (Bearb.): Ekklesiologie II. Von der Reformation bis zur Gegenwart. Graz (Styria) 1995 (Texte zur Theologie. Dogmatik, 5, 2).
89f: «Kirche als Volk Gottes und als Ortsgemeinde. (Huldreich Zwingli, Auslegen und Gründe der Schlußreden, 14. 7. 1523) [Zum 8. Artikel].

Béatrice *Nicollier*, siehe Hippolyte Aubert.

Dorothee *Rippmann*, Katharina Simon-Muscheid und Christian Simon (Hg.): Arbeit – Liebe – Streit. Texte zur Geschichte des Geschlechterverhältnisses und des Alltags. 15. bis 18. Jahrhundert. Liestal (Verlag des Kantons Basel-Landschaft) 1996 (Quellen und Forschungen zur Geschichte und Landeskunde des Kantons Basel-Landschaft, 55).
Enthält zahlreiche v. a. Basler Quellentexte zum 16. Jahrhundert (mit Kommentaren und Einführungen).

Ernst Gerhard *Rüsch* (Hg./Übers.): Joachim Vadian: Über die Stadt St. Gallen. Vadians Schrift «Von anfang, gelegenheit, regiment und handlung der weyterkandten frommen statt zu Sant Gallen». Übersetzt in die Sprache der Gegenwart. St. Gallen (Ersparnisanstalt) 1996 (Bogendrucke aus dem Haus «Zur Grünen Thür», 6).

Ernst Gerhard *Rüsch* (Hg.): Johann Rütiner: Diarium 1529–1539. Textbände I 1–2, II 1–2 (Diarium I–II): Lateinischer Text und deutsche Übersetzung; Kommentarband: Einführung und Register. St. Gallen (Vadianische Sammlung, Kantonsbibliothek (Vadiana)) 1996.
Rütiner berichtet über das Alltagsleben in St. Gallen.

Heinz *Scheible*, und Walter Thüringer (Hg./Bearb.): Melanchthons Briefwechsel. Bd. 8: Regesten 8072–9301 (1557–1560). Stuttgart-Bad Cannstatt (Frommann-Holzboog) 1995.
Enthält sechs Briefe Melanchthons an Bullinger (Nrn. 8356, 8364, 8380, 8437, 8454, 8881) und vier von Bullinger an Melanchthon (8408, 8547, 8877, 8909), das Zeugnis für Heinrich Bullinger d. J. vom 1. Mai 1557 (8212), Briefe von Celio Secundo Curione (8325), Johannes Oporin (8381), Peter Martyr Vermigli (8401), Johannes Wolf (8418), Ambrosius Blarer (8506), Theodoricus Artopoeus aus Basel (9197) sowie an Sebastian Castellio in Basel (8414) und Jacobus Acontius in Zürich (8793); die an Simon Sulzer, Bullinger, Calvin und Melanchthon gerichtete Vorrede von John Bale zu seinen «Acta Romanorum Pontificum», Basel 1558 (8656).

Helga *Scheible*, siehe Richard Wetzel.

Christian *Simon*, siehe Dorothee Rippmann.

Katharina *Simon-Muscheid*, siehe Dorothee Rippmann.

Martin *Steinmann*: Frauenbriefe des 16. Jahrhunderts in der Basler Universitätsbibliothek. In: Wunder: Eine Stadt der Frauen. 1995, 223–234.
Mit Textwiedergaben und Faksimiles der Briefe von Barbara Petri 1503, Ursula Platter 1545, Anna Oswald 1552, Faustina Amerbach 1552, Angela Curione, Anna von Landenberg, Sabina von Kilch 1580.

Walter *Thüringer*, siehe Heinz Scheible.

Richard *Wetzel* (Bearb.): Melanchthons Briefwechsel. Band T1: Texte 1–254 (1514–1522). Stuttgart-Bad Cannstatt (Frommann-Holzboog) 1991.
Enthält auch einige Briefe von und an Ambrosius und Thomas Blarer, Johannes Oekolampad, Konrad Pellikan und Joachim Vadian (siehe den Absender-/Adressaten-Index).

Richard *Wetzel* und Helga Scheible (Bearb.): Melanchthons Briefwechsel. Band T2: Texte 255–520 (1523–1526). Stuttgart-Bad Cannstatt (Frommann-Holzboog) 1995.
Enthält auch einige Briefe von und an Thomas Blarer, Ludwig Carinus [Kiel], Simon Grynäus, Johannes Oekolampad und Konrad Pellikan (siehe den Absender-/Adressaten-Index).

Heide *Wunder*, siehe Hans-Rudolf Hagemann.

Darstellungen

Gregg Robert *Allison*: The Protestant Doctrine of the Perspicuity of Scripture. A Reformulation on the Basis of Biblical Teaching. Diss. phil. Trinity Evangelical Divinity School, Deerfield, Illinois, 1995. Ann Arbor, Mich. (UMI) 1995.
49–86: «The Perspicuity of Scripture according to Huldrych Zwingli.»

Urs *Amacher*: Zürcher Fischerei im Spätmittelalter. Realienkunde, Sozial- und Wirtschaftsgeschichte der Fischerei im Zürcher Gebiet. Zürich (Hans Rohr) 1996 (Mitteilungen der Antiquarischen Gesellschaft in Zürich, 63).
Reicht in die Reformationszeit hinein. Vgl. z. B. das Kap. «Fischerei und Reformation (127–129). Unter den zahlreichen Illustrationen auch Bilder aus der «Wickiana».

Marvin M. *Anderson*: Peter Martyr Vermigli. In: Hillerbrand: Oxf. Encycl. of the Ref. 4. 1996, 229–231.

Cornelis *Augustijn*: Erasmus, der Humanist als Theologe und Kirchenreformer. Leiden (Brill) 1996 (Studies in Medieval and Reformation Thought, 59).
197–241: «Erasmus, die Schweiz und die Glaubensspaltung.»

Michael B. *Aune*: To Move the Heart. Philip Melanchthon's Rhetorical View of Rite and its Implications for Contemporary Ritual Theory. San Francisco (Christian Universities Press) 1994.
Zu Zwingli vgl. Kap. 3., 47–61: «Ritual: Reformed Protestantism's Practice and Understanding.»

Irena *Backus*: Guillaume Postel, Théodore Bibliander et le «Protévangile de Jacques.» Introduction historique, édition et traduction française du Ms. Londres, British Library, Sloane 1411, 260r-267r. In: Apocrypha 6. 1995, 7–65.

Irena *Backus*: Bible. In: Hillerbrand: Oxf. Encycl. of the Ref. 1. 1996, 152–158.
154f: «The Strasbourg-Basel school of exegesis». 155: «The Zurich group.»

Irena *Backus*: The Chronology of John 5–7. Martin Bucer's Commentary (1528–36) and the Exegetical Tradition. In: Muller/Thompson: Biblical Interpretation. 1996, 141–155.
152f: «The Commentaries of Oecolampadius (1533) and Melanchthon (1546).»

Hans Ulrich *Bächtold*: History, Ideology and Propaganda in the Reformation. The Early Writing «Anklag und ernstliches ermanen Gottes» (1525) of Heinrich Bullinger. In: Protestant History and Identity in Sixteenth-Century Europe. Hg. v. Bruce Gordon. Bd. 1: The Medieval Inheritance. Aldershot (Scolar) 1996 (St Andrews Studies in Reformation History), 46–59.

Hans Ulrich *Bächtold*: Zwinglianer in Bayern. In: Kirchenbote für den Kanton Zürich. 1996/20, 5.

Hans *Baer*: Geschichte der Gemeinde Embrach. Bd. 1: Von den Anfängen bis zur Französischen Revolution. Embrach (Gemeinde) 1994.
68–82: «Am Vorabend der Reformation.» 82–89: «Die Reformationszeit.» 89–95: «Die Aufhebung des Chorherrenstifts.» 97–100: «Das Bild des Dorfs zur Zeit der Reformation.» 101–130: «Das Embracher Amt von 1524 bis 1646.» 101–112: «Die unmittelbaren Folgen der Reformation.»

Roland H. *Bainton*: Frauen der Reformation. Von Katharina von Bora bis Anna Zwingli. 2. Auflage. Gütersloh (Gütersloher Verlagshaus) 1996 (Gütersloher Taschenbücher, 1442).
Unveränderte Auflage der deutschen Erstausgabe 1995 (vgl. Zwa 23. 1996, 177).

J. Wayne *Baker*: Theodor Bibliander. In: Hillerbrand: Oxf. Encycl. of the Ref. 1. 1996, 171f.

J. Wayne *Baker*: Heinrich Bullinger. In: Hillerbrand: Oxf. Encycl. of the Ref. 1. 1996, 227–230.

J. Wayne *Baker*: Erastianism. In: Hillerbrand: Oxf. Encycl. of the Ref. 2. 1996, 59–61.
Zürich als Vorbild für die Kirche–Staat–Beziehung in der Lehre des Thomas Erastus.

J. Wayne *Baker*: Rudolf Gwalther (Walther, Walthard, Gualther). In: Hillerbrand: Oxf. Encycl. of the Ref. 2. 1996, 203.

J. Wayne *Baker*: Berchtold Haller. In: Hillerbrand: Oxf. Encycl. of the Ref. 2. 1996, 208f.

J. Wayne *Baker*: Leo Jud. In: Hillerbrand: Oxf. Encycl. of the Ref. 2. 1996, 356.

J. Wayne *Baker*: Peace of Kappel. In: Hillerbrand: Oxf. Encycl. of the Ref. 2. 1996, 372f.

J. Wayne *Baker*: Wolfgang Musculus. In: Hillerbrand: Oxf. Encycl. of the Ref. 3. 1996, 103f.

J. Wayne *Baker*: Joachim Vadian. In: Hillerbrand: Oxf. Encycl. of the Ref. 4. 1996, 211f.

J. Wayne *Baker*: Zurich Academy. In: Hillerbrand: Oxf. Encycl. of the Ref. 4. 1996, 316f.
Von Zwinglis «Prophezei» zu einer Akademie in Bullingers Zeit.

J. Wayne *Baker*: Zwinglianism. In: Hillerbrand: Oxf. Encycl. of the Ref. 4. 1996, 323–327.

Rose-Marguerite *Bäumler*: Ambrosius Blarer. In: SRV 128, Nr. 3 (Mai/Juni). 1994, 1–3.

Rose-Marguerite *Bäumler*: Wibrandis Rosenblatt. In: SRV 128, Nr. 6 (Nov./Dez.). 1994, 6f.

Rose-Marguerite *Bäumler*: Teufelsglaube der Reformatoren. In: SRV 130, Nr. 5 (Sept./Okt.). 1996, 4–6.
Behandelt Luther, Zwingli und Calvin.

Walter *Baumann*: Kartographie – Grundlage eines modernen Staates. In: Turicum, Febr./März 1996, 54–61.
54–56: «Jos Murers Stadtplan von 1576» [von Zürich].

Guy *Bedouelle*: I cattolici, la Riforma e il Papato in Svizzera nel XVI secolo. In: Citterio/Vaccaro: Storia religiosa. 1996, 145–163.

Jürgen *Beyer*: Conrad Lycosthenes. In: Enzyklopädie des Märchens. Handwörterbuch zur historischen und vergleichenden Erzählforschung. Bd. 8. Berlin, New York (Walter de Gruyter) 1996, Sp. 1323–1326.

Lyle D. *Bierma*: Remembering the Sabbath Day. Ursinus's Exposition of Exodus 20:8–11. In: Muller/Thompson: Biblical Interpretation. 1996, 272–291.
Behandelt die Einflüsse von Melanchthon, Calvin, Bullinger und Vermigli auf Ursinus.

Gerald J. *Biesecker-Mast*: Social Movement Rhetorics of the Radical Reformation. Diss. University of Pittsburgh. Ann Arbor, Mich. (UMI) 1995.
150–159: «The Peasants' War, the Zwinglian Reformation, and Early Anabaptist Activism.» 159–207: «Spiritual Brotherhood and Carnal Citizenship. Separation from the World as Social Antagonism in the Schleitheim Brotherly Union.»

Franz Xaver *Bischof*: Matthäus Schiner. In: Bautz: Kirchenlexikon 9. 1995, 213–215.

Reinhard *Bodenmann*: Cosa pensare dei cattolici? Ricerca sugli scritti del protestante Rudolf Wirth (1547–1626). In: Citterio/Vaccaro: Storia religiosa. 1996, 165–191.

Conradin *Bonorand*: Johannes Comander. In: SRV 127. Nr. 5 (Sept./Okt.). 1993, 4f.

Conradin *Bonorand*: Joachim Vadian, der St. Galler Reformator. In: SRV 128. Nr. 1 (Jan./Febr.). 1994, 3–5.

Thomas A. *Brady*: Protestant Politics. Jacob Sturm (1489–1553) and the German Reformation. Atlantic Highlands, NJ (Humanities Press International) 1995 (Studies in German Histories).
Vgl. den nachfolgenden Titel, «Zwischen Gott und Mammon ...», 1996.

Thomas A. *Brady*: Zwischen Gott und Mammon. Protestantische Politik und die deutsche Reformation. Aus dem Englischen von Matthias Vogel. Berlin (Siedler) 1996.
Gekürzte Fassung von «Protestant Politics...» 1995 (siehe vorangehenden Titel). Vgl. bes. die Kap. «Sphären der Politik: Territorialstaaten, Städte und die schweizerische Eidgenossenschaft» (34–37), «[Jakob Sturm] zwischen Luther und Zwingli» (113–119), «Straßburg wird schweizerisch» (128–133) usw. sowie das Reg.

G. W. *Bromiley*: Johann Heinrich Bullinger. In: Ferguson/Wright: New Dictionary of Theology. 1988, 114f.

G. W. *Bromiley*: Ulrich Zwingli. In: Ferguson/Wright: New Dictionary of Theology. 1988, 736–738.

Josef *Brülisauer*: Neue Beiträge zur Biographie Konrad Hofmanns. In: Zwa 23. 1996, 11–62.

Ulrich *Bubenheimer*: Andreas Bodenstein von Karlstadt. In: Hillerbrand: Oxf. Encycl. of the Ref. 1. 1996, 178–180.

Susanna *Burghartz*: Das starke Geschlecht und das schwache Fleisch. Erasmus und Zwingli zur Priesterehe. In: Erbe: Querdenken. 1996, 89–106.

Amy Nelson *Burnett*: Basel. In: Hillerbrand: Oxf. Encycl. of the Ref. 1. 1996, 125–127.

Bartlett R. *Butler*: Music. In: Hillerbrand: Oxf. Encycl. of the Ref. 3. 1996, 104–116.
105: «Huldrych Zwingli.» Vgl. auch 109–111: «Music in Worship.»

Euan *Cameron*: One Reformation or many? Protestant identities in the later Reformation in Germany. In: Grell/Scribner: Tolerance and intolerance. 1996, 108–127.
Viele Bezüge zu Zwingli; zwinglische und calvinistische Einflüsse in Deutschland.

Raffaello *Ceschi*: Magistrati riformati e sudditi cattolici. Il caso della Svizzera italiana. In: Bollettino della Società di Studi Valdesi 112, Nr. 177. 1995, 160–171.

Carl C. *Christensen*: Niklaus Manuel. In: Hillerbrand: Oxf. Encycl. of the Ref. 2. 1996, 505f.

Christine *Christ-von Wedel*: «Praecipua coniugii pars est animorum coniunctio.» Die Stellung der Frau nach der «Eheanweisung» des Erasmus von Rotterdam. In: Wunder: Eine Stadt der Frauen. 1995, 125–149.

Harry *Clark*: Johannes Oporinus. In: Hillerbrand: Oxf. Encycl. of the Ref. 3. 1996, 175.

Richard Glenn *Cole*: Christoph Froschauer. In: Hillerbrand: Oxf. Encycl. of the Ref. 2. 1996, 150.

Richard *Cross*: «Alloiosis» in the Christology of Zwingli. In: The Journal of Theological Studies 47. 1996/1, 105–122.

Sonja *Daeniker-Pfister*: Heinrich Bullinger. In: SRV 128. Nr. 2 (März/April) 1994, 8–10.

Rudolf *Dellsperger*, siehe Lukas Vischer.

Jürgen *Diestelmann*: Actio Sacramentalis. Die Verwaltung des Heiligen Abendmahles nach den Prinzipien Martin Luthers in der Zeit bis zur Konkordienformel. Groß Oesingen (H. Harms/Kirchliche Sammlung um Bibel und Bekenntnis in Braunschweig) 1996.
30–38: «Luthers Konsekrationsauffassung in den Auseinandersetzungen mit Zwingli und Schwenckfeld.» 39–99: «Simon Wolferinus und der ‹Zwinglianismus›.» 155–192: «Johann Hachenburg und die ‹neuen Zwinglianer›.»

Gerald *Dörner*: Kirche, Klerus und kirchliches Leben in Zürich von der Brunschen Revolution (1336) bis zur Reformation (1523). Würzburg (Königshausen & Neumann) 1996 (Studien zur Literatur- und Kulturgeschichte, 10).

Edward A. *Dowey*, Jr.: The Word of God as Scripture and Preaching. In: Later Calvinism. International Perspectives. Hg. v. W. Fred Graham. Kirksville, Mo. (Northeast Missouri State University) 1994 (Sixteenth Century Essays & Studies, 22), 5–18.
Die deutsche Fassung «Das Wort Gottes als Schrift und Predigt im Zweiten Helvetischen Bekenntnis» erschien in: Glauben und Bekennen: 400 Jahre Confessio Helvetica Posterior. Hg. v. Joachim Staedtke. Zürich (Zwingli Verlag) 1966.

Rosella R. *Duerksen*: Anabaptist Hymnody of the Sixteenth Century. A Study of its Marked Individuality Coupled with a Dependence upon Contemporary Secular and Sacred Musical Style and Form. Diss. Union Theological Seminary New York 1956.
2–6: «The Beginnings of Anabaptism in Switzerland.» 6f: «The Spread of Anabaptism.» 15–34: «The Hymnbook of the Swiss Brethren.»

Teófanes *Egido López*: Las Reformas protestantes. Madrid (Editorial Síntesis) 1992 (Historia Moderna, 2).
109–120: «La reforma agresiva de Zwinglio.»

Daniel J. *Elazar*: Covenant & Commonwealth. From Christian Separation through the Protestant Reformation. New Brunswick/London (Transaction Publ.) 1996 (The Covenant Tradition in Politics, 2).
92–94: «Coniuratio Helvetica.» 94–100: «The Covenantal Basis of Swiss Federalism.» 100–102: «What Made the Swiss Special.» Zu Zwingli und Bullinger vgl. insbes. 158–170: «Federal Theology and Politics in the Reformation.»

William R. *Estep*: The Anabaptist Story. An Introduction to Sixteenth-Century Anabaptism. 3., rev. u. erw. Aufl. Grand Rapids, Mich./Cambridge, U. K. (Eerdmans) 1996.
Behandelt eingehend das Schweizer Täufertum.

Josef *Estermann*: Weniger Sittenwächter als Staatsmann und Politiker. Ansprache zur Buchvernissage von Huldrych Zwingli Schriften. In: Kirchenbote für den Kanton Zürich. 1996/2, 6.

Craig S. *Farmer*: Wolfgang Musculus's Commentary on John. Tradition and Innovation in the Story of the Woman Taken in Adultery. In: Muller/Thompson: Biblical Interpretation. 1996, 216–240.

Olivier *Fatio*, siehe Lukas Vischer.

Lucia *Felici*: Tra riforma ed eresia. La giovanezza di Martin Borrhaus (1499–1528). Florenz (Leo S. Olschki) 1995 (Studi e testi per la storia religiosa del cinquecento, 6).
61–67: «Nel circolo di Conrad Grebel.» 135–148: «La reazione di Zwingli [auf: ‹De operibus Dei›].»

Claudia di *Filippo Bareggi*: San Carlo e la Riforma cattolica. In: Citterio/Vaccaro: Storia religiosa. 1996, 193–246.

Peter *Frei*: Conradus Clauserus Tigurinus (ca. 1515–1567). Pfarrer, Schulmann, Gelehrter. Zürich (Beer) [1996] (160. Neujahrsblatt der Gelehrten Gesellschaft in Zürich 1997).

Jakob *Frey*: Reformierte Spiritualität. Zum bleibenden Vermächtnis von Heinrich Bullinger. In: Merker: Zwischenhalt. 1994, 23–30.

Jerome *Friedman*: Sebastian Münster. In: Hillerbrand: Oxf. Encycl. of the Ref. 3. 1996, 98f.

Udo *Friedrich*: Naturgeschichte zwischen artes liberales und frühneuzeitlicher Wissenschaft. Conrad Gessners «Historia animalium» und ihre volkssprachliche Rezeption. Tübingen (Max Niemeyer) 1995 (Studien und Dokumente zur deutschen Literatur und Kultur im europäischen Kontext. Frühe Neuzeit, 21).

Abraham *Friesen*: Martin Borrhaus (Cellarius). In: Hillerbrand: Oxf. Encycl. of the Ref. 1. 1996, 202f.

Eric William *Frugé*: Anabaptism and the Reformation in France, 1534–1648. Diss. Southwestern Baptist Theological Seminary, Fort Worth (Texas) 1992. Ann Arbor, Mich. (UMI) [1992].
50–59: «Guillaume Farel and the Zürich Anabaptists.» 59–79: «The Neuchatel Anabaptists.»

Thomas *Fuchs*: Konfession und Gespräch. Typologie und Funktion der Religionsgespräche in der Reformationszeit. Köln (Böhlau) 1995 (Norm und Struktur, 4).
246–268: «Die sogenannte 1. Zürcher Disputation 1523.» 268–278: «Der Übergang zur Synode. Die 2. Zürcher Disputation 1523.» Behandelt ferner (305–319) unter «Das Religionsgespräch als Konzil einer Landschaft» den Disputationsversuch in Appenzell 1524 und das Gespräch in Ilanz 1526. 331–362: «Altgläubige Reaktion und Lernprozeß. Die Disputation zwischen Eck und Oekolampad in Baden 1526.»

Claire *Gantet*: La religion et ses mots. La Bible latine de Zurich (1543) entre la tradition et l'innovation. In: Zwa 23. 1996, 143–167.

Hans Jochen *Genthe*: Martin Luther. Sein Leben und Denken. Göttingen (Vandenhoeck & Ruprecht) 1996 (Bensheimer Hefte, 77).
231–246: «Streit mit Zwingli.»

Timothy *George*: Helvetic Confessions. In: Hillerbrand: Oxf. Encycl. of the Ref. 2. 1996, 219–222.

Timothy *George*: Schleitheim Articles. In: Hillerbrand: Oxf. Encycl. of the Ref. 4. 1996, 3–6.

Johannes *Gerber*: Giordano Bruno und Raphael Egli. Begegnungen im Zwielicht von Alchemie und Theologie. In: Sudhoffs Archiv 76. 1992, 133–163.

B. A. *Gerrish*: Eucharist. In: Hillerbrand: Oxf. Encycl. of the Ref. 2. 1996, 71–81.
Zwinglis Auffassung ist im Abschnitt «Commemoration and Spiritual Eating» (73–75) dargestellt, Calvins Stellung zwischen Zwingli und Luther und der Abschluß des «Consensus Tigurinus» mit Bullinger im Abschnitt «Participation in Christ's Life-Giving Flesh» (76–78).

Carlos *Gilly*: Die Zensur von Castellios Dialogi quatuor durch die Basler Theologen (1578). In: Erbe: Querdenken. 1996, 169–192.

Jean-François *Gilmont*: Books of Martyrs. In: Hillerbrand: Oxf. Encycl. of the Ref. 1. 1996, 195–200.
198: «Heinrich Pantaleon.»

Bruce *Gordon*: The Changing Face of Protestant History and Identity in the Sixteenth Century. In: Protestant History and Identity in Sixteenth-Century Europe. Hg. v. Bruce Gordon. Bd. 2: The Later Reformation. Aldershot (Scolar) 1996 (St. Andrews Studies in Reformation History), 1–22.
Zu Zwingli und Zwinglianismus vgl. bes. 17–20.

Bruce *Gordon*: Calvin and the Swiss Reformed Churches. In: Calvinism in Europe 1540–1620 Hg. v. Andrew Pettegree, Alastair Duke und Gillian Lewis. Cambridge (University Press) 1996, 64–81.

Bruce *Gordon*: Caspar Megander. In: Hillerbrand: Oxf. Encycl. of the Ref. 3. 1996, 41.

Bruce *Gordon*: Toleration in the early Swiss Reformation. The art and politics of Niklaus Manuel of Berne. In: Grell/Scribner: Tolerance and intolerance. 1996, 128–144.

Ole Peter *Grell*, A. I. C. Heron: Calvinism. In: Hillerbrand: Oxf. Encycl. of the Ref. 1. 1996, 240–247.
Berücksichtigt auch Zwinglis und Bullingers Einfluß auf das reformierte Kirchentum.

Kaspar von *Greyerz*: Leo Jud. In: LThK 5. 1996, 1022f.

Eric W. *Gritsch*: Hans Asper. In: Hillerbrand: Oxf. Encycl. of the Ref. 1. 1996, 84f.

Hans Rudolf *Guggisberg*: Grüße aus der Fremde. Drei Briefe der Dienstmagd Sara Castalio aus Duisburg an ihren Vormund, Basilius Amerbach, und an ihre Mutter in Basel, 1578–1590. In: Wunder: Eine Stadt der Frauen. 1995, 235–240.

Hans Rudolf *Guggisberg*: Toleration. In: Hillerbrand: Oxf. Encycl. of the Ref. 4. 1996, 160–163.
162f: «The Practice of Toleration» ist u. a. dargestellt an den Landfrieden von 1529 und 1531.

Hans Rudolf *Guggisberg*: Tolerance and intolerance in sixteenth-century Basle. In: Grell/Scribner: Tolerance and intolerance. 1996, 145–163.

Mary Jane *Haemig*: Bonifacius Amerbach. In: Hillerbrand: Oxf. Encycl. of the Ref. 1. 1996, 25.

Markus *Hämmerle*, siehe Anton Kottmann.

Hans-Rudolf *Hagemann* und Heide Wunder: Heiraten und Erben. Das Basler Ehegüterrecht und Ehegattenerbrecht. In: Wunder: Eine Stadt der Frauen. 1995, 150–166.

Barbara C. *Halporn*: Johann Amerbach's Collected Editions of St. Ambrose, St. Augustine, and St. Jerome. Diss. Indiana University 1988. Ann Arbor, Mich. (UMI) 1988.

Gottfried *Hammann*: Clarté et autorité de l'Écriture. Luther au débat avec Zwingli et Érasme. In: Etudes théologiques et religieuses 71. 1996/2, 175–206.

Hans-Peter *Hasse*: Ambrosius Blarer. In: Hillerbrand: Oxf. Encycl. of the Ref. 1. 1996, 174f.

Frank *Hatje*: Leben und Sterben im Zeitalter der Pest. Basel im 15. bis 17. Jahrhundert. Basel/Frankfurt am Main (Helbing & Lichtenhahn) 1992.

Randolph C. *Head*: Social Order, Politics and Political Language in the Rhaetian Freestate (Graubuenden), 1470–1620. Diss. phil. University of Virginia 1992. Ann Arbor, Mich. (UMI) 1992.

Randolph C. *Head*: Rhaetian Ministers, from Shepherds to Citizens. Calvinism and Democracy in the Republic of the Three Leagues 1550–1620. In: Later Calvinism. International Perspectives. Hg. v. W. Fred Graham. Kirksville, Mo. (Northeast Missouri State University) 1994 (Sixteenth Century Essays & Studies, 22), 55–69.

Rainer *Henrich*: Entscheidungsjahr 1536: Bekenntnisschrift und Bullingers Briefwechsel. In: NewsLetter. 2/96. Zürich (Theologische Fakultät der Universität Zürich) 1996, 6f.

A. I. C. *Heron*, siehe Ole Peter Grell.

Hans J. *Hillerbrand*: Camillo Renato (Paul Ricci, Lisia Phileno). In: Hillerbrand: Oxf. Encycl. of the Ref. 3. 1996, 421f.

Siegfried *Hoyer*: Heinricus Glareanus (Loris). In: Hillerbrand: Oxf. Encycl. of the Ref. 2. 1996, 177.

R. Po-chia *Hsia*: Jews. In: Hillerbrand: Oxf. Encycl. of the Ref. 2. 1996, 339–345.
343f: Zwingli-Zitate (in englischer Übersetzung) über die Wichtigkeit des Hebräisch-Studiums.

E. W. *Hunt*: The Life and Times of John Hooper (c. 1500–1555), Bishop of Gloucester. Lewiston, NY (Mellen) 1992.
Vgl. bes. die Kap.: «Passage to Eden c. 1544–1547» (33–46) und «Sojourn in Eden 1447–1549» (47–73) über die Ankunft und den Aufenthalt Hoopers in Zürich. Vgl. auch das Reg.

Denis R. *Janz*: Catechisms. In: Hillerbrand: Oxf. Encycl. of the Ref. 1. 1996, 275–280.
278f: «Reformed Catechisms» (Zwingli, Leo Jud usw.).

Frank *Jehle*: Huldrych Zwingli – für eine grössere menschliche Gerechtigkeit. In: Frank Jehle: «Du darfst kein riesiges Maul sein, das alles gierig in sich hineinfrisst und verschlingt» (Johannes Calvin). Freiburger Vorlesungen über die Wirtschaftsethik der Reformatoren Luther, Zwingli und Calvin. Basel (Gotthelf Verlag) 1996, 47–64.

Beat Rudolf *Jenny*, siehe Samuel Schüpbach-Guggenbühl.

Marco *Jorio*: Oskar Vasella (1904–1966) – ein bedeutender Reformationshistoriker. In: ZSKG 90, 1996, 83–99.

Jürgen *Kaiser*: Ruhe der Seele und Siegel der Hoffnung. Die Deutungen des Sabbats in der Reformation. Göttingen (Vandenhoeck & Ruprecht) 1996 (Forschungen zur Kirchen- und Dogmengeschichte, 65).
107f: «Bucer und Zwingli.» Vgl. auch das Reg.

Ernst von *Känel*: Peter Kunz, Reformator des Simmentals und Architekt der bernischen Staatskirche. In: SRV 128, Nr. 5 (Sept./Okt.). 1994, 2–4.

Walter *Klaassen*: Conrad Grebel. In: Hillerbrand: Oxf. Encycl. of the Ref. 2. 1996, 191–193.

Walter *Klaassen*: Ludwig Hätzer. In: Hillerbrand: Oxf. Encycl. of the Ref. 2. 1996, 213f.

Joel E. *Kok*: Heinrich Bullinger's Exegetical Method: The Model for Calvin? In: Muller/Thompson: Biblical Interpretation. 1996, 241–254.

Anton *Kottmann*, Markus Hämmerle: Die Zisterzienserabtei Wettingen. Geschichte des Klosters Wettingen und der Abtei Wettingen-Mehrerau. Wettingen/Baden (Verein «Freunde des Klosters Wettingen»/Baden-Verlag) 1996.
101–119: «Die Reformationszeit im Kloster.» 119–143: «Die katholische Reform im Kloster.»

Hans *Küng*: Das Christentum. Wesen und Geschichte. 2. Auflage. München/Zürich (Piper) 1994.
643–647: «Die ‹linke› Reformation: radikale Nonkonformisten.» 649–673: «Der konsequent reformatorische, ‹reformierte› Protestantismus»; darin bes.: 650–652: «Reformation in der Schweiz: Huldrych Zwingli.» Vgl. auch das Reg.

Jane Holly *Latham*: In Search of the true Church. An Examination of the Significance of Small Groups within Early Anabaptism and Pietism. Magisterarbeit, Acadia University 1993. Ann Arbor, Mich. (UMI) [1993].
Vergleicht in Kap. 3 (95–108) die in Kap. 1 (8–56) behandelten schweizerischen Täufergruppen mit den in Kap. 2 (57–94) behandelten frühen Pietisten.

Adolf *Laube*: Christoph Schappeler. In: Hillerbrand: Oxf. Encycl. of the Ref. 4. 1996, 1.

Adolf *Laube*: Jakob Strauß. In: Hillerbrand: Oxf. Encycl. of the Ref. 4. 1996, 118f.

Robin A. *Leaver*: Hymnals. In: Hillerbrand: Oxf. Encycl. of the Ref. 2. 1996, 286–289.
287f: «Alsace and Switzerland.»

Paul Douglas *Leslie*: Thomas Blarer. In: Hillerbrand: Oxf. Encycl. of the Ref. 1. 1996, 175f.

Frank *Lestringant*: Felix Platter et les martyrs huguenots: du témoignage au symbole. In: Erbe: Querdenken. 1996, 241–252.

Carl M. *Leth*: Balthasar Hubmaier's «Catholic» Exegesis. Matthew 16:18–19 and the Power of the Keys. In: Muller/Thompson: Biblical Interpretation. 1996, 103–117.
Behandelt den Gegensatz von Hubmaier und Zwingli in bezug auf die Schlüsselgewalt.

Urs B. *Leu*: Die Privatbibliothek Rudolph Gwalthers. Mit 11 schwarzweißen und 2 farbigen Illustrationen. In: Librarium 39, 1996, 96–108.

Urs B. *Leu*: Conrad Gessner. In: Hillerbrand: Oxf. Encycl. of the Ref. 2. 1996, 170f.

Immanuel *Leuschner*: Auf Christus allein sollt ihr hören. Briefpartner des jungen Heinrich Bullinger im Aargau. In: Merker: Zwischenhalt. 1994, 47–56.

Immanuel *Leuschner*: Von der Reformation zur oekumenischen Zusammenarbeit im Kelleramt. Zur Einweihung der Pfarrschüür Oberlunkhofen. Oberlunkhofen ([Wolfgang Tross]) 1996.

Marc *Lienhard*: Huldrych Zwingli: seine Lehre und sein Wirken. In: Venard/Smolinsky: Von der Reform. 1995, 774–790.

Marc *Lienhard*: Die städtische Reformation: Straßburg, Basel, Bern. In: Venard/Smolinsky: Von der Reform. 1995, 790–808.

Marc *Lienhard*: Die radikalisierte Reformation. In: Venard/Smolinsky: Von der Reform. 1995, 809–831.
819–824: «Das Täufertum in der Region Zürich und in der Schweiz.»

Carter *Lindberg*: The European Reformations. Oxford/Cambridge, Mass. (Blackwell Publishers) 1996.
169–198: «The Swiss Connection: Zwingli and the Reformation in Zurich.» 199–228: «The Sheep against the Shepherds. The Radical Reformations.» (bes. 201–204: «The Anabaptists» und 210–217: «Zurich Beginnings.») Vgl. das Reg.

Carter *Lindberg*: Sacraments. In: Hillerbrand: Oxf. Encycl. of the Ref. 3. 1996, 463–467.
Behandelt (464–466) auch Zwingli, dessen Übereinstimmung mit Ratramnus in der Abendmahlslehre sowie die Auseinandersetzungen mit den Täufern.

David *Loades*: Revolution in Religion. The English Reformation, 1530–1570. Cardiff (University of Wales Press) 1992 (The Past in Perspective).
63–65: «Switzerland.»

Hartmut *Lohmann*: Wolfgang Musculus. In: Bautz: Kirchenlexikon 6. 1993, 381–383.

Hartmut *Lohmann*: Oswald Myconius. In: Bautz: Kirchenlexikon 6. 1993, 412–414.

Sigrid *Looß*: Johann Froben. In: Hillerbrand: Oxf. Encycl. of the Ref. 2. 1996, 148f.

Sigrid *Looß*: Thomas Lüber (Erastus). In: Hillerbrand: Oxf. Encycl. of the Ref. 2. 1996, 456f.

Sabine *Lorenz*: «Es ist ein Ewiges in jedem Gesicht.» Ehepaarporträts des 16. Jahrhunderts als historische Quelle. In: Wunder: Eine Stadt der Frauen. 1995, 188–214.

Karin *Maag*: Financing education. The Zurich approach, 1550–1620. In: Reformations Old and New. Essays on the Socio-Economic Impact of Religious Change, c. 1470–1630. Hg. v. Beat A. Kümin. Aldershot (Scolar Press) 1996 (St. Andrews Studies in Reformation History), 203–216.

Markus *Mattmüller*: Nachdenken auf dem Schlachtfeld von Kappel. Die Reformation als Zentrum der Schweizergeschichte bei Leonhard Ragaz. In: Erbe: Querdenken. 1996, 567–575.

Gerhard *May*: Marburg Confession. In: Hillerbrand: Oxf. Encycl. of the Ref. 3. 1996, 4f.

Alister E. *McGrath*: Reformation Thought. An Introduction. 2. Aufl. Grand Rapids (Baker) 1995.
Zur ersten englischen Ausgabe von 1988 vgl. Zwa 18. 1989, 184; zu den beiden italienischen von 1991 und 1995 vgl. Zwa 20. 1993, 150 bzw. 23. 1996, 187.

Alister E. *McGrath*: Justification. In: Hillerbrand: Oxf. Encycl. of the Ref. 2. 1996, 360–368.
364–366: «The Reformed Doctrine of Justification» (u. a. Zwingli, Bullinger).

Alister E. *McGrath*: Sanctification. In: Hillerbrand: Oxf. Encycl. of the Ref. 3. 1996, 480–482.
481: «Reformed Theology.» 481f: «The Radical Reformation.»

Elsie Anne *McKee*: Church Offices: Calvinist Offices. In: Hillerbrand: Oxf. Encycl. of the Ref. 1. 1996, 335–339.
Behandelt auch Zwingli und Ökolampad.

R. Emmet *McLaughlin*: The Freedom of Spirit, Social Privilege, and Religious Dissent. Baden-Baden & Bouxwiller (Valentin Koerner) 1996 (Bibliotheca Dissidentium. Scripta et Studia, 6).
Zum zwinglischen Bezug u. a. 125–152: «Schwenckfeld and the South German Eucharistic Controversy» und 153–173: «The Schwenckfeld-Vadian Debate.»

P. M. J. *McNair*: Peter Martyr Vermigli (Pietro Martire). In: Ferguson/Wright: New Dictionary of Theology. 1988, 706f.

Bernd *Moeller*: Disputations. In: Hillerbrand: Oxf. Encycl. of the Ref. 1. 1996, 487–490.
488: «Zurich, 1523.» 488f: «Significance of the Zurich disputations.»

Bernd *Moeller*: Niklaus Manuel Deutsch – ein Maler als Bilderstürmer. In: Zwa 23. 1996, 83–104.

Christina *Müller*: «Domit sy nit, also on ein mann, ergernis iren nesten geb oder inn sunnd fiele.» Handlungsräume und Lebensformen von Frauen in Basel nach Durchbruch der Reformation. Eine Untersuchung anhand der Protokolle des Basler Ehegerichts (1529–1544). Basel (unpubl. Lizentiatsarbeit) 1990.

Gabriel *Mützenberg*: Ils ont aussi réformé la famille. Lausanne (Ligue pour la Lecture de la Bible) 1992.
Behandelt im 2. Kapitel «Un amour fort comme la mort» (35–53) Anna Reinhart und deren Ehe mit Zwingli.

Ulrich *Nembach*: Preaching and Sermons: Germany. In: Hillerbrand: Oxf. Encycl. of the Ref. 3. 1996, 323–326.
324: «Zwingli as Preacher.» Im Abschnitt «Other Protestant Preachers» wird u. a. auf Johannes Ökolampad, Ambrosius Blarer und bes. auf Heinrich Bullingers «Hausbuch» hingewiesen.

Paul L. *Nyhus*: In Praise of Tumult. In: Erbe: Querdenken. 1996, 57–74.
Behandelt eine wichtige Tendenz in der Chronik des [Fridolin] Ryff über die Reformation in Basel.

Paul L. *Nyhus*: Simon Grynaeus. In: Hillerbrand: Oxf. Encycl. of the Ref. 2. 1996, 200f.

Paul L. *Nyhus* : Johann Kessler. In: Hillerbrand: Oxf. Encycl. of the Ref. 2. 1996, 375f.

Heiko A. *Oberman*: The travail of tolerance: containing chaos in early modern Europe. In: Grell/Scribner: Tolerance and intolerance. 1996, 13–31.
Behandelt im Abschnitt «The test case of religious dissent» (27f) den Kappeler Landfrieden 1531 und Berns Politik in der Waadt 1536.

John B. *Payne*: Erasmus's Influence on Zwingli and Bullinger in the Exegesis of Matthew 11: 28–30. In: Muller/Thompson: Biblical Interpretation. 1996, 61–81.

Karl *Pestalozzi*: «Die götlich müly.» In: Librarium 39. 1996, 91–95.

Andrew *Pettegree*: Marian Protestantism. Six Studies. Aldershot (Scolar) 1996 (St. Andrews Studies in Reformation History).
Die Beziehungen zur Schweiz kommen bes. im Zusammenhang mit den Aktivitäten der Flüchtlinge und Exilgemeinden immer wieder gewichtig zur Darstellung (siehe das Reg.).

Ulrich *Pfister*: Reformierte Sittenzucht zwischen kommunaler und territorialer Organisation: Graubünden, 16.–18. Jahrhundert. In: ARG 87. 1996, 287–333.

H. Wayne *Pipkin*: Georg Blaurock (Jörg Cajacob). In: Hillerbrand: Oxf. Encycl. of the Ref. 1. 1996, 177.

H. Wayne *Pipkin*: Sebastian Hofmeister. In: Hillerbrand: Oxf. Encycl. of the Ref. 2. 1996, 243.

Jan *Pirożyński*: Z dziejów obiegu informacji w Europie XVI wieku. Nowiny z Polski w kolekcji Jana Jakuba Wicka w Zurychu z lat 1560–1587 – Studia ad nuntiorum litterarumque circuitum in Europa saeculi XVI pertinentia. De rebus novis e Polonia ab Ioanne Iacobo Wickio Turici annis 1560–1587 collectis. [Aus der Geschichte des Nachrichtenverkehrs in Europa im 16. Jahrhundert. Neuigkeiten aus Polen in der Sammlung Johann Jakob Wicks in Zürich aus den Jahren 1560–1587]. Krakau (Uniwersytet Jagielloński) 1995 (Zeszyty naukowe Uniwersytetu Jagiellońskiego, 1154/115).

Nikolai *Popov*: Stätten der Reformation von Eisleben bis Trient, mit einem Vorwort von Jens Reich. Oschersleben (Ziethen) 1996.
170–176: «Basel», 177–184: «Zürich».

Albert *Portmann-Tinguely*: Berchtold Haller. In: LThK 4. 1995, 1161.

Volker *Pribnow*: Die Rechtfertigung obrigkeitlicher Steuer- und kirchlicher Zehnterhebung bei Huldrich Zwingli. Diss., Universität Zürich, 1996. Zürich (Schulthess) 1996 (Zürcher Studien zur Rechtsgeschichte, 34).

Konrad von *Rabenau*: Zwei Bücher des Brettener Melanchthonhauses als Lebenszeugnisse. In: Bibliothek und Wissenschaft 26. 1993, 8–23.
Handelt (14–23) u. a. über ein Exemplar von Bullingers «Apologetica expositio...», Zürich 1556, aus dem Besitz von Philipp Melanchthon d. J. in Torgau.

Leonhard *Ragaz*: Eingriffe ins Zeitgeschehen. Reich Gottes und Politik. Texte von 1900–1945. Hg. v. Ruedi Brassel und Willy Spieler. Luzern (Edition Exodus) 1995.
203–210: «Zwinglis Tod – Rede auf dem Schlachtfeld zu Kappel am Todestag Zwinglis.»

Jill *Raitt*: Jean-François Salvard. In: Hillerbrand: Oxf. Encycl. of the Ref. 3. 1996, 477f.
Rudolf Gwalther war an Salvards «Harmonia Confessionum» 1581 beteiligt.

Rudolf J. *Ramseyer*: Berner Personennamen aus dem 16. Jahrhundert. Eine aus Urbaren gewonnene Sammlung im Staatsarchiv Bern. In: Berner Zeitschrift für Geschichte und Heimatkunde 57/3, 1995, 103–187.

Tarald *Rasmussen*: Tradition. In: Hillerbrand: Oxf. Encycl. of the Ref. 4. 1996, 166–168.
167: «Zwingli and Calvin.»

Jeannette *Rauschert*: Büchsenschützen im Zürcher Stadtleben des 15. und 16. Jahrhunderts. In: ZTB 1997. NF 117. 1996, 51–72.

Elke *Reese*: Margaretha Blarer, Blaustrumpf. Eine Intellektuelle der Reformationszeit. In: Lutherische Monatshefte 35/3. 1996, 20–22.

John D. *Rempel*: The Lord's Supper in Anabaptism. A Study in the Christology of Balthasar Hubmaier, Pilgram Marpeck, and Dirk Philips. Foreword by Hans-Jürgen Goertz. Waterloo, Ont./Scottdale, Pa. (Herald) 1993 (Studies in Anabaptist and Mennonite History, 33).
50–52: «The Zwinglian Influence» [auf Hubmaier]. Viele Bezüge zu Zwingli, Konrad Grebel und den «Swiss Brethren» (vgl. das Reg.).

[Thomas *Ribi*]: Kunsthaus: Werke Hans Aspers und Samuel Hofmanns neu zugeschrieben. In: NZZ, 3. April 1996, 54.

Hermann *Romer*: Reisläufer vor Gericht: Soziale und wirtschaftliche Hintergründe der zürcherischen Solddienstbekämpfung im 16. Jahrhundert. In: ZTB 1997. NF 117. 1996, 23–50.

Robert *Rosin*: Johann Jacob Grynaeus. In: Hillerbrand: Oxf. Encycl. of the Ref. 2. 1996, 199f.

Robert *Rosin*: Oswald Myconius. In: Hillerbrand: Oxf. Encycl. of the Ref. 3. 1996, 118.

Robert *Roth*: Theodor Bibliander. In: LThK 2. 1994, 414f.

John D. *Roth*: Hans Hottinger. In: Hillerbrand: Oxf. Encycl. of the Ref. 2. 1996, 258.

Abraham *Ruchat*: Histoire de la Réformation de la Suisse, où l'on voit tout ce qui s'est passé de plus remarquable depuis l'an 1516 jusqu'en l'an 1556, dans les Eglises des XIII cantons, et des états confédérez qui composent avec eux le L. corps helvétique, 1516–1527. Réédition de l'édition de 1727. Paris (Barré & Dayez) 1996.

Hansueli *Rüegger*: Übersetzen – wortgetreu oder sinngemäß? Einsichten von Hieronymus, Luther und Zwingli. In: NZZ, 9./10. März 1996, 69f.

Paul Robert *Sanders*: Consensus Tigurinus. In: Hillerbrand: Oxf. Encycl. of the Ref. 1. 1996, 414f.

Franz-Dieter *Sauerborn*: Michael Rubellus von Rottweil als Lehrer von Glarean und andern Humanisten. Zur Entstehungsgeschichte von Glareans Dodekachordon. In: ZWLG 54. 1995, 61–75.
Handelt auch über Oswald Myconius (66f), Berchtold Haller (67) und Melchior Rot, gen. Volmer, den Neffen von Rubellus (67).

Lukas *Schenker*, siehe Lukas Vischer.

Alfred *Schindler*: Huldrych Zwingli e Giovanni Pico della Mirandola. In: Dall'Accademia Neoplatonica Fiorentina alla Riforma. Celebrazioni del V centenario della morte di Lorenzo il Magnifico. Convegno di studio, Firenze, Palazzo Strozzi, 30 ottobre 1992. Florenz (Leo S. Olschki) 1996 (Accademia Toscana di Scienze e Lettere «La Colombaria». Studi, 150), 51–65.

Alfred *Schindler*: Die Anliegen des Chorherrn Hofmann. In: Zwa 23. 1996, 63–82.

Alois *Schmid*: Colloquy of Marburg. In: Hillerbrand: Oxf. Encycl. of the Ref. 3. 1996, 2–4.

Heinrich Richard *Schmidt*: Bern. In: Hillerbrand: Oxf. Encycl. of the Ref. 1. 1996, 143–145.

Hans *Schneider*: Zwinglis Marienpredigt und Luthers Magnifikat-Auslegung. Ein Beitrag zum Verhältnis Zwinglis zu Luther. Bernd Moeller zum 65. Geburtstag. In: Zwa 23. 1996, 105–141.

Norbert *Schnitzler*: Ikonoklasmus – Bildersturm. Theologischer Bilderstreit und ikonoklastisches Handeln während des 15. und 16. Jahrhunderts. München (Fink) 1996.
Diskutiert (313–317) die von Carlos Eire aufgrund schweizerischer Vorgänge gewonnenen Erkenntnisse.

Max *Schoch*: Zwingli lesen. Schriften des Reformators in neuer Edition. In: NZZ, 16. November 1996, 70.

Luise *Schorn-Schütte*: Die Reformation. Vorgeschichte – Verlauf – Wirkung. München (C. H. Beck) 1996.
43–53: «Der ‹Zürcher Weg›. Der radikale Flügel der Reformation.»

Susan E. *Schreiner*: «The Spiritual Man Judges All Things»: Calvin and the Exegetical Debates about Certainty in the Reformation. In: Muller/Thompson: Biblical Interpretation. 1996, 189–215.
193–207: «Luther and Zwingli on the Search for Certitude.»

Samuel *Schüpbach-Guggenbühl*: Der Rektor bittet zu Tisch. Universität und Burgerschaft an den Rektoratsessen der Amerbach (1540–1566). [Mit einem Exkurs von] Beat Rudolf Jenny: Jacobus Concenatius, der Herausgeber des Basler Bartolus von 1562. Ein historischer Steckbrief. In: BZGA 96. 1996, 57–91 und 91–93.

Anne Jacobson *Schutte*: Pier Paolo Vergerio. In: Hillerbrand: Oxf. Encycl. of the Ref. 4. 1996, 228f.

Brigitte *Schwarz*: Ferdinand Meyer e la Riforma a Locarno. In: Bollettino della Società di Studi Valdesi 112, Nr. 177. 1995, 72–181.

Earl Ray *Sears*: A Study of the Influence of Anabaptist Styles of Leadership on the Styles of Leadership in the Mennonite Church Today. Diss. School of Theology at Claremont 1989. Ann Arbor, Mich. (UMI) [1989].
Geht aus von u. a. Schleitheimer Artikeln, Grebel-Schriften usw.

Frank C. *Senn*: Liturgy: Protestant Liturgy. In: Hillerbrand: Oxf. Encycl. of the Ref. 2. 1996, 439–445.
442f: «Reformed Liturgy» (u. a. Zwingli).

Paolo *Simoncelli*: Celio Secondo Curione. In: Hillerbrand: Oxf. Encycl. of the Ref. 1. 1996, 460f.

Paolo *Simoncelli*: Bernardino Ochino. In: Hillerbrand: Oxf. Encycl. of the Ref. 3. 1996, 166f.

C. Arnold *Snyder*: Michael Sattler. In: Hillerbrand: Oxf. Encycl. of the Ref. 3. 1996, 485f.

Herman Anthonie *Speelman*: Calvijn en de zelfstandigheid van de kerk. Academisch proefschrift, Vrije Universiteit Amsterdam. Kampen (Kok) 1994.
5–40: «De kerk in Bern vanaf 1528.» Vgl. auch das Reg.

Ingrid *Spitzbart*: Der Bildhauer Heinrich Natter (1844–1892). Leben – Werk – Freundeskreis in München – Wien – Gmunden. Gedenkschrift zum 100. Todestag des Bildhauers. Gmunden (Kammerhofmuseum) 1991 (Katalog zur Ausstellung 25. April bis 26. Oktober 1992).
Über das Zwingli-Denkmal – eines der vier großen Denkmäler Natters – vgl. 39–44.

Klaus-Bernward *Springer*: Wendelin Oswald. In: Bautz: Kirchenlexikon 6. 1993, 1330f.

Kurt *Stadtwald*: Roman Popes and German Patriots. Antipapalism in the Politics of the German Humanist Movement from Gregor Heimburg to Martin Luther. Genf (Droz) 1996 (THR, 299).
153–178: «Joachim Vadian.»

James M. *Stayer*: Anabaptists. In: Hillerbrand: Oxf. Encycl. of the Ref. 1. 1996, 31–35.
Behandelt auch die Zürcher/Schweizer Täufer und Zwinglis Auseinandersetzungen mit ihnen.

James M. *Stayer*: Balthasar Hubmaier. In: Hillerbrand: Oxf. Encycl. of the Ref. 2. 1996, 260–263.

James M. *Stayer*: Felix Mantz. In: Hillerbrand: Oxf. Encycl. of the Ref. 2. 1996, 504f.

Martin *Steinmann*: Frauenbriefe des 16. Jahrhunderts in der Basler Universitätsbibliothek. In: Wunder: Eine Stadt der Frauen. 1995, 223–234.

W. P[eter] *Stephens*: Zwingli on John 6:63. «Spiritus est qui vivificat, caro nihil prodest». In: Muller/Thompson: Biblical Interpretation. 1996, 156–185.

Gerd *Stricker*: Vom Großfürstentum zum Kleinstaat. Der lange Weg des litauischen Volkes zu eigener Kirche und Staatlichkeit. In: G2W 24, Nr. 6. Zollikon/Zürich 1996, 12–18.
Behandelt (14–16) auch die Hinwendung litauischer Adliger zur Schweizer Reformation und deren Briefwechsel mit Bullinger.

Heinzpeter *Stucki*: Das 16. Jahrhundert. In: Geschichte des Kantons Zürich. Bd. 2: Frühe Neuzeit – 16. bis 18. Jahrhundert. Hg. v. Niklaus Flüeler und Marianne Flüeler-Grauwiler. Zürich (Werd) 1996, 172–281.

Lech *Szczucki*: Antitrinitarism. In: Hillerbrand: Oxf. Encycl. of the Ref. 1. 1996, 55–61.
56f: «Italy and Switzerland.»

Christiane *Theiselmann*: Das Wormser Lutherdenkmal Ernst Rietschels (1856–1868) im Rahmen der Lutherrezeption des 19. Jahrhunderts. Diss. Münster 1991. Frankfurt am Main (Lang) 1992 (Europäische Hochschulschriften, 28/135).
163–166: «Johann Calvin und Ulrich Zwingli.»

John L. *Thompson*: The Survival of Allegorical Argumentation in Peter Martyr Vermigli's Old Testament Exegesis. In: Muller/Thompson: Biblical Interpretation. 1996, 255–271.
Vergleicht u. a. Vermiglis mit Zwinglis Auslegungsmethode.

James D. *Tracy*: Magistracy: Germany and the Low Countries. In: Hillerbrand: Oxf. Encycl. of the Ref. 2. 1996, 487–493.
Zu Zwingli und Bullinger bes. 488.

Walter *Troxler*: Johannes Oekolampad. In: Bautz: Kirchenlexikon 6. 1993, 1133–1150.

Anna Katharina *Ulrich*: «Mit Gott unterwegs» – Die Zürcher Bibel für Kinder. In: NZZ, 8. Februar 1996, 48.

Oskar *Vasella*: Neues zur Biographie des Schulmeisters Jakob Salzmann in Chur, nebst 6 Briefen an Bruno und Bonifaz Amerbach (1511–19). In: Vasella: Geistliche und Bauern. 1996, 1–23.
Berücksichtigt auch die Beziehungen von Jakob Salzmann (Salandronius) zu Zwingli und Vadian. Erstdruck: ZSG 1. 1930, 479–501.

Oskar *Vasella*: Der bündnerische Reformator Johannes Comander. Seine Herkunft und Berufung als Pfarrvikar nach Chur. In: Vasella: Geistliche und Bauern. 1996, 31–54.
Erstdruck: ZSKG 26. 1932, 109–132.

Oskar *Vasella*: Von den Anfängen der bündnerischen Täuferbewegung. In: Vasella: Geistliche und Bauern. 1996, 102–121.
Erstdruck: ZSG 19. 1939, 165–184.

Oskar *Vasella*: Zur Entstehungsgeschichte des 1. Ilanzer Artikelbriefs vom 4. April 1524 und des Eidgenössischen Glaubenskonkordates von 1525. In: Vasella: Geistliche und Bauern. 1996, 122–132.
Erstdruck: ZSKG 34. 1940, 182–192.

Oskar *Vasella*: Bauernkrieg und Reformation in Graubünden 1525–1526. In: Vasella: Geistliche und Bauern. 1996, 133–197.
Erstdruck: ZSG 20. 1940, 1–65.

Oskar *Vasella*: Urkunden und Akten zur Reformationsgeschichte des Bistums Chur. In: Vasella: Geistliche und Bauern. 1996, 198–262.
Erstdruck: ZSKG. 34, 1940, 81–98, 258–278; 35. 1941, 62–75, 140–151.

Oskar *Vasella*: Die Entstehung der bündnerischen Bauernartikel vom 25. Juni 1526. In: Vasella: Geistliche und Bauern. 1996, 263–283.
Erstdruck: ZSG 21. 1941, 58–78.

Oskar *Vasella*: Die bischöfliche Herrschaft in Graubünden und die Bauernartikel von 1526. In: Vasella: Geistliche und Bauern. 1996, 284–369.
Erstdruck: ZSG 22. 1942, 1–86.

Oskar *Vasella* : Der Bruch Bischof Paul Zieglers von Chur mit den Drei Bünden im Jahre 1524. In: Vasella: Geistliche und Bauern. 1996, 372–379.
Erstdruck: ZSG 23. 1943, 271–78.

Oskar *Vasella*: Der bäuerliche Wirtschaftskampf und die Reformation in Graubünden (1526 bis etwa 1540). In: Vasella: Geistliche und Bauern. 1996, 380–561.
Erstdruck: Jahresbericht der Historisch-Antiquarischen Gesellschaft von Graubünden 73. 1943, 1–183.

Oskar *Vasella*: Die ersten Priesterehen seit der Reformation. In: Vasella: Geistliche und Bauern. 1996, 608–610.
Erstdruck: NZZ, 4. Dez. 1945.

Oskar *Vasella*: Über das Problem der Klerusbildung im 16. Jahrhundert. Nebst Protokollen von Weiheprüfungen des Bistums Chur (1567–1572). In: Vasella: Geistliche und Bauern. 1996, 611–626.
Erstdruck: MIÖG 58 (FS Leo Santifaller). 1950, 441–456.

Oskar *Vasella*: Reform und Reformation in der Schweiz. Zur Würdigung der Anfänge der Glaubenskrise. In: Vasella: Geistliche und Bauern. 1996, 627–693.
Erstdruck: KLK 16. 1958.

Katya *Vehlow*: The Swiss Reformers Zwingli, Bullinger and Bibliander and their Attitude to Islam (1520–1560). In: Islam and Christian-Muslim Relations 6. 1995, 229–254.

Lukas *Vischer*, Lukas Schenker, Rudolf Dellsperger und Olivier Fatio (Hg.): Histoire du christianisme en Suisse. Une perspective oecuménique. Genf/Freiburg-Schweiz (Labor et Fides/Edition Saint-Paul) 1995.
Zur deutschen Ausgabe, 1994, vgl. Zwa 22. 1995, 124.

Richard Ernest *Walker*: Pamphilius Gengenbach. In: Hillerbrand: Oxf. Encycl. of the Ref. 2. 1996, 164f.

Peter G. *Wallace*: Cities. In: Hillerbrand: Oxf. Encycl. of the Ref. 1. 1996, 354–360.
359: «The Urban Reformation and the Swiss Cities.»

Marianne *Wallach-Faller*: Die Zwingli-Konkordanz in statu nascendi. In: NewsLetter 2/96. Zürich (Theologische Fakultät der Universität Zürich) 1996, 4f.

Robert C. *Walton*: Johannes Oecolampadius. In: Hillerbrand: Oxf. Encycl. of the Ref. 3, 1996, 169–171.

Robert C. *Walton*: Switzerland. In: Hillerbrand: Oxf. Encycl. of the Ref. 4, 1996, 128–131.

Robert C. *Walton*: Zurich. In: Hillerbrand: Oxf. Encycl. of the Ref. 4, 1996, 311–316.
313: «Zwingli's Urban Reformation.» 313f: «The Application of Zwingli's Methods.» 314–316: «Zurich under Bishop Heinrich Bullinger.»

Lee Palmer *Wandel*: Huldrych Zwingli. In: Hillerbrand: Oxf. Encycl. of the Ref. 4, 1996, 320–323.

Rudolf *Weber*: «... aus dem Wort Gottes geboren.» Beiträge zur Geschichte der Reformierten Kirchgemeinde Zofingen. Zofingen (Reformierte Kirchgemeinde) 1993.

Ulman *Weiß*: Johannes Zwick. In: Hillerbrand: Oxf. Encycl. of the Ref. 4. 1996, 317f.

Erich *Wenneker*: Bernardino Ochino. In: Bautz: Kirchenlexikon 6, 1993. 1085–1089.

Erich *Wenneker*: Konrad Pellikan. In: Bautz: Kirchenlexikon 7, 1994. 180–183.

Erich *Wenneker*: Thomas Platter. In: Bautz: Kirchenlexikon 7, 1994. 730–732.

Erich *Wenneker*: Johannes Stumpf. In: Bautz: Kirchenlexikon 11. 1996, 133–136.

Geoffrey *Wigoder*: They Made History. A Biographical Dictionary. New York (Simon & Schuster) 1993.
711: «Ulrich Zwingli.»

R. Paul *Wilson*: John Hooper and the English Reform under Edward VI, 1547–1553. Diss. Queen's University Kingston, Ont. 1994. Ann Arbor, Mich. (UMI) [1994].
Bezüge (passim) zu Zürich, zu Zürcher Persönlichkeiten und Zürcher Quellen.

Klaas M. *Witteveen*: Luther und Zwingli. In: SRV 130, Nr. 4 (Juli/Aug.). 1996, 10.

Heide *Wunder*, siehe Hans-Rudolf Hagemann.

David S. *Yeago*: Grace. In: Hillerbrand: Oxf. Encycl. of the Ref. 2. 1996, 184–189.
186: «Huldrych Zwingli.» 187: «The Radical Reformers.»

Tilmann *Zuber*: Vom Huldrych zum Ueli. Neuedition von Zwinglis Schriften. In: Kirchenbote des Kantons Zürich 82. 1996/2, 5f.

Karl-Heinz *zur Mühlen*: Christology. In: Hillerbrand: Oxf. Encycl. of the Ref. 1. 1996, 314–322.
316f: «Zwingli.»

Karl-Heinz *zur Mühlen*: Law: Theological Understanding of Law. In: Hillerbrand: Oxf. Encycl. of the Ref. 2. 1996, 404–408.
406f: «Zwingli and Calvin.»

Karl-Heinz *zur Mühlen*: Sin. In: Hillerbrand: Oxf. Encycl. of the Ref. 4. 1996, 61–65.
62: «Zwingli.»

Karl-Heinz *zur Mühlen*: Two Kingdoms. In: Hillerbrand: Oxf. Encycl. of the Ref. 4. 1996, 184–188.
186: «Zwingli.» 187f: «The Radical Reformation.»

Christoph *Zürcher*: Konrad Pellikan. In: Hillerbrand: Oxf. Encycl. of the Ref. 3. 1996, 241f.

Dr. phil. Hans Ulrich Bächtold und lic. phil. Kurt Jakob Rüetschi, Bullinger-Briefwechsel-Edition, Kirchgasse 9, CH-8001 Zürich (e-mail: hub@theol.unizh.ch).
Hans Jakob Haag, M. A., Zentralbibliothek Zürich, Zähringerplatz 6, CH-8001 Zürich (e-mail: haag@zb.unizh.ch).

Buchbesprechungen

Anticlericalism in Late Medieval and Early Modern Europe, ed. by Peter A. Dykema and Heiko A. Oberman, Leiden: Brill 1993 (Studies in Medieval and Reformation Thought 51), XI, 704 S., ISBN 90-04-09518-7, hfl 380.50

This volume of forty essays plus introduction is the result of a major international colloquium held in September 1990 on the subject of anticlericalism as an «agent of change» in the later Middle Ages and Reformation. In his introduction, Heiko Oberman indicates the dual purpose of the volume: on the one hand, the work intends to offer a foundational guide to the subject of anticlericalism which, in the editor's view, has been inadequately examined by both social and intellectual historians; on the other hand, the work looks toward offering a model for the interchange between social and intellectual history. These two aspects of the work, of course, explain one another: the transition from late medieval to early modern Europe cannot be adequately understood unless both social or socio-political and intellectual currents are examined and, optimally, brought together for mutual illumination. Not only is it the case that social inquiry is peripheral to the work of intellectual historians, and intellectual history peripheral to the inquiry of social historians, it is also nearly impossible, given the abundance and diversity of the documentation, for a single historian to deal adequately with both sides of this equation. An international colloquium, designed from its inception as leading toward such a volume, provides perhaps the best solution to the problem.

From this perspective, the present volume must be counted as a major success. Oberman's introduction well sets the stage and announces basic themes, Peter Dykema's fine «thematic bibliography» points the reader toward the best collateral literature in the field, and many if not most of the contributors evidence considerable sensitivity to the possibility for breadth of vision springing out of the original colloquium format of the essays. Central themes – particularly themes concerning the diversity of the phenomenon of anticlericalism and its «carriers» and the indeterminacy of its nature and result – unite the volume.

The volume is organized into four sections: 1) the Late Medieval Setting; 2) the Transition to Early Modern Society; 3) Reform and Reformation: the Call for Change; and 4) Toward the Confessional Age. In each of these sections, rather than attempt to build a corporate generalization concerning the nature of anticlericalism, the several authors are sensitive to one of the guiding themes of the volume, namely, that anticlericalism varied from place to place, manifesting different symptoms in the Low Countries than it did in German lands or in Italy, different characteristics in the urban than in the rural setting;

or, again, different patterns at different times and when expressed by different kinds of «carriers» – lay and clerical, peasant and privileged, and so forth. In their geographical spread, the essays focus on Germany, England, France, Spain, Strasbourg, Florence, Geneva, Bohemia, the Low Countries. Thematically the essays address such diverse themes as lay anticlericalism, «clerical anticlericalism», literary approaches to the critique of the clergy both in late medieval verse, Italian Renaissance poetry, Reformation era pamphlets.

Given the number and diversity of these essays, it is quite impossible to offer analysis of every individual study. The remaining comments of this review, therefore, tool to one particularly important aspect of the volume that unites the essays. Throughout the volume there is a methodological inquiry into the problematic nature of previous discussions of the subject and into the difficulty even of speaking of such a thing as «anticlericalism» that determines the direction for all future study in this field. Thus, Kaspar Elm begins the first essay in the volume, «Anticlericalism in the German Middle Ages,» with his own somewhat startling discovery that virtually none of the standard reference works offer any discussion at all of the subject of anticlericalism and that the word itself appears in lexica primarily as a result of developments in the nineteenth century. Nor, as the essays by Brady, Blickle, Karant-Nunn, Elm, Hillerbrand, Steinmetz, and Straus indicate, do the modern issues at the root of the term in contemporary lexica apply to the late medieval and sixteenth-century context: for the issues cannot be exhausted in a simple juxtaposition of clergy and laity, but must rather be explained as lay opposition to certain kinds of clericalism (papal, local episcopal, monastic, and so forth) or as clerical opposition to other forms or exercises of clerical power and office, or, again, as either a lay or clerical antimonasticism or antisacerdotalism. Just the fact that anticlericalism cannot be simplistically identified as a phenomenon of the laity or as an attach on ecclesial piety is a significant note.

So too is the sense that anticlericalism is both attitudinal and behavioral, noted in Scribner's essay – with the qualification that the attitudinal or spiritual forms of anticlerical expression do not have either an invariable or a predictable result in behavior. Here again, the variety in thought and action clearly stems from the varied social and economic status of the individual or group in which anticlerical sentiments arise over against the highly variegated ecclesial context in which the clergy function as a social group, an economic power, or a force in the political, cultural, legal, and moral as well as the purely religious or sacerdotal spheres. Thus, Scribner documents an instance of conflict between a traditional pastor in Memmingen and an evangelical preacher in the same town and the preacher's popular following. The ensuing conflict involved the town council and the evangelical party as well as the two preachers or pastors, and the traditional pastor received the brunt of anticlerical sentiment as the city moved through public disputation to ecclesiastical reformation.

From a very different perspective, Hendrix's essay documents aspects of the clerical side of the problem: rather than take the view of the anticlerical attack, Hendrix examines the perspective the clergy under fire. Among other documents, Hendrix examines the reflections of an Augustinian prior on episcopal negligence in the supervision of prospective clergy – lazy students become priests and unskilled candidates are elevated to rich and secure benefices. Here, the prior of a monastery acknowledges the complaints of the Reformation and complains against the secular clergy. In other words, the clergy themselves and, in particular, clergy who did not leave the church for the Reformation, provide a focus and explanation for anticlerical sentiments. Thus, Karant-Nunn writes of «clerical anticlericalism», Brecht discusses Luther's early questioning of the character and practice of preaching, and Hsia's essay distinguishes between «clerical self-criticism» and «radical rejection of the clerical estate».

The volume under review is so rich in perspectives and examination of sources, some of which are archival and have never before been examined in detail, that a review might become endless. Suffice it to say, by way of conclusion, that this is an extremely significant volume both because of the quality and diversity of the many contributions and because of the cohesive historical and methodological vision that underlies it. It should serve both as a survey of the very diverse problem of anticlericalism in the later middle ages and early modern era and as an impetus to further study on a refined methodological level. Above all it offers a warning that the social and intellectual historians of the Reformation cannot afford to ignore one another or have recourse in facile ways to one another's cherished «isms».

Richard A. Muller, Grand Rapids

Der Fluch und der Eid. Die metaphysische Begründung gesellschaftlichen Zusammenlebens und politischer Ordnung in der ständischen Gesellschaft, hrsg. von Peter Blickle, Berlin: Duncker & Humblot 1993 (Zeitschrift für Historische Forschung, Beiheft 15), 145 S.

Die Autorin und die Autoren der drei Aufsätze – *André Holenstein, Heinrich Richard Schmidt* und *Eva Labouvie* – sind sich in zwei Dingen einig: Erstens besaßen Fluchen und Schwören durch ihre metaphysische Begründung wichtige politische und gesellschaftliche Funktionen in der frühneuzeitlichen Ständegesellschaft; zweitens büßte diese Begründung vom 17. zum 18. Jahrhundert im Zuge der «Entzauberung der Welt» und des «Rationalisierungsprozesses» an Bedeutung immer mehr ein. Sie kommen allerdings auf sehr verschiedenen Wegen zu diesen Ergebnissen – gerade das macht das Spannende an diesem Heft aus. Dabei bleiben aber gelegentliche Widersprüchlichkeiten zwischen den Aussagen der Verfasser nicht aus, deren kritische Aufnahme und Diskussion dem Ganzen eine gewisse Abrundung gegeben hätten.

Zu den einzelnen Beiträgen:

André Holenstein geht in mehreren Schritten dem Wandel der gesellschaftlichen Funktion und der theoretischen Begründung des Eides – der legalen und religiös sanktionierten Verwendung des Schwörens – in der ständischen Gesellschaft nach. Einem Abriß über die Palette von Funktionen, die der Eid vom frühen Mittelalter bis ins 17. Jahrhundert hinein annehmen konnte, folgt ein Einblick in die theologische Begründung des Eides im Zuge seiner Monopolisierung in obrigkeitlicher Hand. *Holenstein* stellt seit dem späten Mittelalter eine säkulare Verschiebung und eine qualitative Veränderung der Grenze zwischen Transzendenz und Immanenz fest, was überhaupt erst eine Inanspruchnahme des göttlichen Namens für weltliche Zwecke ermöglicht habe (S. 40). Er verfolgt diese Entwicklung weiter, indem er die Kritik moralphilosophischer und naturrechtlicher Traktate des 17. Jahrhunderts an der Fundierung des Eides in religiösen Vorstellungen ins Feld führt. Die Entwicklung münde in den Abschied vom rächenden Gott und in eine Hinwendung zu einer philosophischeren Anschauung Gottes (S. 52). – Für *Holenstein* spiegelt der Wandel in der Begründung des Eides einen umfassenden Rationalisierungsprozeß wider. So scharfsinnig und einleuchtend die Gedankenführung des Aufsatzes für ideen- und verfassungsgeschichtliche Entwicklungen ist – *Holenstein* untersucht in der Hauptsache philosophische Traktate, theologische Abhandlungen und obrigkeitliche Mandate –, Irritation kommt an der Stelle auf, an der ein pauschaler Anspruch auf die Gültigkeit der Aussagen für die «Mentalität der vormodernen Gesellschaft» (S. 29) und für das kollektive Bewußtsein «sowohl der Eliten wie des Volkes» (S. 28) erhoben wird. Die Verweise auf Delumeaus Untersuchungen zu volksreligiösen Vorstellungen im frühneuzeitlichen Europa stellen hier nicht unbedingt zufrieden.

Heinrich Richard Schmidts Beitrag findet seinen Höhepunkt in der Formulierung der These, Fluchen sei als Indikator für den Säkularisierungsprozeß auszumachen. Der Weg hin zu dieser These führt ihn über ein Pendeln zwischen dem Kommentieren von Forschungsergebnissen anderer Autoren und dem Präsentieren eigener Ergebnisse aus seiner jahrelangen Beschäftigung mit reformierten Berner Sittengerichten. Quantitative Auswertungen von Verstößen gegen sittengerichtliche Fluchverbote führen *Schmidt* zu Aussagen über Veränderungen in der Praxis des Fluchens und über einen Einstellungswandel zum Fluchen. Er stellt fest, daß sich am relativen Anteil schwerer Strafen, also Strafen für Fluchen, das in der vollen Absicht geschah, jemanden zu schädigen, und das damit vom Sittengericht als wirksam eingeschätzt wurde, der Säkularisierungsprozeß ablesen lasse. Dies bestätige auch der Rückgang des Herdfalls, der vom Gericht geforderten Handlung, um den Fluch rückgängig zu machen (S. 115). Für das 18. Jahrhundert konstatiert *Schmidt* eine vollendete Entmagiisierung des Fluchens, was ihn schließlich zu seiner These bringt: Die abfallende Kurve für das Delikt «Fluchen» im 18. Jahrhundert sei nicht als eine Abnahme des Deliktes zu deuten, sondern als Rückgang seiner Verfolgung durch die Sittengerichte und seiner Anzeige durch die Bevölkerung – für *Schmidt* ein deutliches Zeichen für den Säkularisierungsprozeß (S. 117). Als grundlegend neue Erkenntnis stellt er die Religion selber und weniger die Mechanisierung des Weltbildes als die Triebkraft dieses Prozesses heraus. Ähnlich wie bei *Holenstein* bleibt hier am Schluß die Frage, inwiefern sich der aus sittengerichtlicher Perspektive festgestellte Säkularisierungsprozeß als ein umfassender Mentalitätswandel interpretieren läßt.

Erst *Eva Labouvie* nimmt eine Unterscheidung zwischen einer volkstümlichen Einstellung zum Fluchen und einer solchen der kirchlichen Ordnungen und Vorstellungen vor. Ihre Ausführungen drehen sich um die «gesellschaftliche Logik» des Verfluchens und machen deutlich, daß Verfluchen aus dieser Perspektive nicht vorrangig als gotteslästerliche Schmähung und Sünde, wie es die Kirche beurteilte, verstanden wurde (S. 123 f.). Hier zeigt sich ein offensichtlicher Widerspruch zu den Ausführungen von *Holenstein* und *Schmidt*, der leider unkommentiert bleibt. Verfluchungen müssen nach *Labouvie* als Bestandteile ganzer Interaktionsketten in einer dörflichen Gesellschaft und aus ihrem kommunikativen Kontext heraus verstanden werden (S. 132). «Sinn» habe das Aussprechen eines Fluches für den Verflucher aus verschiedenen Gründen machen können, sei es, weil er sich nur so aus einer auswegslos erscheinenden Situation zu befreien vermochte, sei es, weil er Überlegenheit über seinen Widersacher anstrebte. *Labouvie* erklärt, daß Verfluchen auch zur taktischen Maßnahme habe werden können, wenn die Zurücknahme der Verfluchung direkt miteingeplant gewesen sei: Gerade für ältere Menschen habe sich so eine Art Überlebensstrategie geboten, um zum Beispiel die Hilfe des Nachbarn zu erzwingen (S. 142).

In krassem Gegensatz zu diesen Ausführungen zur eigenen Logik und Funktion des Verfluchens im dörflichen Leben stehen die letzten Abschnitte des Beitrages, in denen *Labouvie* in wenigen Sätzen für das 18. Jahrhundert eine Entzauberung der Verfluchungspraxis ausmacht und diese auf das Ergebnis «eines von Kirche und Schule geschlossenen Paktes», auf das Verdienst von Ortsgeistlichen und Dorfschullehrern zurückführt, die zum Verschwinden der «bislang unhinterfragten magischen Volkskultur» Wesentliches beigetragen hätten (S. 142).

Gerade die abschließenden Ausführungen *Labouvies* lassen die Frage aufkommen, ob sie und die beiden Autoren sich insgesamt nicht zu sehr der Vorstellung von einem geradlinigen und allumfassenden Rationalisierungs- und Säkularisierungsprozeß im 18. Jahrhundert verschrieben haben. Die drei Aufsätze, die einen wichtigen Beitrag zum besseren Verständnis des Funktionierens der frühneuzeitlichen Gesellschaft darstellen, hätten durch größere Differenzierung und Relativierung in dieser Hinsicht sicher noch an Profil gewinnen können.

Frauke Volkland, Greifensee

Anette Völker-Rasor, **Bilderpaare – Paarbilder.** Die Ehe in Autobiographien des 16. Jahrhunderts, Freiburg i. Br.: Rombach 1993 (Rombach Wissenschaft. Reihe Historiae 2), 367 S., ISBN 3-7930-9087-6, br. Fr. 68.–

Ehe und Familie der Frühneuzeit sind in der Forschung zu einem wichtigen Thema geworden. Das Bild der Ehe aufgrund von Autobiographien des 16. Jahrhunderts steht im Zentrum der Dissertation der Historikerin und Germanistin Anette Völker-Rasor. 35 edierte Selbstzeugnisse aus dem deutschsprachigen Raum, die den Blick auf 61 Ehen erlauben, bilden die Grundlage ihrer mentalitätsgeschichtlichen Untersuchungen. Unter den ausnahmslos männlichen Autoren, die als Kaufleute, evangelische Pfarrer oder Gelehrte zur städtischen Mittel- oder Oberschicht gehörten, finden sich so bekannte Namen wie Heinrich Bullinger, Johannes Fabricius, Konrad Pellikan, Thomas und Felix Platter.

Gegenpart zur konkreten Sicht der Ehe in den zeitgenössischen Autobiographien sind normative Schriften von Reformatoren und Altgläubigen zum Thema Ehe. Aus der Fülle von Eheschriften wählte die Autorin Texte aus den sogenannten «Ehezuchtbüchlein» (beispielsweise Heinrich Bullingers «Der Christlich Eestand»), die als Eheanleitungen ein Idealbild der Ehe formulieren.

Das Bild des Paars wird, wie dies die chiastische Metapher des Buchtitels andeutet, als Gliederungsprinzip aufgenommen. Jeweils zwei Stichworte stehen sich in den einzelnen Kapiteln paarweise gegenüber, wobei sich eines auf die normativen Quellen, das andere auf die Autobiographien bezieht. Als Illustrationen sind zwischen den Hauptkapiteln sieben chronologisch geordnete Doppelporträts von Ehepaaren aus dem 16. Jahrhundert eingestreut, die jedoch bis zur Schlußbetrachtung mit dem Text unverbunden bleiben. Erst hier werden die kunstgeschichtliche Gattung «Porträt» und die literaturgeschichtliche Gattung «Autobiographie» zu einem weiteren Bilderpaar verbunden.

Im ersten Teil der Arbeit wird die Autobiographie des 16. Jahrhunderts als historische Quelle gewertet, als Textgattung definiert und durch einen idealtypischen Lebenslauf der drei Autorengruppen (Kaufleute, Akademiker, evangelische Pfarrer) gesellschaftlich situiert. Im zweiten Teil wird untersucht, wie sich in den berücksichtigten Quellen das neue Eheverständnis der Reformationszeit vor allem in rechtlicher und moralischer Hinsicht manifestiert. In jeweils eigenen Kapiteln werden Themen wie beispielsweise eheliche und nicht-eheliche Sexualität, Ehesakrament, Inzestverbot, Mutter- und Hausfrauenideal, Regeln für die Ehepraxis und Ehestationen (Hochzeit, Geburt, Tod etc.), insbesondere unter den Aspekten Versprachlichung und Kontrolle untersucht. Indem die normativen Quellen bisher unbenannte Themen verbalisieren, findet eine Versprachlichung statt, die mittels der begrifflichen Abstraktion verbindliche Normen setzen kann. Mit dem Begriff der Kontrolle umschreibt die Autorin die Ausweitung der männlichen Autorität auf bisher den Frauen vorbehaltene «Räume» (Reproduktion, Erziehung etc.).

Im folgenden soll exemplarisch die Argumentationsweise der Autorin am Kapitel «Inzestverbot–Ehefunktionen» verdeutlicht werden. Die Beschäftigung der normativen Schriften mit dem Inzestverbot wird in Anlehnung an das Modell der Ehe als Tauschsystem (Lévi-Strauss) aus ethnologischer Sicht beleuchtet. Dieses Tauschsystem soll die Verbindungen zwischen Männern durch den Austausch der Frauen gewährleisten. So wird beispielsweise bei Kaufleuten durch die Ehe eine Handelspartnerschaft zwischen Brautvater und Bräutigam gebildet oder gefestigt. Das Inzestverbot dient dazu, neue Partner für das Tauschsystem zu gewinnen. Die Autorin vergleicht die unterschiedliche Reichweite der Inzestverbote, wie sie von Bullinger («Der Christlich Eestand») und von Luther unter Berufung auf 3. Mos. 18 gefordert werden. Im Gegensatz zu Luther habe für Bullinger, der auch die Schwagerehe verbietet, die Verbindung von Gruppen Vorrang vor der Fortpflanzung. Aufgrund der Wahl der Partnerinnen bei den kaufmännischen, akademischen oder geistlichen Autobiographen erschließt die Autorin, daß für die evangelischen Pfarrer weniger die Art als die Tatsache der Eheschließung eine Rolle spiele. Im Gegensatz zu den Kaufleuten ist bei den Akademikern und insbesondere bei den Pfarrern bei der Partnerinnenwahl eine weniger ausgeprägte Ausrichtung auf eine soziale Gruppe festzustellen. Bemerkenswert scheint ihr, daß das Inzestverbot gerade von derjenigen Gruppe thematisiert wird, für welche das Tauschsystem eigentlich keine Bedeutung mehr hat. Da diese Gruppe jedoch erkenne, daß die Ehe ein Mittel der gesellschaftlichen Kontrolle sei, müsse sie besonderen Wert auf die Einhaltung des Inzestverbots legen.

Inwiefern diese Argumentationskette durch die Quellenbefunde gestützt werden kann, bleibt teilweise offen. Sicher entsprechen weder Bullinger noch Luther dem Durchschnittstypus eines evangelischen Pfarrers. Für die Interpretation der unterschiedlichen Inzestverbote müßte zudem das jeweilige Umfeld berücksichtigt werden. Auf welche Vorbilder gehen diese Vorschriften zurück, welche Verwandschaftsbezeichnungen waren im jeweiligen Idiom üblich, und wie unterscheidet sich das Erbrecht in den jeweiligen Wirkungsgebieten? Eine rechtsgeschichtliche Untersuchung hätte beispielsweise zeigen können, daß die Erweiterung von Bullingers Inzestverbot auf bewußter Rücksichtnahme gegenüber den katholischen Orten der Eidgenossenschaft beruht (siehe Walther Köhler, Zürcher Ehegericht und Genfer Konsistorium, Leipzig 1932, S. 81f.). Für den Vergleich des Heiratsverhaltens von Kaufleuten, Akademikern und Pfarrern ist außerdem von Bedeutung, daß diese Gruppenbegriffe keine gleichwertigen und voneinander klar abgesetzten Teilmengen der Gesellschaft beschreiben.

Das komplexe Gefüge der untersuchten normativen Quellen und der geographisch und soziolologisch breit gestreuten Autobiographien führt zu einer bunten Palette von Fragestellungen, welche oft kaum miteinander verknüpft werden können. Wie das oben dargestellte Beispiel zeigt, müßten noch stärker Forschungsansätze der unterschiedlichsten Disziplinen berücksichtigt werden, um abzuklären, ob bestimmte Phänomene tatsächlich auf mentalitätsgeschichtliche Entwicklungen oder auf andere Ursachen zurückzuführen sind. Ein derartiges Vorgehen ist angesichts der Breite und Heterogenität der Quellenbasis im Rahmen einer solchen Untersuchung jedoch naturgemäß kaum zu leisten.

Doris Klee Gross, Zürich

Calvin-Studienausgabe, hrsg. von Eberhard Busch u.a., Band 1: Reformatorische Anfänge 1533–1541, Teilbände 1/1 und 1/2, Neukirchen-Vluyn: Neukirchener 1994, VI, 526 S., ISBN 3-7887-1483-2 und 3-7887-1484-0, je DM 38,–

The series begun with these two fascicules of the same volume promises to resolve a major and long-standing problem by making a considerable range of Calvin's writings available in German for the first time. The concept is simple: an extensive selection of works is edited in the original language, Latin or French, and provided with a German translation on the facing page. Each text is introduced by a historical study which «die Ergebnisse der Forschung zusammentragen und weiterführen».

The series plans to provide four volumes of Calvin's shorter treatises, and two or three volumes of selections from the commentaries, sermons and correspondence. The *Institutio* will not be included, since this has been the object of good recent editions in German. Any selection is going to disappoint someone; but we shall have to await further volumes before knowing what the selection is. The period treated here, 1533–1541, covers almost the totality of Calvin's tracts and minor writings during that period; more severe selection is inevitable in later volumes. We are here offered Nicolas Cop's Rectoral speech of 1 November 1533 (edited by Hans Scholl); the preface to Olivétan's Bible (Ernst Saxer); the prefatory letter to the *Institutio* (Christian Link); the 1537 draft ecclesiastical ordinances (Peter Opitz); the *Instruction et confession de Foy* of 1537 (Ernst Saxer); extracts from Calvin's attack on Pierre Caroli, composed and published in 1545, under Nicolas Des Gallars' name, but placed here because Calvin's main involvement with Caroli dates from 1536–1539 (Peter Opitz); the *Epistolae Duae* of 1537 (Christian Link and Joachim Lenz); Calvin's reply to Cardinal Sadoleto (Christian Link); the 1541 *Petit Traité de la sainte Cène* (Eberhard Busch); and something of a curiosity, Calvin's only Latin poem, the *Epinicion,* composed in 1541 though not printed until 1544 (Matthias Freudenberg).

The editorial team had to abandon (for unexplained reasons) the idea of editing texts from the original editions; the Latin or French text is based on either the *Opera Selecta* or the *Corpus Reformatorum,* giving line and/or column numbers as appropriate. This is a pity, since there is room for improvement in both of those earlier editions; but the editors have provided a reliable transcription of their base texts. The translations are of a consistently high standard, courageously seeking to give the flavour and sense of the text rather than a literal translation.

The critical apparatus includes an index of scriptural passages and an index of proper names, footnotes mainly on matters of translation, and, most important, an essay introducing each text. These introductory studies give a helpful presentation of each work in its intellectual and socio-political context. They do, however, show up two problems in contemporary Calvin studies. On the one hand, things are evolving so fast that it is not easy to keep up to date; and on the other, the linguistic barriers which have kept Calvin at a distance from the German-speaking world also seem to apply to secondary literature. Thus: this volume, published in 1994, takes cognizance of the *Bibliotheca Calviniana* by Rodolphe Peter and Jean-François Gilmont (reference numbers in Peter/Gilmont are given for each edition); but the editors did not have time to incorporate the information given in *BC*: significantly more copies of editions are now known than are mentioned in the *OS* (which just might encourage the editors to go back to the original editions after all); they do not mention the important discussion on the authorship of the *Adversus Petri Caroli calumnias;* they continue to attribute the French *Institution* and *Epître au roi* of 1541 to Jean Girard, when it is known to have been printed by Michel Du Bois (pointed out by Rodolphe Peter in 1979). This last example also illustrates the non-circulation of secondary literature. I am grateful to the editors for drawing my attention to a number of recent studies which seem not to be known in the French- or English-speaking world. On the other hand, the editors have not always kept up with the field: they attribute the *Declaration de l'estat des cordeliers* to François Lambert (as did the 16th-century Parisian censors), whereas Théophile Dufour identified the author, Jean Ménard, in 1925 (repeated by Mlle Berthoud in 1979); they refer to the 1534 *placards* in the edition given by Jean Crespin, whereas the original, and different, text appeared in *Aspects de la propagande religieuse* in 1957; they still attribute Farel's *Som-*

maire to 1525, while it has been generally accepted since 1977 to be c. 1529 ... Small points, you may say; and points concerning not the main subject but the peripheries. True; but the reader can be destabilized by the cumulation of these details. And moreover, in a study dedicated to Calvin, it is surprising to note that every one of the sources of more up-to-date information indicated above was printed in «Calvin's city»!

Despite these minor blemishes, this edition will, I am sure, fulfil a very useful function among all those interested in Reformation history and thought in the German-speaking world. The editorial team have given us an encouraging beginning, and we await with interest the continuation of the series. They deserve our thanks.

Francis Higman, Geneva

Ioannis Calvini opera omnia denuo recognita..., Series II: Opera exegetica, vol. XV: Commentarii in secundam Pauli Epistolam ad Corinthios, ed. Helmut Feld, Genf: Droz 1994, LX und 247 S., ISBN 2-600-00021-6, Fr. 63.25

In der Reihe II der neuen Gesamtausgabe von Calvins Werken hat der katholische Calvinforscher Helmut Feld bereits die Kommentare Calvins zu den kleinen Paulusbriefen vom 1548 ediert (Vol. XVI, 1992) und neuestens den Band XI/1 (Kommentar zum Johannes-Evangelium Teil 1, 1997). Erschienen ist auch schon der Kommentar zum Hebräerbrief, ediert von T. H. L. Parker (1996). Dazwischen erfolgte die hier zu besprechende Edition des Kommentars zum 2. Korintherbrief.

Die Einleitung von Feld (XI–XIII) hält fest: Calvin begann sein biblisches Kommentarwerk mit der Auslegung des Römerbriefs, 1540 in Straßburg erschienen, ebenso der Kommentar zum 1. Kor. 1546. Der Kommentar zum 2. Kor. war ebenfalls fertiggestellt und sollte sofort danach erscheinen, konnte dann wegen des Schmalkaldischen Kriegs nicht mehr in Straßburg gedruckt werden und erschien schließlich 1548 in Genf, wie dann die übrigen Kommentare. Der Kommentar zum 2. Kor. ist Melchior Volmar gewidmet, dessen Leben in einem detaillierten und instruktiven Überblick dargestellt wird (XIII–XXIII). Volmar war 1528–1530 in Orléans und Bourges der Griechischlehrer und Förderer Calvins. – Wie üblich folgt dann ein Überblick über die Editionen und Übersetzungen (XXIII–XXVI). Der vorliegenden Ausgabe liegt der Text der Gesamtausgabe der Kommentare zu den Paulusbriefen von 1556 zugrunde.

Zu Calvins Quellen (XXVII–XXX) stellt Feld wie bei den Kommentaren von 1548 fest: Für den Bibeltext berücksichtigt Calvin neben der zugrunde gelegten lateinischen Übersetzung des Erasmus die Vulgata-Ausgabe von

Robert Etienne (Stephanus), gelegentlich auch diejenige von Lefèvre (Faber Stapulensis), sowie einzelne Lesarten von zeitgenössischen Ausgaben des griechischen NT. Calvin kritisiert des öfteren die Erläuterungen des Erasmus, ebenso Bullinger, diesen allerdings ohne Namensnennung, aber in bezug auf dessen Kommentar von 1535. Oft sind aber die anonymen Anspielungen Calvins auf «irgendwelche Ausleger» nicht bestimmten Personen zuzuweisen.

Unter dem Titel «Theologische Themen» (hier: XXX–XLV) gibt Feld in seinen Kommentar-Editionen jeweils einen Überblick über inhaltliche Schwerpunkte in Calvins Auslegung. Zum 2. Korintherbrief stellt er fest: Paulus will hier sein Apostolat und seine persönlichen Ziele rechtfertigen. «Calvin folgt in seiner Auslegung weitgehend dieser Grundtendenz, indem er die paulinischen Aussagen über das Apostolat und den Dienst am Wort Gottes und der Kirche unterstreicht und als richtungweisend für die *Pastores* der gegenwärtigen Kirche herausstellt» (XXXII). Lehre und Verhalten der guten Pfarrer werden v. a. in der Auslegung von 4, 5 ; 7, 1ff. und 12, 14–21 behandelt. Der Inhalt ihres Dienstes und ihrer Lehre wird zentral als Botschaft der Versöhnung gesehen (5, 18). Zu 5, 19 *(non imputando)* erläutert Calvin ausführlich die reformatorische Deutung der Rechtfertigung als Nicht-Anrechnen der Sünde. Dabei legt Calvin Wert darauf, dies mit der Botschaft der allumfassenden Liebe Gottes (so etwa Joh 3, 16) zu versöhnen; und zwar so, daß Gott uns schon vor der Erschaffung der Welt in Christus und nur in ihm geliebt hat, da er uns ja als Sünder nicht lieben konnte. – Calvins Betonung der Gemeinschaft mit dem Leiden Christi als Kennzeichen der Gläubigen, die mortificatio, sieht Feld zwar als paulinisch an, «doch ist die Nähe zur religiösen Lebenshaltung und Spiritualität von Calvins Zeitgenossen Ignatius von Loyola... ganz unverkennbar (XLI).» Diese Betonung in Calvins Theologie ist allerdings sicher auch auf der Grundlage der Flüchtlings- und Verfolgungssituation der Evangelischen zu sehen (d. Rez.). Neben heftigen Ausfällen gegen die römisch-katholische Lehre und Praxis (im Zusammenhang mit den Dekreten des tridentinischen Konzils) finden sich schließlich auch schon Angriffe gegen Michael Servet.

Der Text von Widmung und Kommentar (3–218) ist nebst einem kritischen Apparat zum Vergleich der Textlesarten mit einem ausführlichen Sachapparat versehen. Besonders wertvoll sind hier die ausführlichen Zitate aus den zeitgenössischen Kommentaren und anderen von Calvin benutzten Quellen, die den Zusammenhang von Calvins Argumentationen deutlich machen. Dies geht bis hin zum Nachweis der Autoren und Stellen, aus welchen Calvin für seine Analysen einer Wortbedeutung schöpft, so beispielsweise für den Begriff fiducia / hypostasis (150–151).

Die Ausgabe enthält weiterhin eine v. a. auch im Blick auf die zitierten Quellen wichtige Bibliographie sowie vier Register: I. Bibelstellen, II. Personennamen, III. Moderne Autoren und Editoren, IV. Sachen. Das Sachregister ist äußerst ausführlich (229–247) und erschließt sowohl die Einleitung wie auch den Kommentar.

Wer wissenschaftlich an Calvin arbeiten will, kann sich nur freuen, daß die Edition des Kommentarwerkes fortschreitet und auf einem solch hervorragenden Niveau von neuem zugänglich gemacht wird.

Ernst Saxer, Dübendorf

Correspondance de Théodore de Bèze, recueilli par Hippolyte Aubert, publié par Alain Dufour, Béatrice Nicollier et Reinhard Bodenmann, tome 17: 1576, Genève: Droz 1994 (Travaux d'Humanisme et Renaissance 286), XIX, 303 S., ISBN 2-600-00025-9, Fr. 66.30

N. M. Sutherland (*The Huguenot Struggle for Recognition,* New Haven 1980, p. 232) has described the years between the Peace of Monsieur (1576) and the death of Alençon (1584) as «possibly among the least familiar of the *ancien régime*». The fifty-five letters which are contained in this present volume of Beza's *Correspondance* shed light on this relatively unknown period in French, and we might add, German history. As in previous years, the Geneva–Zurich epistolary axis is of primary importance: one-third of the extant letters from this year are between Beza and Rudolf Gwalther, *antistes* at Zurich following the death of Heinrich Bullinger the previous year. Beza also writes frequently to Laurent Dürnhoffer and Christoph Hardesheim in Nürnberg, who have become the reformer's primary source for information about the Empire, Poland, and the Turkish threat. The reformer's two letters to Jean-Jacques Grynaeus, professor at Basel, are significant for what they anticipate: overcoming earlier suspicions of Grynaeus, Beza now suggests that they work together to remove the Lutheran Simon Sulzer from the Academy of Basel (#1191). In the years to come the two men will establish an active and intimate correspondence (numbering over 200 letters), forging important theological ties between their two cities.

Throughout 1576 Beza remains anxious about the ongoing theological crisis in Germany. Despite the reformers' attempts, the persecution of «crypto-Calvinists» continues in Electoral Saxony (see my reviews in ZWINGLIANA XXI, 1994). To add insult to injury, John Major has posted a poem on the door of the Academy of Wittenberg attacking the reformers of Geneva (appendix XIII), and Auguste of Saxony has commissioned Jacob Andreae – Beza's arch-enemy – to serve as the superintendent of his churches (#1209). Beza's pen, which can eloquently comfort an imprisoned Calvinist pastor (#1201), spares no venom in attacking Lutheran opponents: these *novi Papae* have transformed Germany into a theological wasteland («Septentrionalis Africa»), and will soon expel Luther himself (#1214, #1197). But what should be done? Gwalther dissuades

Beza from writing a manifesto against Auguste. Instead, Beza attempts to solicit support for the «crypto-Calvinists» among delegates to the imperial diet convened at Ratisbonne in June, even as he completes the second part of his *Quaestiones et Responsiones* addressing disputed sacramental issues. By the end of the year however, the German crisis has spread even to the Palatinate, once the bastion of reformed faith in the Empire. With the unexpected death of the Elector Frederick III in October, and the subsequent accession of his Lutheran son Louis VI, this Calvinist stronghold appears on the brink of collapse (#1225).

In France, events seem more favorable for the reformed. During the Spring of 1576, Beza carefully follows the progress of the Protestant armies as they march toward Paris, unleashed by Prince Condé and Duke Casimir the previous Fall. The Peace of Monsieur and resulting Edict of Beaulieu in May – concluded largely through the efforts of Alençon – represented a royal capitulation granting liberal terms to the Huguenots. There are other reasons for optimism: a large number of the «elect» remain in the kingdom of France; even in Paris («in media Babylone») Huguenots gather secretly to worship (#1181). So too, in February, Henry of Navarre under the pretext of a hunting expedition has fled the court and renounced the Catholic religion before a Huguenot assembly (#1187, #1190). But Beza remains cautious, skeptical about the viability of the peace, suspicious of Alençon and hostile to the court: «Itaque pax concepta est, de cujus exitu foelici nulla pene spes est» (#1206). He wonders about Navarre's sincerity (#1204) and complains about Condé's advisors (#1203). He sends to Gwalther documents relating to the formation of a Catholic league in Paris (#1229). Huguenots are almost entirely absent from the Estates General convened at Blois in late November, further fueling Beza's fears of a renewal of hostilities. If war breaks out again, he predicts, «nihil praeter ultimum tanti regni excidium expectari potest» (#1229).

While witnessing the drama of international politics, the *Correspondance* also provides insights about the person of Beza himself. In a letter of condolence to Hardesheim on the death of his wife, Beza speaks affectionately of his own wife of thirty-three years who «quamvis sterili, tamen longe charissima...» (#1188). Elsewhere, Olevianus responds to a (lost) letter from Beza in which the Genevan reformer had recommended his own practice of hunting as an «honesta recreatio» and an antidote to «melancholia aut tristitia» (#1183). Beza's preface to *Joannis Calvini Tractatus Theologici,* dedicated to William of Nassau, serves as an eloquent apology for Calvin's life, theology, and «vehementia» (#1193).

This fascicle of Beza's *Correspondance* achieves the level of excellence set by previous volumes. Once again, each letter is handsomely presented, with detailed *résumés* and extensive notes. The appendices have been expanded, reflecting a wise editorial decision to begin signaling collective letters addressed to Beza, as well as those written by him on behalf of the *Compagnie.*

The erudition reflected in the annotations is breathtaking: this volume is particularly enriched by the imprint of B. Nicollier's knowledge of Hubert Languet's correspondence, and R. Bodenmann's study of the works of Daniel Toussain and Rudolf Hospinianus (note the discovery in #1198 that Toussain was the author of the anonymous treatise *Ein billiche und nothwendige Klog von der andern Babylonischen Gefängnuß...).* The editors are probably incorrect in assuming that the Bernese mercenaries who participated in Casimir's campaign in France did so without the consent of the authorities (see Albert Gobat's *La République de Berne et la France pendant les Guerres de Religion,* Paris 1891). Nonetheless, this present volume of Beza's correspondence contributes substantially to our knowledge of the embattled reformed communities, perched precariously between Lutheran Germany and Catholic France in the last quarter of the sixteenth century.

Scott M. Manetsch, Tucson

Correspondance de Théodore de Bèze, recueilli par Hippolyte Aubert, publié par Alain Dufour, Béatrice Nicollier et Reinhard Bodenmann, tome 18: 1577, Genève: Droz, 1995 (Travaux d'Humanisme et Renaissance 292), XIX, 270 S., ISBN 2-600-00083-6, Fr. 69.40

A visitor to the Bibliothèque publique et universitaire in Geneva can still see a painting of Theodore Beza, achieved in 1577, showing the fifty-eight year old reformer with a long grey beard and an impassive look upon his face. The impassivity of the portrait is in stark contrast to Beza's correspondence from this same year, filled with the anxiety of a man who believes that the «hora potestatis tenebrarum» is at hand (#1251). Three-quarters of the fifty-two extant letters from 1577 are written by Beza; as in previous years, his correspondents are from throughout Europe, from as far away as Scotland and Poland, and as near as Neuchâtel and Montbéliard. In addition to frequent letters to Rudolf Gwalther (Zurich), Lorenz Dürnhoffer (Nürnberg), and Simon Grynaeus (Basel), Beza will correspond regularly in 1577 with the Landgrave Wilhelm IV of Hesse, whose son had come to study in Geneva the previous year.

Beza's fears about the efficacy of the Edict of Beaulieu – expressed frequently in his correspondence the year before – are realized in 1577. Following the example of the Estates General at Blois, Henry III outlaws reformed worship in early January and decrees that, henceforth, only the Catholic religion will be permitted in France. In subsequent months, the dukes of Damville and Anjou (Alençon) waiver, and then «defect» to the king, even as the Huguenots prepare for a resumption of war. Anjou's conquest of La Charité and ruthless sack of Issoire provided painful proof of his treachery (#1265,

#1266). Beza, crushed by sadness, bemoans the fate of his beloved France (patriae calamitas), once a kingdom as beautiful «as the garden of Eden» now filled with violence and wickedness and on the verge of complete ruin (#1245, #1273). But can Beza trust the Huguenot princes Navarre and Condé? The reformer often complains about the princes' advisors: «utinam bonis consiliis utantur» (#1260). On occasion, he will criticize Navarre's conciliatory nature (#1246). Beza politely declines an invitation to visit Navarre in France, but is nonetheless eager to give advice to François de la Noue, counselor of the young prince: the reformed must never agree to a peace which limits the culte to fewer places than those stipulated in the edict of Beaulieu (#1255). For Beza, it is of utmost importance that internal liberty of conscience be accompanied by external exercise of religion: «j'appelle rien, ou plutost liberté de n'avoir nulle religion, ce qu'on appelle liberté de conscience sans exercice de religion» (#1263). The Edict of Poitiers, which ended the Fifth War of Religion in September, was in fact more restrictive than the edict of the previous year, showing the distance between Beza's hopes and French political realities in 1577.

As armies march in France, the «spirit of error» continues to ravage Germany. At the initiative of Auguste of Saxony, Lutheran theologians have revised the Book of Torgau; the resulting «Formula of Concord» is now used to unite gnesio-Lutherans in the Empire in their campaign against the followers of Melanchthon and the «crypto-Calvinists». The reformed watch in horror as German princes subscribe en masse to this Formula, in large part through the efforts of Jacob Andreae, that Lutheran «pope» (#1271, #1283). When Montbéliard succumbs to this onslaught, Beza fears that Strasbourg and Basel will soon follow (#1278). The situation is no better in the Palatinate, where Louis VI – though not an advocate of the Formula – continues to purge the reformed in his territories, forbidding reformed preaching and dismissing Calvinist pastors and professors. Daniel Toussain, Zacharias Ursinus, and Jerome Zanchi must leave Heidelberg and seek refuge in the court of Jean Casimir at Neustadt. It seems that true Christianity («verus Christianismus») has been entirely expelled from the Palatinate (#1277). Despite various proposals, Beza and his correspondents fail to find a way to contain the miseries issuing from this Pandora's box: the Landgrave of Hesse's attempt to intercede before the German princes on behalf of the reformed comes to naught, while Casimir's dream of convening a universal reformed synod and framing a new confession of faith meets with the disapproval of the church of Zurich (#1264, #1283).

Geneva and the Swiss evangelical cities are not immune from dangers of their own. The plague infects Bern in the Summer of 1577, killing over a thousand people (#1271). Jesuits are becoming more aggressive in their tactics, sowing dissension among the Protestants (#1247). Indeed, the new abbot at St. Gallen has been trained by the Jesuit Juan Maldonat at Paris (#1248). Of more concern to Beza are secret reports that Spanish soldiers returning from the Low

Countries have been enlisted by the Guise to destroy Geneva so completely that «toute l'eau de la Saone ou du Rosne ne suffiroit pour esteindre le feu...» (#1257). Beza waits and worries surely this is life sub cruce.

The eighteenth volume of Beza's Correspondance deserves our highest praise. The équipe of M. Dufour, Mme. Nicollier, and M. Bodenmann have again succeeded through meticulous editing and copious annotations to display the lustre of this valuable source. Their willingness to attend to criticisms and suggestions of reviewers of past volumes (see the ever growing addenda et corrigenda!) has payed dividends. The present fascicle is more user-friendly, thanks to the editors' decision to signal biographical information from past volumes about each of Beza's correspondents. The letters continue to provide unexpected insights: Beza's low opinion of Navarre in 1577, as well as the reformer's assertion that he has finished an initial draft of the Paraphrase des Psaumes in this same year (#1281), challenge Edward Goselin's thesis that these paraphrases were intended to portray «the nature of the holy kingship to be constituted in France by Henri de Navarre» even while promoting Huguenot resistance to the Valois monarchy (David in Tempore Belli, in: Sixteenth Century Journal VII, 1976, Nr. 2, p. 31). Such conspiracy theories aside, the eighteenth volume of Beza's correspondence provides a fascinating picture of the reformed in tempore belli, fighting Catholics, debating Lutherans, and battling their own fears.

Scott M. Manetsch, Tucson

Fritz Büsser, **Die Prophezei.** Humanismus und Reformation in Zürich. Ausgewählte Aufsätze und Vorträge zu seinem 70. Geburtstag am 12. Februar 1993 hrsg. von Alfred Schindler, Bern: Lang 1994 (Zürcher Beiträge zur Reformationsgeschichte 17), 241 S., ISBN 3-906752-60-7, Fr. 70.–

Aus dieser umfangreichen Sammlung von älteren und neuen Aufsätzen, die zum Teil erstmals in deutscher Sprache erscheinen, läßt sich der Gang von Fritz Büssers Forschungen im letzten Jahrzehnt ablesen. Er hat sich namentlich um die Klärung verschiedener Begriffe wie: Prophezei, Humanismus, Reformation, Calvinismus und Reformierter Protestantismus bemüht.

Büsser setzt an den Anfang dieses Buches ein Zitat aus Bullingers Reformationschronik: «Wie und wenn man Zürich angehept die Biblisch Lection in dryen sprachen läsen.»; gehörte doch die Ausbildung der Zürcher Theologen in den drei Sprachen Latein, Griechisch und Hebräisch zu den reformatorischen Grundpfeilern. Hier hat Büsser Wichtiges zu sagen:

Im ersten Aufsatz, «Zwingli, ein Zeitgenosse des Erasmus», macht Büsser klar, wieviel Zwingli von den Vorstellungen des Erasmus übernommen hat. Zwingli selber anerkannte diese Vorbildrolle des Erasmus, auch als er sich vom

Humanisten zum Reformator wandelte: Zwingli verdankte der «Begegnung mit Erasmus bzw. dem Erasmischen Schriftprinzip, der erasmischen Christozentrik und dem erasmischen Paulinismus entscheidende Grundlagen seiner Theologie» (S. 20). Erasmus steht auch im zweiten Aufsatz, «Zwingli, der Exeget», im Zentrum; Erasmus sei geradezu der «Schlüssel zur Theologie Zwinglis» (S. 31). Sowohl in der Dogmatik wie in der Exegese griff Zwingli immer wieder auf Erasmus zurück; so wurde Erasmus «quasi durch eine Hintertür zum heimlichen Reformator Zürichs, wenn nicht sogar zum Vater der reformierten Theologie überhaupt» (S. 43). Büsser führt diesen Gedanken in seinem Aufsatz «Grundgedanken Zwinglis in Calvins ‹Institutio›» fort, wo er zeigt, wie sehr auch Calvin sich auf Erasmus gestützt hat (an anderer Stelle stellt Büsser das gleiche auch für Bullinger fest). Im allgemeinen hat er zu zeigen versucht, daß Calvin sich um so mehr von Zwinglis Vorstellungen entfernt hat, je mehr er von Zwingli gelesen hat.

Der Aufsatz «Humanismus im Zürich des 16. Jahrhunderts» zeigt auf, daß die reformierten Gelehrten weiterhin auf dem Humanismus aufbauten, und unterstreicht die Bedeutung des Universalgelehrten Konrad Gessner. Daß Zwingli mit seinem Werk nicht etwa gescheitert ist, betont Büsser im Aufsatz «Zwingli – ‹ein redlicher Eidgenosse›»; sowohl Zwinglis politische Leitgedanken (etwa Schutz der Rechte und Freiheiten oder Widerstandsrecht) wie auch die Grundzüge seiner Theologie (beispielsweise seine Abendmahlslehre) seien geradezu «zu Markenzeichen des reformierten Protestantismus und damit zu den wichtigsten Grundlagen der modernen und freien Welt geworden» (S. 179). Ein weiteres Thema, auf das Büsser Wert legt, kommt im Aufsatz «Calvin und Bullinger» zur Sprache; hier untersucht er die Frage, wie sehr Bullinger den Genfer Reformator beeinflußt hat, und zieht den klaren Schluß, daß Calvin Bullingers Bundestheologie übernommen hat (S. 214); sie ist ein wichtiger Beitrag Zürichs für die reformiert-calvinistische Welt. Büsser hebt auch nachdrücklich hervor, daß viele Einflüsse, die gemeinhin als calvinistisch gelten, in Tat und Wahrheit auf Bullinger zurückgehen.

Schade ist, daß die Arbeit von Karl-Heinz Wyss (Leo Jud. Seine Entwicklung zum Reformator 1519–1523, Bern 1976) nicht erwähnt wird, die erstmals betont hat, wie wichtig Erasmus in der Zürcher Reformation war.

Büsser hat in den hier genannten und auch in den weiteren Aufsätzen einige wichtige Fragen aufgeworfen, die es verdienen würden, noch genauer untersucht zu werden. Daher sollte dieser Sammelband unbedingt die ihm gebührende Beachtung finden.

Robert C. Walton, Zürich

Martin Germann, **Die reformierte Stiftsbibliothek am Großmünster Zürich im 16. Jahrhundert und die Anfänge der neuzeitlichen Bibliographie.**

Rekonstruktion des Buchbestandes und seiner Herkunft, der Bücheraufstellung und des Bibliotheksraumes. Mit Edition des Inventars von 1532/1551 von Conrad Pellikan, Wiesbaden: Harrassowitz 1994 (Beiträge zum Buch- und Bibliothekswesen 34), XIII, 413 S., ISBN 3-447-03482-3, Fr. 142.–

The present work is a model of the *genre* and the title speaks for itself. We shall, however, sketch out the historical background for readers unfamiliar with the history and holdings of the Zurich Central Library. The Fransiscan Conrad Pellikan (1478–1556) was called to Zurich in 1526 by Zwingli to take up the chair of Hebrew. After Zwingli's death in 1531, Pellikan began building up the library at the Grossmünster. By 1551 the library contained 771 volumes and a total of 1,100 works. The library provided a home for what was left of the libraries of old Zurich monasteries, it inherited the books of lay people, priests and canons of the Grossmünster, and books from private collections of reformers including Zwingli.

Pellikan was the teacher of Conrad Gessner (1516–1565) and a pioneer of modern librarianship. For the Grossmünster library he drew up a catalogue which listed the books in four ways: (1) by inventory number; (2) by name of author; (3) by area of learning (e.g. *theologia biblica, philosophia moralis*) of which there were twenty-one in all; (4) by subject, e.g. *bibliotheca, Germania,* etc. The latter part functioned exactly like a modern subject index in any library catalogue, with a total of 419 subject categories.

Pellikan's original catalogue, held by the Zurich Central Library, has been used to reconstruct a detailed picture of the Grossmünster library: its buildings, its layout, its holdings and the manner in which it was used. Pellikan's library rules are reproduced on p. 203ff. A valuable appendix (p. 219–395) gives full bibliographical descriptions of the 569 volumes still extant in the Zurich Central Library with shelfmarks, indexes of authors, titles, places of printing and provenances together with the concordance of the incunabula.

It is curious to note (cf. p. 166ff) that the data on Zwingli's own library are not complete and that research on that question is still in progress. However, the work accomplished by Dr. Germann on Pellikan's *Catalogue* means that Köhler's helpful but vastly dated study of Zwingli's library can already be improved upon in that we can say that 188 of the *Works* comprising the Grossmünster Library originated from Zwingli's personal library. It has still to be borne in mind that about twenty five *volumes* that once formed a part of Zwingli's personal library were purchased by the *Stift* in 1532 but were not included in the *Stift* collections catalogued by Pellikan. Instead they passed through private hands before ending up through separate channels in the Zurich Central Library.

It was not part of Dr. Germann's project to work on those books and work on Zwingli's private library as an entity is being carried out at present by Alfred Schindler.

Be that as it may, Dr. Germann's work is useful not only to historians of libraries, bibliographers and students of the material aspects of book production, but also to historians in general and to historians of ideas in particular. Indeed, the briefest glance at the *Inventory* shows that certain works provided so to speak the staple of the Zurich library. One is not surprised to find numerous classical authors, chronicles, several editions of Johannes de Sacrobosco's *Sphaera mundi* and multiple editions of the works of Bernard of Clairvaux. The transition from the Middle Ages to the so-called Modern Period is perfectly represented by the coexistence of the *Encyclopaedia* of Bartholomaeus Anglicus with several editions of the works of Erasmus. If any conclusions are to be drawn, we might draw the reader's attention to the presence of Mediaeval encyclopedias in general. Alongside Bartholomaeus Anglicus, Vincent of Beauvais and Hugo Ripelin are also very well represented. Among the Church Fathers, Jerome, Cyprian, Cyril of Alexandria, Chrysostom and naturally Augustine are present – a relatively unsurprising result. One must on the other hand note the absence of the scholastic theologians, particularly late scholastics, and, not unnaturally, the lives of the saints.

Dr. Germann has given us a work of reference that will become a must for all students of library history and intellectual history of the 16th century. The work's value to local historians is self-evident and need not be dwelt on here.

Irena Backus, Geneva

Der schweizerische Teil der ehemaligen Diözese Konstanz. Referate, gehalten an der Tagung der Helvetia Sacra in Fischingen/Thurgau vom 16.–18. September 1993, Red.: Brigitte Degler-Spengler, Basel: Schwabe 1994 (Itinera 16), 136 S., ISBN 3-7965-0966-5, Fr. 38.–

Die Tagung, deren Beiträge hier zusammengestellt sind, fand 1993 anläßlich des Erscheinens des zweiten Bistumsbandes der Helvetia Sacra statt. Sie befaßte sich mit zwei Schwerpunkten, einmal mit der Stellung der Äbte von St. Gallen zu den Bischöfen von Konstanz, dann aber vor allem mit dem Eigenleben der Diözese im Mittelalter und in der Neuzeit bis zur Auflösung des Bistums 1821.

Nach einem kurzen, kompetenten Abriß der Bistumsgeschichte von *Brigitte Degler-Spengler* folgen Referate über das besondere, durch Feindschaft und Abgrenzungsstreben seitens St. Gallens geprägte Verhältnis der Abtei zum Bistum – Exemtion/Pontifikalien für St. Gallen 1192/1217 (dazu *Hubertus Seibert, Beat Bühler*) – und zur Territorialpolitik des winzigen Hochstiftes *(Detlev Zimpel; Stefanie Uhler).*

Brigitte Holz beschreibt Versuche der Truchsessen von Diessenhofen, im Schlepptau der österreichischen Herzöge Pfründen-Anwartschaften für das Konstanzer Domkapitel beim avignonesischen Papst zu erlangen, die als solche typisch für das Verhalten des Adels waren, wenn sie hier auch völlig scheiterten. Auch die übrigen Beiträge von *Guy P. Marchal* zum Verhältnis der Eidgenossen zum Bistum im 15. Jahrhundert, mit dem er dem Entstehen einer Grenze am Rhein nachspürt, ebenso wie die von *Josef Brülisauer* zu den bischöflichen Kommissaren und von *Markus Ries* zur Aufhebung des Bistums sowie *Rudolf Reinhards* Überlegungen zu einem künftigen Kartenwerk der Diözese (Karten abgedruckt S. 14/15, 104/105) sind stark organisations-, politik- und ereignisgeschichtlich ausgerichtet. Sie liefern damit, wie das ja auch die Helvetia Sacra tut, wertvolle Sachinformationen, die der Orientierung dienen.

Lediglich die Beiträge von *Marchal* und *Brülisauer* eröffnen auch Perspektiven in Richtung auf eine Religionsgeschichte als Geschichte von gelebter Kirche. *Marchal* zeigt, wie sich die Tagsatzung zwischen Bischof und Klerus schiebt und dadurch eine gesteigerte Einflußnahme von Ständen und Gemeinden auf Pfründbesetzungen, das Kirchengut, das geistliche Gericht und damit auf die Gestalt der katholischen Kirche ermöglicht (S. 83–89). In diesem Zusammenhang sind die als solche bekannten, aber kaum intensiver untersuchten Kommissare in den katholischen Staaten der Schweiz, die *Brülisauer* beschreibt, besonders wichtig, waren sie doch so etwas wie die geistlichen Spitzen von katholischen schweizerischen Staatskirchen innerhalb eines immer abstrakter werdenden Diözesanverbandes, die mit dem päpstlichen Nuntius in Luzern zusammen die katholische Reform vorantrieben. Die Kommissariate waren für die Disziplin des Klerus zuständig, für Visitationen, für Ehesachen von Laien, für Administration und Kirchengut (S. 114–116). Kein einziger Beitrag widmet sich der Konfessionsfrage, obwohl ja der Thurgau als ein Zentrum der bischöflichen Herrschaft angesichts seiner paritätischen Struktur hier reichlich Anknüpfungspunkte hätte liefern können.

Heinrich Richard Schmidt, Bern

Peter Vogelsanger, **Zürich und sein Fraumünster.** Eine elfhundertjährige Geschichte (853–1956), Zürich: Verlag Neue Zürcher Zeitung 1994, 534 S., ISBN 3-85823-515-6, Fr. 58.–

Es handelt sich bei diesem sehr schön aufgemachten Buch um das Alterswerk des kürzlich verstorbenen Altpfarrers vom Fraumünster. Er versucht die Geschichte des Fraumünsters in die Geschichte Zürichs und darüber hinaus in einen gesamteuropäischen Rahmen einzuordnen. Daß bei einem so weitgespannten Forschungsgegenstand bisweilen fragwürdige Urteile und auch ärgerliche Irrtümer unterlaufen, wen mag es verwundern? Zu bewundern aber sind Vogelsangers Mut und auch sein im ganzen sicherer Instinkt, mit einem so großen Gegenstand umzugehen.

Für den ersten Teil, der die Geschichte der Äbtissinnen von der Gründung des Klosters bis zur Auflösung des späteren Stiftes umfaßt, stützt sich der Verfasser weitgehend auf die soliden Forschungen von Georg von Wyss. Neuere Sekundärliteratur wird wohl ausgiebig herangezogen und auch zitiert, verändert aber Vogelsangers Beurteilung der Quellen kaum. Wie er die Reformationszeit behandelt, ist ein schönes Zeichen der immer noch ungetrübten Zwingliverehrung in Zürich. Die Übergabe des Fraumünsters an den Rat wird als legitimer Rechtsakt (S. 269) und als Tat «des freien evangelischen Gewissens» (S. 268) gepriesen.

Am interessantesten scheint uns der zweite Teil mit seinen Porträts der reformierten Fraumünsterpfarrer bis 1956, dem Amtsantritt des Verfassers. Wir wollen hier zwei Vertreter herausheben: Burkhard Leemann (1531–1613) und Rudolphus Hospinianus (1547–1626). Leemann war ein hervorragender praktischer Theologe, der trotz reformatorischen Glaubenseifers den Kirchengesang wieder einführte und Choräle aus den lutherischen Gesangbüchern übernahm. 1574 gab er einen ansprechenden Jugendkatechismus heraus, in dem etwa die Dreieinigkeit so erklärt wird: Wie die Sonne als Sonnenball, Sonnenstrahlen und Wärme erfahrbar ist, so Gott als ein Wesen dreifach (S. 316/17). Leemann betätigte sich auch als Naturwissenschaftler und war ein großer Verehrer Keplers. Dennoch bestritt er einen Nutzen des Gregorianischen Kalenders und konnte seine Einführung in Zürich verhindern. Das war übrigens kein «Kuriosum in ganz Europa» (S. 315/16), sondern gesamteuropäisch protestantischer Trotz. Hospinian, ein Vertreter des konfessionellen Zeitalters, verteidigte am Vorabend des Dreißigjährigen Krieges in sieben großen Foliobänden die reformatorische Theologie gegen Katholizismus und Luthertum kenntnisreich und unpolemisch. Seine Concordia discors, die sich gegen das Luthertum richtete, hat Johann Sigismund von Brandenburg 1614 bewegt, zum reformierten Bekenntnis überzutreten.

Christine Christ-v. Wedel, Frauenfeld

Wolfgang Zimmermann, **Rekatholisierung, Konfessionalisierung und Ratsregiment.** Der Prozeß des politischen und des religiösen Wandels in der österreichischen Stadt Konstanz 1548–1637, Sigmaringen: Thorbecke 1994 (Konstanzer Geschichts- und Rechtsquellen 34), 328 S., ISBN 3-7995-6834-4, DM 78,–

Die Studie von Wolfgang Zimmermann leistet einen wichtigen Beitrag zur Konfessionalisierungsforschung in einem besonderen Fall, dem der Stadt

Konstanz. Vom hartnäckigen, deshalb die Kapitulation im Schmalkaldischen Krieg verweigernden Parteigänger der Reformation wurde diese Reichsstadt durch ihre Einverleibung in den österreichischen Staat allmählich zur Landstadt mit rein katholischer Ausrichtung umgestaltet. Von einer «Rekatholisierung» zu sprechen verzerrt diesen Umstand eher, als daß es ihn benennt. Wie der konfessionelle Wandel abgelaufen ist, beschreibt Zimmermann eindringlich und gut lesbar, bei den Gründen werden besonders die politischen, die verfassungsrechtlichen und die sozialgeschichtlichen Rahmenbedingungen erhellt.

Leider versäumt Zimmermann es vollständig, seine Studie in den Kontext der Konfessionalisierungsforschung zu stellen. Deshalb endet die Studie, ohne zu schließen oder gar die Erkenntnisse zu gewichten, die sie gewonnen hat. Sie tarnt diese eklatanten Schwächen dahinter, lediglich eine Lokalstudie sein zu wollen.

Zimmermann beschreibt zunächst die Übergangsphase nach der Eroberung der Stadt, die Umgestaltung der Stadtverfassung im Sinne einer Landstadt und die ersten Ansätze zur Gegenreformation (Kapitel 1). Dann umreißt er die Konsolidierung der österreichischen Landesherrschaft 1552–1569 (Kapitel 2). Eher systematisch-inhaltlich auf die Frage der Umorientierung der Konfession geht er im dritten und vierten Kapitel ein. Das dritte wird als «Zeit der Fremdheit» klassifiziert und umfaßt die gesamte zweite Hälfte des 16. Jahrhunderts, der «Sieg der Konfessionalisierung» im katholischen Sinne datiert erst auf das erste Drittel des 17. Jahrhunderts. Die im Epilog skizzierte Haltung der Bürgerschaft in und nach der schwedischen Belagerung 1633–1637 stärkt den Eindruck einer nun gefestigten konfessionell-katholischen Ausrichtung der ehemals zwinglischen Stadt. Die Studie schließt zum einen mit einer Prosopographie der Protestanten und Täufer sowie zahlenmäßigen Auswertungen von Stiftungen, Bestattungen, Testamenten und Stipendiaten, zum anderen mit ausgewählten Quellentexten und einem Orts- und Personalregister.

Zunächst kam es nicht zu entschieden gegenreformatorischem Vorgehen. Zudem hinderten weltliche und geistliche Obrigkeit einander durch Kompetenzstreitigkeiten an einer wirksamen Konfessionalisierung. So blieb es zunächst bei der formalen Wiedereinführung der Messe, dem Verbot von protestantischen Predigten oder dem Auslaufen ins protestantische «Ausland», z. B. in den Thurgau (S. 44 f.). Widerstand erfolgte eher sporadisch und unorganisiert, die breite Mehrheit verhielt sich nikodemitisch. Lediglich der durch die Verfassungsveränderungen geschaffene patrizische Kleine Rat (Abschaffung der Zünfte), der unter einem landesherrlichen Hauptmann stand, wurde zu formeller konfessioneller Loyalität verpflichtet. In der zweiten Hälfte des 16. Jahrhunderts bestand «ein gewisses Desinteresse am Zustand der restaurierten katholischen Kirche ... Die Stellung der Kirche und des Klerus in der rituellen Vermittlung von Heil war ... kein Punkt der Auseinandersetzung, weil dieser Anspruch von der Bürgerschaft noch nicht anerkannt wurde» (S. 122, vgl. die bischöflichen Berichte von 1591, S. 164–169).

Die Klerusreform und die neuen Formen der katholischen Frömmigkeit, wie sie mit dem Jesuitenkolleg, durch drei Bettelorden und Bruderschaften («Bürgersodalität» 1615) wirksam wurden, aber auch die regelmäßigen religiösen Handlungen wie die Prozessionen und die prachtvolle Gestaltung der Kirchen änderten die konfessionelle Ausrichtung der Stadt. Dabei macht Zimmermann deutlich, daß es neben den politischen Rahmenbedingungen und den gegenreformatorischen Maßnahmen vor allem die Predigten und die traditionellen Formen der Seelsorge waren, die zusammen mit den neuen Bruderschaften zu einer Verankerung der katholischen Reform in den Herzen der Bürger führen konnten, also einer mental-bewußtseinsmäßigen, nicht nur äußerlichen Identifikation mit der ehedem abgelehnten römischen Kirche. Diese tiefgreifende Umorientierung auch quantifizierend nachgewiesen zu haben ist das hauptsächliche Verdienst der Arbeit (S. 197–208). 1615 verzeichnet der Stadtschreiber 31 protestantische Bürger, deren Kinder konvertiert waren, darunter viele Angehörige der Führungsschicht. 1635 finden sich unter den 49 namentlich bekannten Protestanten der Stadt nur noch sieben Familien, deren Kinder noch nicht katholisch geworden waren (S. 183). Typisch katholische Stiftungszwecke wie etwa die Jahrzeiten und die Seelmessen nahmen zwischen 1610 und 1620 stark zu. Diese Zeit nennt Zimmermann den «Wendepunkt im Verhältnis von Bürgerschaft und Klerus» (S. 199).

Die Stärke der Arbeit liegt eindeutig im Festmachen und Belegen des Wandels sowie in der Beschreibung der formalen verfassungsrechtlichen Rahmenbedingungen. Was im Herzen und in den Köpfen der Bürger vorgegangen ist, die sich konfessionell neu orientiert haben, kann sie nicht zeigen. Die Reduktion des vielfältigen Wirkgeflechts auf «Konfessionalisierungsdruck» (S. 208) ist jedenfalls so nicht stringent. Hier wird eine Folge der einleitend kritisierten Hauptschwäche der Studie nochmals sichtbar: ihr Verzicht darauf, die Konfessionalisierungsforschung zur Kenntnis zu nehmen.

Heinrich Richard Schmidt, Bern

Beat A. Föllmi, **Das Weiterwirken der Musikanschauung Augustins im 16. Jahrhundert,** Bern: Lang 1994 (Europäische Hochschulschriften, Reihe 36: Musikwissenschaft 116), 187 S., ISBN 3-906752-54-2, Fr. 54.–

Die große, das Denken des Mittelalters und noch des 16. Jahrhunderts prägende Wirkung Augustins gilt auch für seine Gedanken über die Musik, welche sich in der uneinheitlichen Schrift «De musica» und verstreut in anderen Werken (besonders in den «Confessiones» und den «Enarrationes in psalmos») und in Briefen finden. Eine geschlossene Darstellung seiner «Musikanschauung» hat der musikalische Laie Augustin nicht hinterlassen. Das Thema ist schon mehrfach angegangen worden, so daß Föllmi nach einleitenden Gedanken über die Probleme einer Wirkungsgeschichte zuerst einen kritischen Überblick über den Forschungsstand geben und sich oft auf die bisherige Literatur abstützen kann; doch niemand vor ihm hat so eingehend und umfassend alle zugänglichen Musiktraktate des 16. Jahrhunderts samt manchen für die Folgezeit wichtigen aus dem Mittelalter und einigen späteren – insgesamt gegen 200 – auf eine Wirkung Augustins hin untersucht und die Spannung zwischen Tradition und dem damals gefundenen Weg zu einer modernen Auffassung in der Musik deutlich gemacht.

Der themenorientierte Ansatz erlaubt es, von Augustin auszugehen. Am komplexesten ist die Nachwirkung der von Varro übernommenen, aber fast durchwegs unter dem Namen des Kirchenvaters zitierten Definition «Musica est scientia bene modulandi». Augustin ging es um die Zugehörigkeit der Musik(-Theorie) zur Wissenschaft, zu den «disciplinae liberales», um deren Zahlenhaftigkeit, um eine ethische Aussage. Mit «modulatio» meinte er eine «abgemessene, ausgewogene musikalische Bewegung». Im Verlauf der Zeit blieb davon nur noch das formale Gerüst, wurde daraus in vielfacher Umdeutung ein «Terminus für die rechte Ausführung eines Gesang- oder Instrumentalstücks» (so Föllmi) oder, um mit dem in Basel von 1576 an als Musikprofessor und Organist wirkenden Samuel Mareschall zu sprechen, ist die Musik eine «freye kunst, durch welliche wir recht lernen singen». Auf Grund seiner doppelten Ausbildung als Musikwissenschafter und Theologe urteilt Föllmi kompetent in Fragen beider Gebiete. Er führt den Leser sorgsam auf Zitate aus lateinischen, deutschen, italienischen, französischen, spanischen und englischen Traktaten hin oder erleichtert deren Verständnis durch eine behutsame Auslegung. Er zeigt, welche Theoretiker direkt aus Augustin schöpfen und welche nur voneinander abschreiben; so sind beispielsweise die beiden Schweizer Heinrich Glarean und Johannes Fries von Franchinus Gaffurius und Johannes Cochläus abhängig.

Augustins Rhythmustheorie (sein Hauptanliegen in «De musica» 2–5) ist nur selten und dann kritisch rezipiert worden und blieb, trotz gleichen Grundprinzipien in den Versfuß-Lehren, ohne direkten Einfluß auf die Modalrhythmik um 1200 oder die Humanistenode oder die «musique mesurée» der Académie Baïfs.

Das 16. Jahrhundert führt weg von der im Mittelalter an höchster Stelle stehenden Allegorisierung und Mathematisierung; die «musica practica» erhält den Vorrang; nicht mehr die Zahl, die Weltharmonie und die Theorie gehen der klingenden Musik voraus, sondern die Zahl wird nur noch als innermusikalisches Bauprinzip gesehen, die Theorie als ein Ergebnis der klingenden Musik, welcher erneut die Kraft zugeschrieben wird, die Seele zu bewegen

(Aristoteles' Affektenlehre), während Augustin im Hören einen Willensakt sieht und nur dann (mit Pythagoras) eine ethische Wirkung anerkennt. Der wissende «Musicus» (Theoretiker) steht am Ende des 16. Jahrhunderts nicht mehr mit Augustin haushoch über dem bloßen Spieler («Histrio», «Cantor»), sondern hinter dem Komponisten und Virtuosen. Augustins Meinung wird noch, aber als eine veraltete, zitiert.

Dankbar haben lutherische Musiktheoretiker den erstmals von Augustin formulierten Gedanken, daß Musik eine Gabe Gottes sei, aufgenommen. Luther, der «De musica» nicht kannte, teilte als Mönch Augustins Bedenken, daß Musikausübung nur als Gotteslob gut sei, während er als Reformator mit der Rangordnung der Musik unmittelbar hinter der Theologie weit über ihn hinausging. Calvin, der aus dem Gedächtnis einige Aussagen Augustins zur Musik paraphrasierte, stimmt mit ihm in der positiven Grundhaltung zu ihr wie auch in der Furcht vor ihrer emotionalen Kraft überein. Beide schlossen Instrumentalmusik im Gottesdienst aus; während Augustin alle gesungene Musik, auch den textlosen Jubilus, erlaubte, ließ Calvin allein textgebundenen, verständlichen Gesang (Psalmlieder) zu. Bei Zwingli belegt Föllmi die «solide musikalische Ausbildung» unglücklicherweise mit dem «nur noch teilweise erhaltenen Kappelerlied» (von dem sogar zwei Weisen überliefert sind [!] und obwohl doch die kraftvollen Melodien zum Pestlied und zum 69. Psalm viel besser von Zwinglis hoher Musikalität zeugen würden). Zudem ist man enttäuscht, daß infolge des Fehlens von direkten Bezugnahmen zu Augustins Musikaussagen und mit Hinweis auf die in der Forschung noch immer umstrittene Begründung für Zwinglis kirchenmusikfeindliche Haltung keine weitreichenden Schlüsse möglich seien. Zu bedenken wäre etwa (auf der von Föllmi angedeuteten «inhaltlichen Ebene»), ob er nicht die Skrupel des Kirchenvaters gegenüber dem sinnlichen, vom Gotteswort wegführenden Musizieren in der Kirche überspitzt hat, sowie die positive Beurteilung der Haus- und Schulmusik.

Abgesehen von diesem kleinen Einwand verdanken wir dem Autor ein gut formuliertes, klar gegliedertes und durch Register, Quellen- und Literaturverzeichnis gut erschlossenes Werk von weitem Horizont. Es handelt sich um eine Lizentiatsarbeit, welche es zweifellos verdient hat, veröffentlicht zu werden.

Kurt Jakob Rüetschi, Luzern

Christian Pfister, **Bevölkerungsgeschichte und historische Demographie 1550–1800,** München: Oldenbourg 1994 (Enzyklopädie deutscher Geschichte 28), VIII, 151 S., ISBN 3-486-55013-6, DM 29,80

Seit über einem Jahrzehnt veröffentlicht der Oldenbourg-Verlag die für breiteste Kreise außerordentlich nützliche, chronologisch gegliederte Reihe

«Grundriß der Geschichte». Im Anschluß daran erscheint nun die «Enzyklopädie deutscher Geschichte», in welcher einzelne Sachbereiche der historischen Forschung zur Darstellung gelangen. Die Gliederung folgt dem bewährten Muster der «Grundrisse»: Enzyklopädischer Überblick, Einführung in die Grundprobleme und Tendenzen der Forschung, ausführliche Übersicht über die Quellen und Darstellungen.

Die Aufgabe Pfisters, in die Bevölkerungsgeschichte – gewissermaßen den «Makrokosmos» – und die historische Demographie – den «Mikrokosmos» – einzuführen, war insofern besonders schwierig, als es für den deutschen Raum seit einem halben Jahrhundert an einem Standardwerk, das als Basis hätte benützt werden können, mangelt. Der Leser bekommt jedoch diesen Mangel nicht zu spüren, da der Autor diesen durch souveräne Kenntnis der Spezialliteratur und ein didaktisch geschicktes Vorgehen durchaus kompensiert. Räumlich konzentriert sich Pfister auf die heutige Bundesrepublik Deutschland, baut jedoch auch Forschungsergebnisse über den schweizerischen und den österreichischen Raum in seine Darstellung ein.

Wer das Inhaltsverzeichnis konsultiert, bemerkt, daß unter dem «Überblick» und den «Grundproblemen» oftmals dieselben Untertitel zu finden sind. Also zweimal dasselbe? Greifen wir als Beispiel «Entwicklung der Bevölkerung» (im «Überblick») und «Bevölkerungsentwicklung» (unter den «Grundproblemen») heraus. Im erstgenannten Abschnitt werden wir in die wesentlichen Begriffe eingeführt und erhalten einen Einblick in die Bevölkerungsentwicklung zwischen 1500 und 1800, unter Einbezug der maßgebenden Faktoren und der regionalen Unterschiede. Wir erhalten so gewissermaßen ein «gesichertes Wissen». Der zweite Abschnitt befaßt sich vor allem mit den verschiedenen methodischen Ansätzen und den entsprechenden Kontroversen in der Forschung. Unser zuvor erworbenes «Wissen» wird dadurch nicht völlig entwertet, es wird jedoch einerseits als Stand der gegenwärtigen Forschung relativiert, anderseits vertieft durch den Einblick in den Forschungsprozeß und in die offenen Fragestellungen.

In der Gesellschaft der frühen Neuzeit mit ihren knappen Ressourcen war die Bevölkerungsentwicklung ein entscheidender Parameter. Der Historiker, ganz gleich, in welchem Sachbereich er tätig ist, kann sich daher von der Kenntnisnahme der wesentlichen Forschungsergebnisse in diesem Bereich kaum dispensieren. Er sollte aber auch nicht mit mehr oder weniger beliebig ausgewählten isolierten statistischen Werten dilettieren. Pfisters Buch vermittelt gerade dem Nichtspezialisten eine Einführung, die ihm einen seriösen Umgang mit den Ergebnissen aus diesem Forschungsbereich erlaubt.

Helmut Meyer, Zürich

Hans R. Guggisberg, **Zusammenhänge in historischer Vielfalt.** Humanismus, Spanien, Nordamerika. Eine Aufsatzsammlung, hrsg. unter Mitarbeit von Christian Windler, Basel: Helbing & Lichtenhahn 1994 (Basler Beiträge zur Geschichtswissenschaft 164), XIII, 416 S., ISBN 3-7190-1349-9, Fr. 69.–

In dieser Aufsatzsammlung schaut H. R. Guggisberg auf eine erfüllte Gelehrtenlaufbahn zurück. Sie führt uns in abwechslungsreicher Form, in kurzen Aufsätzen und Vorträgen, in seine Forschungsgebiete ein. Die Vielfalt läßt das Interesse nie erlahmen.

Im ersten Teil zum Humanismus finden wir viele bekannte Themen, so Guggisbergs wohl am meisten studierten, erstmals 1977 erschienenen Aufsatz über die religiöse Toleranz im 16. und 17. Jahrhundert. Als wichtigste Grundlage der Toleranzdiskussion gelten ihm «die Einsicht in die Beschränktheit der menschlichen Gotteserkenntnis» und der «Respekt vor dem Menschen als vernunftbegabtem Geschöpf Gottes» (152). Solche Haltung könnte dem ganzen Band und dem Werk des Verfassers als Motto voraussstehen. In diesem wie in dem feinen Aufsatz über Erasmus und Basel zeigt sich besonders Guggisbergs Begabung, den Wust der Forschungsergebnisse einfach und klar zusammenzufassen und Wesentliches vom Unwesentlichen zu scheiden. Für Guggisberg hat Erasmus mit seinen Toleranz- und Friedensideen und seiner undogmatischen ‹Imitatio Christi› auch heute noch «allen denkenden Menschen etwas zu sagen» (51). Oekolampad wird als gelehrter Theologe, als praktischer Prediger und Seelsorger und als Eiferer für die Kirchenzucht gewürdigt. Seine Mitschuld an der brutalen Verfolgung der Täufer wird nicht verschwiegen. Sein Ideal einer von der städtischen Obrigkeit unabhängigen Kirche, die sich selbständig ihre Ordnung gibt und von Prädikanten und Laien getragen sein soll, beurteilt der Autor mit spürbarer Sympathie als zukunftsweisend (65). Interessant sind Guggisbergs Thesen zum partiellen Mißerfolg der Reformation. Anders als Rublack, der die deutschen Bischofsstädte behandelte, betont Guggisberg für die Schweizer Städte die Rolle der weltlichen Stadtregierungen. Sie waren an der Erhaltung des politischen und des wirtschaftlichen Status quo interessiert, was freilich eine echte, althergebrachte Frömmigkeit nicht ausschloß. Die Mißerfolge zwangen die Eidgenossen zum Kompromiß. Bedenkenswert ist der gefolgerte Schluß: «Switzerland survived the crisis of Reformation because the Reformation did not achieve its aim, that is, because it succeeded only partially and partially it also failed» (130).

Die andere Gruppe von Aufsätzen zum Humanismus macht uns mit Einzelfragen bekannt. Interessant für das Basel des 16. Jahrhunderts mit seiner humanistischen Tradition, seiner verhältnismäßigen Toleranz und intellektuellen Freizügigkeit ist die Auswertung der Rektoratsrechnungen, die die Universität Basel als internationalen Begegnungsort, aber auch als gesuchte soziale Fürsorgeinstitution für durchreisende Scholaren und verarmte Gelehrte ausweisen (27 ff.). Der kleine Vortrag über Straßburg und Basel rühmt die gute Nachbarschaft, die den Eintritt Basels in die Eidgenossenschaft überstand, sich in der Reformationszeit vertiefte und trotz des Beiseitestehens von Basel bei der «Confessio Tetrapolitana» andauerte. Die besprochene Streitschrift des Bieler Prädikanten Jacob Würben gegen Ludwig Hätzer und die Täufer zeigt eine für das 16. Jahrhundert bemerkenswert besonnene Streitkultur. Mit H. R. Rebmanns Gespräch zwischen Niesen und Stockhorn 1604/06 lernen wir ein zwar literarisch kaum überzeugendes, dafür aber inhaltlich von einem weitherzigen Humanismus getragenes, interessantes Lehrgedicht kennen. Der Thuner Pfarrer konnte sich mit der konfessionellen Durchmischung der Schweiz abfinden und warb, wobei er sich auf Bruder Klaus berief, für Einigkeit und Solidarität. Ein bemerkenswertes Zeugnis eidgenössischen Identitätsgefühls.

Wir kommen zu Spanien: Der erste Aufsatz führt uns in die Problematik des Epochenbegriffs «Siglo de Oro» ein. Darauf kommt die alles prägende Rolle und soziale Stellung des Adels zur Sprache. Bemerkenswert sind die Reformvorschläge des Benediktiners Peñalosa y Mondragón. Er setzt sich für die Förderung der Landwirtschaft ein und fordert für den Bauern die Möglichkeit, in den Adelsstand aufzusteigen. Denn das Land «braucht mehr Bauern als Soldaten» (183). Der dritte Aufsatz versetzt uns in die Welt der Physiokraten. Die spanischen ökonomischen Gesellschaften des 18. Jahrhunderts nahmen sich die Berner Gesellschaft zum Vorbild. Der Basler Ratsschreiber Isaak Iselin verfolgte mit viel Verständnis die spanischen Bemühungen. Von allgemein menschlichem Interesse ist der Aufsatz über Goya und das Schicksal Spaniens zwischen Aufklärung, Liberalismus und Reaktion. Die Hoffnung, die Goyas Werk widerspiegelt, ebenso wie die tiefe Resignation, die sich aus dem Mitleid mit dem verelendeten einfachen Volk nährte, werden aus seiner Zeit verständlich. Man hätte sich nur größere, klarere Abbildungen gewünscht. Der letzte Aufsatz beschäftigt sich mit der bei uns wenig zur Kenntnis genommenen spanischen Aufklärung und ihrer Sicht Amerikas. Eindrücklich ist, wie Campomanes, der Leiter der spanischen Regierung von 1783 bis 1789, die Gefahren des Befreiungskampfes voraussah (237 f.). Auch der konservative Diplomat und Biograph Carlos III, Fernán-Núñez (1742–1795), spricht angesichts der Unabhängigkeit der USA in tiefster Resignation über die Zukunft des spanischen Kolonialreiches. Aber er ist doch überzeugt, daß die Humanität durch einen Befreiungskampf nicht unwiederbringlich verlorengehen müsse (247).

Wir wenden uns dem letzten Themenbereich Amerika zu: Im schon 1986 erstmals veröffentlichten Aufsatz über die Rolle der Religion in Amerika geht der Verfasser der Kontinuität von in der Reformation aufgebrochenen Konflikten nach: etwa zwischen Landes- und Freikirchentum, zwischen Biblizismus und Spiritualismus, Orthodoxie und Radikalismus, Erwählungsglaube und sozialreligiösen Strömungen, wie sie in Amerika überlebten. Dabei warnt er vor den neuen fundamentalistischen und pfingstlerischen Aufbrüchen, die jetzt auch in die Schweiz übergegriffen haben (man denke an die Berner Basilea-Gemeinde, an die Stiftung Aufwind in Burgdorf und die Stiftung Schleife in Winterthur). Die Erweckungsbewegungen fördern rechtspopulistische Strömungen, und ihr Dualismus «opens the way toward intolerance, nationalism, and racism» (267).

Mehrere Aufsätze behandeln Beziehungen zwischen Amerika und der Schweiz. Wir hören über das Schicksal der Indianerbibel von John Eliot und über das Amerikaerlebnis Emil Freys. Ihm werden trotz aller Fragwürdigkeit seiner Amerikaidealisierung Ehrlichkeit, Prinzipientreue, Einsichtigkeit und Urbanität attestiert (338 f.). Wir erfahren Interessantes über die Dissertation der Frauenrechtlerin Martha Carey Thomas, die 1882 in Zürich entstand, über das Geschichtsstudium George Lincoln Burrs in Zürich und Basel 1885/86 und 1904 sowie über den Emigranten Philip Schaff (1819–1893), der Amerika in der Schweiz bekannt zu machen suchte und die sozialen Konflikte Amerikas durch vermehrten Religionsunterricht zu lösen hoffte (353).

Der letzte Aufsatz geht den Traditionen und Idealen nationaler Identität nach, die sich auf die Besiedlung des Westens beziehen: «From sea to shinning sea» (387). Die beiden gewichtigsten Aufsätze behandeln die amerikanische Verfassungsgeschichte. Guggisberg betont die «januskopfige» Ambiguität der geistigen Grundlagen und des moralischen Impetus der Gründungsväter im Unabhängigkeitskampf: Die Revolution war progressiv. Sie verhalf dem republikanischen Gedanken gegen die Monarchie zum Durchbruch. Und sie war zugleich konservativ. Die geistige und wirtschaftliche Elite in den Kolonien, die sie durchsetzte, war nicht an sozialen Veränderungen interessiert. Sie forderte und erhielt Autonomie für weiße Männer, nicht für Frauen, Eingeborene und Negersklaven. Soziale Aufstandsbewegungen der ärmeren Schichten wurden unterdrückt und werden noch heute in der Geschichtsschreibung bagatellisiert und übergangen (290). Fragwürdig aber ist es für Guggisberg, die Verfassungsväter nur als Vertreter ihrer ökonomischen Interessen zu sehen. Sie haben versucht, «die Errungenschaften des Kampfes um die Unabhängigkeit durch die Verfassung zu befestigen und nicht dem Untergang preiszugeben» (304). Vor allem gelang ihnen mit dem Zweikammersystem ein Wurf von weltgeschichtlicher Bedeutng, ein Ausgleich zentraler und föderativer Macht, der sich auch bei uns immer noch bewährt.

Christine Christ-v. Wedel, Frauenfeld

Irena Backus, **Le miracle de Laon.** Le déraisonnable, le raisonnable, l'apocalyptique et le politique dans les récits du miracle de Laon (1566–1578), Paris: Vrin 1994 (De Pétrarque à Descartes 58), 211 S., ISBN 2-7116-1214-7.

L'historiographie de la deuxième moitié du 16e siècle français a parfois laissé l'impression d'une opposition monolithique de la part des catholiques romains aux réformés. La belle étude d'Irena Backus démontre clairement la diversité de sensibilités des catholiques français, même après le Concile de Trente, pendant l'une des périodes les plus violentes de l'histoire religieuse de France. Le sous-titre de son étude décline cette diversité lors des conflits des années 1560–70.

Le miracle de Laon fut l'exorcisme en 1566 de trente diables, dont Beelzebub en dernier, d'une jeune femme picarde, Nicole Obry. Cet exorcisme réussit grâce à l'aide de l'hostie, moyen de convergence de deux pouvoirs: divine (la présence réelle) et humaine (le pouvoir episcopal). Cette histoire dépasse très largement le rayon local pour impliquer des personnages tels que Charles IX, roi de France, et le Prince de Condé, et des centres de pouvoir comme Paris, Rome et Madrid.

Le modèle de présentation du miracle s'inscrit dans une longue tradition dont les éléments sont connus au 16e siècle. Backus examine quatre écrits contemporains du récit du miracle, qui ont chacun une vision très différente du miracle, de sa portée et de sa signification. C'est aussi pourquoi ils s'emploient à exploiter l'événement à des fins très diverses.

Guillaume Postel voit en ce miracle le début d'une ère nouvelle, marquée par la victoire du gallicanisme. Son amanuensis, Jean Boulaese, voit en ce miracle les moyens matériels de réaliser deux objectifs: l'édition d'une Bible en arabe et sa propre montée en influence. Christophe de Héricourt, doyen de Laon, refuse en bon diplomate d'utiliser le récit pour heurter les sensibilités huguenotes. Barthélemy de Faye, conseiller au Parlement de Paris, se sert du miracle pour faire l'apologie de Trente et promouvoir un gallicanisme plus modéré que celui de Postel.

Backus conclut qu'il ne s'agit pas ici de religion populaire mais de catholicisme intellectuel et élitiste. Elle souligne également l'importance de la doctrine eucharistique, *locus* de convergence des deux pouvoirs divins et humains, comme instrument d'apologétique.

Quatre appendices démontrent l'ampleur du travail sur les sources. La bibliographie en témoigne également. Cet ouvrage donne envie de creuser encore plus loin la question des rapports de force entre catholiques et huguenots en France dans la deuxième moitié du 16e siècle.

Paul Sanders, Nogent-sur-Marne

Heinrich Bullinger, **Briefwechsel. Bd. 6: Briefe des Jahres 1536,** bearb. von Hans Ulrich Bächtold, Rainer Henrich, Zürich: Theologischer Verlag 1995 (Heinrich Bullinger, Werke, Abt. 2, Bd. 6), 518 S., ISBN 3-290-10980-1, Ln., Fr. 170.–

Die Bullinger-Briefwechsel-Edition schreitet regelmäßig voran. Wieder wird nur drei Jahre nach dem letzten Band erneut ein stattliches Buch vorgelegt, das im Umfang (224 Briefe, davon 54 von Bullinger) noch über die anderen hinausgeht. Dabei sind an den bewährten Standards keine Abstriche gemacht worden. Es bleibt dabei, daß diese Ausgabe Maßstäbe setzt, was Sorgfältigkeit, Präzision und Benutzerfreundlichkeit betrifft. Aber all dies ist schon in früheren Rezensionen hervorgehoben worden. Wenn noch ein Wunsch geäußert werden darf, dann wäre es der, von den wichtigen Personen oder wenigstens den Korrespondenzpartnern doch noch ein kleines Biogramm oder zumindest die derzeitige Position zu erfahren, anstatt nur über das Register auf einen früheren Band verwiesen zu werden. Nicht jeder Benutzer hat alle früheren Bände zur Hand. Auch das Register könnte noch nützlicher sein, wenn es zusätzlich Bibelstellen enthielte (an ein Sachregister wagt man ja gar nicht zu denken) und auch bei den Orten die Aufenthaltsorte der Korrespondenzpartner durch Kursiv- und Fettdruck hervorgehoben würden.

Gerade der vorliegende Band sollte noch größere Aufmerksamkeit als die bisherigen finden, geht doch seine Bedeutung weit über den schweizerischen Horizont hinaus. Zwar sind immer noch die allermeisten Korrespondenzpartner in der Eidgenossenschaft beheimatet, allein der Briefwechsel mit dem Basler Oswald Myconius macht fast ein Fünftel der Briefe aus. Zwei weitere Schwerpunkte sind Straßburg (vier bislang ungedruckte Briefe von Martin Bucer, vier an ihn, dazu sieben Briefe von Wolfgang Capito und zwei an ihn) und Konstanz (insgesamt 37 Briefe von den oder an die Brüderpaare Zwick und Blarer). Sechs Briefe beleuchten das reformatorische Wirken des aus Zürich entsandten Erasmus Schmid im oberelsässischen Reichenweier. Mit dem Stuttgarter Hofrat Hans Konrad Thumb von Neuburg, dem Füssener Stadtschreiber Martin Furtenbach, dem Göppinger Lehrer Joachim Aberlin und dem Frankfurter Heinrich Sellarius sind aber auch weitere Briefschreiber aus dem oberdeutschen Raum vertreten. Dazu enthält der Band Bullingers zweiten Brief an Philipp Melanchthon vom August 1536, in dem sich der Zürcher Antistes – etwas voreilig – über die in der Abendmahlsfrage mit den Wittenbergern erreichte Einigkeit freut.

Damit ist endlich gesagt, was den Band für die theologische Forschung so überaus interessant macht. Dank der vielen bislang unveröffentlichten Schreiben läßt sich das Ringen um die Abendmahlskonkordie genau beobachten. Es beginnt mit den Vorbereitungen auf die Basler Tagsatzung von Ende Januar/Anfang Februar 1536, die die Confessio Helvetica Prior formulierte. Umstritten war vor allem die Teilnahme von Bucer und Capito, für die sich Konstanz, vor allem aber die beiden selbst einsetzten. Die Anregung, ein allgemeines Bekenntnis aufzustellen, kam von Bullinger (S. 91), der in der Abendmahlslehre allerdings die Zürcher Position zu verteidigen suchte (S. 94f). Dennoch war er zuversichtlich, eine Grundlage für die Einheit gelegt zu haben (S. 118f. 131. 149f), anders als beispielsweise Simon Grynäus oder Erasmus Ritter (S. 200. 225f). Die Teilnahme der Schweizer am geplanten Einigungskonvent in Sachsen, neben der Ratifizierung und Präzisierung der Confessio Helvetica Prior das wichtigste Thema der nächsten Monate, war lange offen. Bullingers Absage war nicht als Absage an die Verständigungsbemühungen gemeint (S. 269–272). Das gesamte zweite Halbjahr war von dem Ringen um die Annahme der zwischen Bucer und Luther ausgehandelten Wittenberger Konkordie geprägt, für die vor allem Bucer und Capito warben. Bullinger legte sich relativ früh darauf fest, die Unterschrift zu verweigern (S. 374f), versuchte aber dennoch, die Verhandlungen weiterzutreiben und die Wittenberger zum Akzeptieren der Schweizer Position zu bringen (bes. S. 400f). Ähnlich war die Hoffnung der Berner und Konstanzer. Etwas undurchschaubar ist die Haltung von Myconius. Er, der im Januar noch das größte Mißtrauen gegen Bucer geäußert (S. 64. 93) und Bullinger die ersten negativen Bewertungen der Wittenberger Konkordie übermittelt hatte (S. 353f. 362f), setzte sich plötzlich eifrig für die Zustimmung ein (S. 410. 488f. 493f), wahrscheinlich unter Druck des Basler Rates. Beeindruckend ist aber auch die Haltung von Joachim Vadian aus St. Gallen, der sich um ein besseres Verständnis der zwinglianischen Position bemüht hatte, nun aber in einem leidenschaftlichen Appell für die Unterzeichnung der Konkordie warb (S. 448–458). Ganz deutlich wird jedenfalls, daß es sich Bullinger und die anderen Schweizer mit ihrer Stellungnahme nicht leicht gemacht haben. Allerorten rang man in vielen Ansätzen um die Formulierung des Briefes, mit dem Luther zu einer authentischen Darstellung seiner Position gebracht werden sollte. In diesem Zusammenhang taucht übrigens auch erstmals der Name Calvins auf, dessen Institutio von Johannes Zwick gerühmt und dessen Auftreten auf der Berner Synode von Kaspar Megander geschildert wird.

Hinter dieser Thematik bleiben alle anderen Themen zurück. Ein wichtiger Gegenstand des ersten Quartals ist noch Berns Feldzug gegen Savoyen und die Eroberung von Genf und der Waadt, worüber vor allem Sulpitius Haller und Simon Sulzer berichten. Münsterprediger Berchtold Haller, der bislang der wichtigste Korrespondenzpartner in Bern war, ist nur noch mit einem Brief vertreten, in dem er seinen bevorstehenden Tod ankündigt. Aufmerksam registriert werden auch die kriegerischen Auseinandersetzungen zwischen Kaiser Karl V. und dem französischen König Franz I. in Italien. Erneut stellt sich das Problem der Reisläuferei, trotz Bullingers energischen Appellen. Englische

Studenten treffen in der Schweiz ein, die reformatorischen Anfänge von Heinrich VIII. werden mit viel Hoffnung betrachtet.

Neben diesen Fragen führt uns der Briefwechsel aber immer wieder auch in die Niederungen der Schweizer Lokalgeschichte. Viele Briefe enthalten die Bitte um Empfehlungsschreiben oder die Frage nach geeigneten Kandidaten für Ämter (durchaus nicht nur Pfarrämter); Bullingers Wort galt offenbar weit über Zürich hinaus. Auch als Heiratsvermittler wurde er gebraucht (S. 207f. 286–289), als Vermittler zwischen den zerstrittenen Schaffhauser Amtsbrüdern Erasmus Ritter und Benedikt Burgauer, als Seelsorger für den in seiner Amtsführung angefochtenen Frauenfelder Pfarrer Peter Rümeli. Nicht einmal die fehlerhafte Lieferung von Prägeeisen nach Konstanz blieb Bullinger erspart (S. 411–414), dazu der immerwährende Kampf um angemessene Pfarrgehälter. Literarischer Austausch tritt demgegenüber anscheinend ganz zurück; nur Johannes Stumpf übersendet Teile seiner Chronik, Thomas Platter erhält von Bullinger eine Sedulius-Handschrift. Immerhin fand Bullinger auch Zeit, seinen Kommentar zu den Paulusbriefen zu Ende zu bringen, wovon zwei Widmungsvorreden zeugen (S. 29f. 109f). Gerade in diesen Zusammenhängen ist bewunderungswürdig, wie die Bearbeiter allen Spuren nachgehen und auch bei knappsten Hinweisen fast keine Angabe unermittelt lassen müssen. So ist der Band auch eine Fundgrube für personengeschichtliche Daten und Zusammenhänge. Nicht zuletzt die Sozialhistoriker werden mit Interesse die alltäglichen Sorgen um Standesschranken bei der Eheschließung (S. 375f), Erbschaftsstreitigkeiten (S. 431f), Martinigaben (S. 486) und Ähnliches betrachten.

Der Briefwechsel dieses Jahres ist so vielfältig, daß man kaum ein Ende finden kann. Doch mit diesen Kostproben soll es genug sein. Es bleibt zu wünschen, daß der Band viele Benutzer findet und daß die folgenden ebenso mustergültig hergestellt werden.

Martin Friedrich, Hagen

Heinrich Bullinger, **Christliches Glaubensleben.** Summa christenlicher Religion 1556. Für die evangelisch-reformierten Kirchen ein Quellenbuch und Handbuch zugleich. Übersetzung Siegfried Müller, Vorwort von Jochanan Hesse, Grüsch: Limache Verlag 1995, XXIII, 229 S., ISBN 3-9520867-0-3

Heinrich Bullinger, **Summa christenlicher Religion** (Abschrift von Siegfried Müller), Grüsch: Limache Verlag 1995 (1 Diskette), ISBN 3-9520867-1-1

Bullinger wendet sich in frühneuhochdeutscher Sprache an den gemeinen Mann, um ihm ein klares und leichtverständliches Glaubensbuch zu liefern, das auf alle seine Fragen Auskunft geben und ihn zu einem christlichen Leben und Sterben zurüsten soll. Auch der Übersetzer S. Müller wendet sich nicht an den zünftigen Theologen und Wissenschafter, sondern an eine breite kirchliche Öffentlichkeit und will mit seiner Übersetzung Orientierung bieten: «Auf der Suche nach einem Post-Rationalismus, der kein bloßer Rückgriff auf den Vor-Rationalismus ist, tun wir gut daran, uns wieder an Bullinger zu erinnern», belehrt uns der Einband. Was immer das heißen mag, ich danke Müller, daß er mich auf den feinen Text Bullingers aufmerksam gemacht hat. Und ich unterstütze gern sein Anliegen, auch eine ungarische Übersetzung erstellen zu lassen. Bei allem Verständnis für die vielen Fehlerquellen und die schier unlösbaren Schwierigkeiten einer solchen Übersetzungsarbeit müssen wir aber doch mit Nachdruck größere Sorgfalt für die geplante ungarische Ausgabe anmahnen, damit sich die Mängel der deutschen Version nicht wiederholen. Es sollte, um nur ein Beispiel zu nennen, kein zweites Mal vorkommen, daß Bullingers Angabe zur Apostelgeschichte, sie beschreibe die Taten der Apostel «von den zyten Christi, biß in das 28. jar», in der Übersetzung lautet: «Das Buch ... führt von den Zeiten Christi bis in das Jahr 28.» (13) Gerade der Nichtfachmann, an den sich S. Müller richtet, verdient eine kompetente Übersetzung, da er sie selber nur schwer nachzuprüfen vermag, und einen klaren, fehlerfreien Text, an dem er Freude haben kann. [Daß kompetente Übersetzung und leichte Verständlichkeit sich nicht ausschließen, zeigt die 1995 herausgegebene Auswahl aus Zwinglis Schriften, vgl. oben S. 117. Red.].

Bekannt gemacht zu werden verdient Bullingers Schrift, und es ist S. Müller hoch anzurechnen, daß er neben der mühevollen Übersetzung für eine Computerumschrift der schwer zugänglichen Originalausgabe gesorgt hat. Bullingers Schrift bietet nicht nur eine «Summa christenlicher Religion» des 16. Jahrhunderts, sie bietet auch eine Summe protestantisch-katechetischer Weisheit ihrer Zeit. 1556 entstanden, vereinigt sie die Vorzüge und vermeidet die Mängel ihrer zahlreichen Vorgänger. Sie vermag die hohen Anforderungen, die etwa Melanchthon seit 1524 an den Glaubensunterricht stellte, weitgehend zu erfüllen. Sie übernimmt die gängige Reihenfolge der Hauptstücke: Zehn Gebote, Glaubensbekenntnis, Vater unser und Sakramente, stellt sie aber in einen größeren heilsgeschichtlichen Rahmen. Kapitel über Gott und Mensch, Sünde und Gnade und die letzten Dinge lassen die Glaubenslehre zu einer Summe werden. Alle dogmatischen Aussagen werden durch Bibelstellen belegt, und der Leser wird eifrig aufgefordert, weitere Belege nachzulesen. Eine Unterweisung über die Wahrheit der biblischen Offenbarung geht dem Buch voraus. Konfessionelle Polemik vermeidet Bullinger weitgehend. Nur bei einem Satz über die Täufer kann er nicht recht an sich halten (167). Das beliebte Stilmittel von Frage und Antwort benutzt er nur sparsam, geht aber inhaltlich immer wieder auf vermutete Fragen und Probleme seiner Leser ein. Das macht die Schrift für den Historiker besonders interessant. Offenbar bot kurz nach dem Augsburger Religionsfrieden in Zürich der Wegfall von Ablässen und Ohrenbeichte, Fastengeboten und Zölibat kein Problem mehr, wohl aber die Werkgerechtigkeit. Man bedauerte immer noch die Aufhebung der Klöster und mochte die Vorstellung, es gabe eine Sühne im Fegefeuer, nicht aufgeben. Anders lassen sich die langen und wiederholten Ausführungen Bullingers zu diesen Themen kaum verstehen. Am interessantesten aber scheint mir sein Eingehen auf Einwände eines krassen Unglaubens. Bullinger zitiert «viehische Reden» wie: Wenn der Mensch stirbt, hat er nichts zu befürchten. Denn dann ist alles aus (194).

Bullingers Glaubensbuch zeichnet sich formal durch eine klare Sprache und konzise Gedankengänge und inhaltlich durch ein unerschütterliches Gottvertrauen aus.

Christine Christ-v. Wedel, Frauenfeld

Melanchthons Briefwechsel. Kritische und kommentierte Gesamtausgabe, hrsg. von Heinz Scheible, Band T2: Texte 255–520 (1523–1526), bearb. von Richard Wetzel unter Mitwirkung von Helga Scheible, Stuttgart-Bad Cannstatt: frommann-holzboog 1995, 563 S., ISBN 3-7728-0631-7, DM 384,–

Die Edition des Melanchthon-Briefwechsels kommt zügig voran. Nach dem Erscheinen von Textband I im Jahre 1991, von Regestenband VII im Jahre 1993, liegt nun bereits der Textband II vor. Die Herstellung dieses vier Briefjahrgänge umfassenden, 266 Texte aufweisenden Werkes war, wie der Herausgeber im Vorwort ausführt, durch den vorübergehenden Einsatz der Pirckheimer-Editorin Helga Scheible beschleunigt worden; Bearbeiter Richard Wetzel konnte 130 von ihr kollationierte und im wesentlichen fertig bearbeitete Briefe übernehmen. Der Band erscheint in der im ersten Textband beeindruckend präsentierten klaren Strukturierung, mit guten Texten und reichhaltigen quellen- und textkritischen Daten (vgl. unsere Besprechung in Zwa XXI, 1994, 180–182).

Die auffallend große Zahl der edierten Dedikationsbriefe deutet es an: Das gelehrte Leben dominiert den Briefwechsel der Jahre 1523–1526. Themen wie die Universitätsreform oder die Errichtung des Nürnberger Gymnasiums bilden inhaltliche Schwerpunkte des Bandes. Gleichwohl ist auch Persönliches und Privates, vor allem aber Politisches und Reformatorisches gewichtig enthalten: die Persönlichkeiten Müntzers und Karlstadts wie auch der deutsche Bauernkrieg erregen und beunruhigen, die Dispute Luthers mit Erasmus werden für Melanchthon zur Gratwanderung.

Die zwinglische Reformation tritt kraftvoll und deutlich ins Gesichtsfeld Melanchthons [und Luthers]. Dabei zeigt sich erneut, wie verhängnisvoll sich die traumatische Erfahrung der Wittenberger mit Karlstadt auswirkt, werden doch die Vorgänge in Zürich von Beginn weg an den nicht weit zurückliegenden «Wittenberger Unruhen» gemessen. Melanchthons Freundschaft und Nähe zu Oekolampad, von dem er anfänglich einen mäßigenden Einfluß auf die zwinglischen Bilderstürmer erwartet hat, oder zu Thomas Blarer weicht schließlich einer gewissen Distanz; denn im Jahr 1525 tut sich überdies die auch für Melanchthon entscheidende Abendmahlsdifferenz zu den Schweizern auf.

Mit dem Briefband liegen nun einwandfreie Texte für einen Zeitraum vor, in dem die Reformation europaweit in ihre Wachstumsphase getreten ist, in dem sich aber auch bereits deren große innere Konflikte ankündigen. Die in Aussicht stehenden Registerbände werden den Umgang mit diesen Texten einfach machen. Immerhin erleichtern schon die dem Band beigegebenen Register der Absender und Adressaten, der Bibelstellen und der Autoren und Werke für gewisse Fragestellungen den Zugang.

Hans Ulrich Bächtold, Zug

Melanchthons Briefwechsel, Band 8: Regesten 8072–9301 (1557–1560), bearb. von Heinz Scheible und Walter Thüringer, Stuttgart-Bad Canstatt: Frommann-Holzboog 1995 (Melanchthons Briefwechsel. Kritische und kommentierte Gesamtausgabe, im Auftrag der Heidelberger Akademie der Wissenschaften hrsg. von Heinz Scheible), 470 S., ISBN 3-7728-1603-7, DM 384,–

Ce volume clôt la série des Regestes des lettres de Mélanchthon et en présente 1229. Il se termine par le Testament de Mélanchthon (n° 9300). La première chose qui frappe le lecteur est l'étonnante vitalité de Mélanchthon, au cours des dernières années de sa vie: la proportion des lettres qui sont écrites par lui reste majoritaire. Malgré son grand âge, il ne cesse d'écrire, aux grands comme aux humbles, et munit toujours avec autant de soin ses étudiants de recommandations qui seront pour eux de véritables sésames (Bullinger junior, n° 8212, Zacharias Ursinus, n° 8374). Il est en correspondance constante avec les autorités de Saxe Electorale, l'Electeur Auguste lui-même, mais aussi le personnel politique saxon, Ulrich Mordeisen, et Georg Cracow, future victime de la purge «crypto-calviniste». Les grands de ce monde sont d'ailleurs nombreux à correspondre avec le Précepteur: princes allemands, tels Albrecht de Prusse, Wolfgang von Zweibrücken, Joachim von Anhalt, Johann Albrecht de Mecklembourg, Christian III de Danemark, Philip de Hesse, les comtes d'Erbach, mais aussi Elizabeth d'Angleterre (n° 8880) et l'empereur Maximilien II (n° 8953). Parmi les humanistes, Joachim Camerarius reste jusqu'au bout un interlocuteur privilégié, tout comme Matthesius à Prague, ou Bordingus à Copenhague. Les imprimeurs ne sont pas en reste: les regestes signalent une lettre inédite d'Henri Estienne (n° 8652), une autre d'Oporin après le colloque de Worms (n° 8381).

Le lecteur est ensuite frappé de voir réunis dans ce volume des noms qui par la suite vont devenir complètement antagonistes, des correspondants de Mélanchthon qui vont s'opposer entre eux et déchirer le protestantisme pendant des décennies: on y trouve des missives de Calvin et de ceux qui se rangent derrière lui, comme Peter Melius, grand défenseur du calvinisme hongrois (n° 8147), les frères Heinrich et Eberhard Moller, Geronimo Zanchi (n° 8326), Johannes a Laski (n° 8561), Bullinger (une dizaine de lettres). Mais on y trouve aussi les noms de ceux qui deviendront leurs plus farouches ennemis: Jakob Andreae et Brenz, Johann Marbach, Michael Diler, Paul Eber, Tileman Heshusen, David Chytraeus et même François Bauduin (n° 8879).

En dix-huit ans, l'entreprise ayant commencé en 1977, toutes les lettres de et à Mélanchthon ont donc été rassemblées, scientifiquement identifiées et datées, elles ont été lues et classées, leur contenu a été résumé. C'est là un immense travail, mené rapidement et de manière exemplaire, on ne peut que le redire pour ce volume comme cela a été fait pour tous les autres. Mais pour que la communauté scientifique puisse pleinement en profiter, peut-on émettre le vœu que les éditeurs nous offrent encore un volume d'*Indices*? Celui-ci comprendrait, par exemple, un index des expéditeurs, destinataires, voire personnages cités, puisqu'ils ont tous été répertoriés dans les regestes. Car, quel que soit le rythme de travail des équipes éditoriales, et bien que l'existence de ces Regestes leur soit d'une aide inestimable, il faudra encore de nombreuses années, voire des générations, avant que les 9300 pièces inventoriées soient éditées, et qu'on puisse porter sur le Praeceptor Germaniae une appréciation scientifique nouvelle et globale. Mélanchthon écrivait à Camerarius le 19 janvier [1557] qu'il attendait la mort, et qu'il espérait à son égard un jugement plus juste de la postérité (n° 8097) que de ses contemporains. Serait-ce là une manière de réaliser ce vœu, en permettant aux spécialistes de d'exploiter sans trop attendre l'extraordinaire somme d'informations contenues dans la série maintenant complète des Regestes?

Béatrice Nicollier, Genève

Martin Bucers Deutsche Schriften, Band 9,1: Religionsgespräche (1539–1541), bearb. von Cornelis Augustijn unter Mitarbeit von Marijn de Kroon, Gütersloh: Gütersloher Verlagshaus 1995 (Martini Buceri Opera Omnia, Series I: Deutsche Schriften), 527 S., ISBN 3-579-04386-2, Fr. 209.30

Mit dem vorliegenden Buch ist der erste Band mit Beiträgen des Straßburger Reformators Martin Bucer zu den Religionsgesprächen von 1539 bis 1541 veröffentlicht worden. Das Werk gibt dem Leser einen ersten Einblick in Bucers reichliches Schrifttum über das Ringen um die kirchliche Einheit. Der hervorragende Apparat und die sorgfältigen Einführungen in die Texte durch die kenntnisreichen Bearbeiter Cornelis Augustijn und Marijn de Kroon laden zu einer vertieften Lektüre ein.

Als erstes Dokument wird der Leipziger Reformationsentwurf *(Artikel belangende dy religion)* aus dem Januar 1539 abgedruckt. Die weitgehend, aber nicht ausschließlich von Bucer zu Papier gebrachten Artikel sind die Ergebnisse von Verhandlungen mit Georg Witzel sowie mit Vertretern aus Kursachsen, Hessen und dem albertinischen Sachsen. Nur die ersten zwei Artikel betreffen eigentliche klassisch dogmatische Lehrfragen, während die übrigen Abschnitte eine Mischung aus Doktrin und kirchlicher Praxis enthalten. Gewichtige Fragen werden aus reformatorischer, aber auch aus stark reformerischer Sichtweise angeschnitten: Taufe, Buße, Konfirmation, Abendmahl, Ämterlehre, Ehrung der Heiligen als Vorbilder, vom Amt der Obrigkeit.

Der Reformationsentwurf zielte vor allem auf das albertinische Sachsen, aber die Beteiligten strebten mit Erfolg auch eine breitere Wirkungssphäre im ganzen Reich an. Am 19. April 1539 wurde nach mühsamen Verhandlungen der sogenannte Frankfurter Anstand abgeschlossen, laut dem der Kaiser auf den 1. August zu einem Religionsgespräch nach Nürnberg auf der Basis des Leipziger Reformationsentwurfes einladen sollte. Die Korrespondenzen einiger Bischöfe und Politiker zeigen, daß sie sich über den Leipziger Reformationsentwurf, zusammen mit dem geplanten Ausschluß des Papstes vom Nürnberger Reichstag, große Sorgen machten. Doch der Reichstag fand nicht statt, weil namentlich die streng lutherische Seite sich gegen das Werk stellte und auf die Confessio Augustana pochte.

In den Verhandlungen für den Frankfurter Anstand (Februar bis April 1539) spielte das Religionsgespräch eine untergeordnete Rolle, denn im Vordergrund stand die politische Frage, ob die Schmalkaldener in Zukunft neue Mitglieder in ihr Bündnis aufnehmen dürften. Die hartnäckigen Parteien einigten sich auf einen kaum durchschaubaren Kompromiß. Bucer war über das Ergebnis aufgebracht und ließ in Briefen seiner Wut freien Lauf. Die in Frankfurt anwesenden Theologen wurden zweimal eingeladen, ein Gutachten über die Beschränkung bzw. über das Verbot der Aufnahme neuer Bundesmitglieder Stellung zu beziehen. Zwei abgedruckte Gutachten sind vermutlich von Bucer verfaßt worden.

Es folgt ein *Consilium Bucerj* aus dem Winter 1539/40, das sich eng an den Leipziger Reformationsentwurf anschließt. Bucer geht die Frage der Kirchengüter an und fordert eine klare personelle Trennung von Seelsorge und Kirchengüterverwaltung, damit die Seelsorge nicht leide. Im Gutachten *Der gelerten bedencken Der kirchengueter halben* (9. März 1540) bietet er wenig neue Argumente. So distanziert er sich von altgläubigen Positionen und warnt vor der Habgier der eigenen Obrigkeiten. Die Schrift ist, wie die Editoren schreiben, aufgrund der Bedeutung der Kirchengüterfrage für die Religionsverhandlungen aufgenommen worden; namentlich die Hagenauer Unterredungen litten unter dieser Verzahnung der beiden Problembereiche.

Bucer war im Mai 1540 beunruhigt über den bevorstehenden Reichstag in Hagenau (Juni bis Juli 1540) und ahnte Schlimmes. Er fürchtete sich vor einem Angriffskrieg katholischer Fürsten und wollte deshalb die Verhandlungen weiter vorantreiben. In einer kurzen, flüssig geschriebenen Propagandaschrift *An statui / Vom tag zu Hagenaw Zwen Sendbriefe* (Juni 1540) vertrat der Reformator seine Auffassungen über die Notwendigkeit des Konvents und über dessen Aufgaben. Der Form nach besteht die Flugschrift aus zwei Briefen. Darin wird die törichte, kriegshetzerische Meinung mit den besonnenen, realitätsbezogenen Erwägungen eines Kanonikers kontrastiert. Die Machtposition des Schmalkaldischen Bundes und der unsichere Kriegsausgang raten von Sturheit ab. Als Ziele werden darum vom Kanoniker die *reformatio* der Kirche und das Nationalkonzil gefordert. Die theologischen Gespräche werden als Teil dieser Beratungen in Vorbereitung eines Nationalkonzils gesehen.

Daß die Komposition nicht zu Bucers Stärken gehört, ist leidlich bekannt; das trifft auch für das sehr umfangreiche Werk *Per quos steterit / Vom tag zu Hagenaw* (September 1540) zu. Der Anlaß zur Anfertigung dieser Schrift war neben den Auseinandersetzungen mit den Hagenauer Ereignissen die Publikation *Gesprech aines Hoffraths mit zwaien Gelerten...* des Beisitzers des Reichskammergerichtes, des altgläubigen Konrad Braun. In einem Rückblick legt Bucer die Verhandlungen des Augsburger Reichstages 1530 über den Frankfurter Anstand 1539 bis hin zum Hagenauer Reichstag 1540 dar. Daß der letzte Reichstag scheiterte, hänge allein mit den Altgläubigen zusammen. Die Enttäuschung hinsichtlich der jüngsten Vergangenheit geht mit Befürchtungen über die Zukunft einher. Trotz der gelegentlich pessimistischen Stimmung blickt der Theologe, aufgrund der geknüpften Kontakte, in seiner Schrift eher optimistisch in die Zukunft. Im dritten bis sechsten Teil stellt Bucer die Frage, ob Glaubenssachen auf weltlichen Reichstagen verhandelt werden können. Die Befugnis, die Art, die Rechtmäßigkeit, das Einberufungsrecht und die Teilnehmer eines Konzils werden debattiert. Schließlich verteidigt Bucer im siebten Teil gegen altgläubige Auffassungen die Laien als gleichwertige Konzilsteilnehmer. Nach der Meinung des Straßburgers sollten nur die Protestanten am Nationalkonzil teilnehmen, denn sie seien keine Ketzer oder Schismatiker, während die Altgläubigen vom richtigen Weg abgekommen seien. Mit einem Plädoyer für den Frankfurter Anstand beendet Bucer seine Schrift.

In geheimen Unterredungen anläßlich des Wormser Religionsgesprächs (November/Dezember 1540) wurde anstelle des Leipziger Reformationsentwurfes eine neue, wesentlich umfangreichere Grundlage für die Verhandlungen des Regensburger Reichstags (April 1541) von Martin Bucer und Wolfgang Capito einerseits, von Johannes Gropper und Gerard Veltwijck andererseits ausgearbeitet: das *Wormser Buch* (lateinische und deutsche Ausgabe

1540/41), das wie *Per quos steterit / Vom tag zu Hagenaw* ungefähr ein Drittel des vorliegenden Bandes ausmacht. Das *Wormser Buch* behandelt die christliche Lehre nicht als eine Einheit (keine Gotteslehre und Christologie!), sondern nur die kontroversen Punkte: die Rechtfertigungslehre, die Ekklesiologie, die Sakramentenlehre, das kirchliche Brauchtum und die Kirchenzucht. Somit weist das *Wormser Buch* eine klare Tendenz auf: *Die Verfasser beabsichtigen, die strittigen Lehren Punkt für Punkt zu prüfen, eine Lösung der Schwierigkeiten darzubieten und, insofern eine Übereinstimmung nicht herbeigeführt werden kann, die unterschiedlichen Standpunkte und Bräuche als vereinbar darzustellen. Eine derartige Zielsetzung führt zu einer fragmentarisierenden Behandlungsweise der Differenzen* (S. 327). Der Aufbau des *Wormser Buches* ähnelt dem Leipziger Reformationsentwurf. Die ausführliche Rechtfertigungslehre wird an die erste Stelle gerückt; daran anschließend wird das kirchliche Leben bedacht. Die *notae ecclesiae* sind die Verkündigung, die Sakramente und das Band der Liebe, wobei bezeichnenderweise nahtlos zum hierarchischen Aufbau der Kirche übergegangen wird. Allgemein werden die kirchlichen Strukturen und Denkweisen nicht grundsätzlich in Frage gestellt, sondern diese sollten in erster Linie von allen Mißbräuchen befreit werden. Zu den Sakramenten werden daher ganz klassisch – anders als im Leipziger Reformationsentwurf – Taufe, Konfirmation, Abendmahl (bzw. Eucharistie), Ehe, Buße, (Priester-)Weihe und letzte Ölung gezählt. Anschließend werden strittige Themen verhandelt wie Heiligen- und Bilderverehrung, Messe und Kirchenzucht. Insgesamt atmet das Werk einen altgläubigen, reformgesinnten Geist, der einige Konzessionen an die protestantische Seite macht. So sind der Leipziger Reformationsentwurf und das *Wormser Buch* trotz einiger Parallelen in ihrem Wesen ziemlich verschieden. Sicherlich ist das nicht zuletzt auch auf die unterschiedlich reformfreudigen Verhandlungspartner Bucers zurückzuführen. Während der Leipziger Gesprächspartner Witzel sich an einer radikaleren Reform orientierte, wollte Gropper die durch die Reformation angegriffene Kirche mit Reformen stärken und verteidigen.

Der Herausgeber dieses Werkes, Cornelis Augustijn, hat in seinem bemerkenswerten Aufsatz: Bucer's ecclesiology in the colloquies with the Catholics, 1540-41 (David F. Wright (Hrsg.), Martin Bucer. Reforming church and community, Cambridge 1994, S. 107–121) in Hinsicht auf *Per quos steterit / Vom tag zu Hagenaw,* dem *Wormser Buch* und den *Acta colloquii* (nicht abgedruckt) die Frage gestellt, ob man nicht von zwei Ekklesiologien Bucers sprechen sollte. Die bereits reformierten Kirchen, also auch die von Bucer geprägte Straßburger Kirche, verkörperten eine temporäre Ekklesiologie und seien trotz aller ergriffenen Maßnahmen provisorische Kirchen, die sich im Experimentierstadium befänden; hingegen betrachte der Elsässer Reformator die in den Religionsgesprächen erarbeiteten Maßnahmen für die deutschen Kirchen als definitiv. Oder hat man mit Gottfried Hammann (Martin Bucer. Zwischen Volkskirche und Bekenntnisgemeinschaft, Stuttgart 1989) diese ekklesiologischen Ambivalenzen in der Person und Theologie Bucers zu suchen? Die Forschung wird diesen Fragen noch genauer nachgehen müssen, deren Beantwortung aber dank dieser vorzüglichen, modernen Quellengrundlage um vieles erleichtert wird.

Andreas Gäumann, Göttingen

The Essential Carlstadt. Fifteen tracts by Andreas Bodenstein (Carlstadt) from Karlstadt, transl. and ed. by E(dward) J. Furcha, Waterloo, Ontario; Scottdale, Pennsylvania: Herald Press 1995 (Classics of the Radical Reformation 8), 449 S. (Ill., Porträt, Karte), ISBN 0-8361-3116-9, US-$ 49,95

Über Andreas Bodenstein (1486–1541), genannt Karlstadt, sind in den letzten zwei Jahrzehnten zwar mehrere Bücher geschrieben worden, die zur Erforschung von Leben und Werk des lange Zeit unbeachteten Reformators Neues beigetragen haben, doch konnte eines bislang nicht geleistet werden: die Herausgabe der Schriften Karlstadts in einer kritischen Gesamtausgabe. Wer sich mit Karlstadt beschäftigt, ist in der Regel immer noch auf die schwer zugänglichen Originaldrucke angewiesen. Außer den schmalen Bändchen der von Erich Hertzsch in den Jahren 1956/57 besorgten Ausgabe von acht Schriften aus den Jahren 1523–1525 gibt es bislang keine Publikation einer repräsentativen Auswahl der Schriften Karlstadts. Um so erfreulicher ist es, daß der kanadische Reformationshistoriker Edward J. Furcha sich die Aufgabe gestellt hat, fünfzehn Schriften Karlstadts in englischer Übersetzung herauszugeben. Auf diese Weise wird die englisch sprechende Leserschaft mit einer Quellenausgabe überrascht, wie sie dem deutschen Leser in vergleichbarer Form noch nicht zur Verfügung steht.

Ausgewählt wurden vierzehn Schriften Karlstadts aus dem Zeitraum 1520–1525, ergänzt um die von Calvin A. Pater entdeckte und 1974 in der ZWINGLIANA edierte Predigt Karlstadts über die Menschwerdung Christi, die Karlstadt zum Abschied seines Aufenthaltes in Zürich 1534 gehalten hat. Offenbar hat die oben erwähnte Ausgabe von Hertzsch orientierend gewirkt bei der Auswahl. Von den darin enthaltenen acht Traktaten wurden sieben übersetzt, wobei der Text von Hertzsch als Vorlage für die Übersetzung verwendet wurde. In den meisten Fällen wurde jedoch mit den Originaldrucken verglichen. Die Orientierung an der Ausgabe von Hertzsch hat den Vorteil, daß dem Leser auf diese Weise die entsprechenden Vergleichstexte leichter zugänglich sind. Hertzsch hatte außerdem bei der Auswahl eine glückliche Hand bewiesen, die theologisch bedeutendsten Texte der Jahre 1523–1525 zusammenzustellen, die sowohl Karlstadts eigene Theologie und seine Position in der Auseinandersetzung mit Luther als auch die Vielfalt der literarischen Gattungen (Predigt, Traktat, Sendbrief, Dialog) gut präsentierten. Allerdings gibt es auch Gründe, die Prinzipien der vorliegenden Quellenauswahl zu hinterfragen, da im Titel der Anspruch formuliert wird, daß mit diesen Texten die «Essenz» der Theologie Karlstadts erfaßt sei («the Essential Carlstadt»). Dies muß bezweifelt werden, da ausschließlich der «deutsche» Karlstadt übersetzt wurde. Bei der Übersetzung der Schrift «Von Gelübden Unterrichtung» (1521, Nr. 3) hätte es sich angeboten, auf die frühere lateinisch abgefaßte Version «De coelibatu» zurückzugreifen. Auf jeden Fall sind im Blick auf den «ganzen» Karlstadt dessen akademische Schriften unterrepräsentiert. Aber noch ein anderes Gefälle bestimmt die Auswahl: Nur die ersten drei Texte fallen in die Zeit vor dem Bruch mit Luther, wenn die Schrift gegen die Bilderverehrung vom Januar 1522 bereits mit zu den Texten gezählt wird, die den Konflikt mit Luther provoziert haben. Der «Essential Carlstadt» ist aus der Sicht des Übersetzers und Herausgebers also vornehmlich der Karlstadt nach 1522, der im Streit mit Luther neue Einsichten gewann und sich verstärkt der deutschen Mystik zuwandte, nicht jedoch der Professor, der 1519 neben Luther in Leipzig disputierte und akademische Streitschriften zur Verteidigung der «Wittenberger» verfaßte. Die Quellenauswahl wird also zwangsläufig das Bild vom «radikalen» Reformator stärken (vgl. auch den Reihentitel!).

Einer knappgehaltenen Einleitung folgt die Übersetzung von fünfzehn Schriften Karlstadts in chronologischer Anordnung (die Reihenfolge der Traktate stimmt jedoch nicht in allen Fällen, wenn man vom Datum der Abfassung bzw. Datierung der Vorreden ausgeht: Nr. 3 müßte vor Nr. 2, Nr. 5 vor Nr. 4 und Nr. 8 vor Nr. 6 geordnet werden). Nicht immer wurde der Erstdruck als Grundlage für die Übersetzung verwendet. Jedem Text ist eine kurze Erläuterung vorangestellt; die in einem Anmerkungsteil beigegebenen Erläuterungen bleiben auf ein Minimum beschränkt. Als Anhang ist die Übersetzung einer Vorrede Luthers abgedruckt (zu Nr. 14: WA 18, 436–438). Erschlossen wird der Band durch Register der Personen- und Ortsnamen, der zitierten Bibelstellen und durch ein Sachregister. Die beigegebene Bibliographie hat den Nachteil, daß die übersetzten Schriften nur mit einem Kurztitel angezeigt werden, so daß der Leser an keiner Stelle die vollständigen Originaltitel erfährt.

Die Übersetzung selbst ist Zeugnis der Kompetenz und der Erfahrung von Edward J. Furcha im Umgang mit frühneuhochdeutschen Texten. Der Herausgeber hatte sich bereits früher durch die Übersetzung von Schriften Zwinglis und Dencks Verdienste erworben. Diese Erfahrungen sind der vorliegende Ausgabe zugute gekommen. Es war das erklärte Ziel des Herausgebers, eine Übersetzung getreu dem Originaltext zu erstellen. Die Bemühung des Übersetzers um die richtige Wiedergabe des Textes begleitet den Leser bis hinein in die Anmerkungen, wo schwer verständliche Stellen erläutert oder verschiedene Möglichkeiten der Übersetzung dokumentiert sind. Besondere Formulierungen der Originalvorlage wurden an verschiedenen Stellen im Haupttext in Klammern ergänzt. Der Übersetzer war bestrebt, bei zentralen Begriffen (z. B. «Gelassenheit») die Bedeutungsnuancen durch eine Vielfalt von Synonyma wiederzugeben (S. 407, Anm. 3). So verdient die Leistung des Übersetzers Anerkennung, zumal die Textvorlagen der Originaldrucke eine Vielzahl von Deutungsproblemen enthalten.

Allerdings ist auch nicht zu übersehen, daß das Fehlen einer kritischen Textausgabe die Übersetzung negativ beeinflußt hat. Dies kann zwar dem Übersetzer nicht angelastet werden, doch muß gefragt werden, ob sich nicht einige schwerwiegende Fehler hätten vermeiden lassen. So wird der Text einer Flugschrift geboten (Nr. 5), die außer Karlstadts Sendbrief vom 5. Januar 1522, in dem er seine Eheschließung mit Anna von Mochau öffentlich ankündigte, noch weitere Texte enthält, die nicht von Karlstadt stammen. Dazu gehört die deutsche Übersetzung der lateinisch abgefaßten Beschlüsse des in Wittenberg am 6. Januar 1522 abgehaltenen Generalkapitels der Augustinereremiten. Eine Anmerkung erweckt den falschen Eindruck, als habe der Leser einen Karlstadttext vor Augen (S. 132 und 406, Anm. 5). Die historische Einordnung und Kommentierung dieses Textes ist völlig ungenügend. Anstatt der wenig hilfreichen Hinweise auf Zwinglis Position zur Frage von Priesterheiraten, die für Karlstadt zu diesem Zeitpunkt in keiner Weise relevant gewesen ist, wäre es besser gewesen, wenigstens anmerkungsweise hinzuweisen auf Karlstadts Eintreten für Priester, die wegen ihrer Heirat verfolgt wurden. Die in diesem Zusammenhang verfaßten Schriften und Briefe Karlstadts werden nicht erwähnt. In der Form, wie dieses Sendschreiben Karlstadts dargeboten wird, ist die Brisanz der Frage und Karlstadts Rolle als engagierter Propagator der Priesterheiraten nicht hinreichend deutlich. Am Beispiel dieses Textes sei noch auf ein weiteres Problem hingewiesen: Die Titel stimmen nicht immer mit dem jeweiligen Originaltitel überein. Im vorliegenden Fall (Nr. 5) handelt es sich um einen doppelten Titel («Sendbrieff. D. Andree Boden: von Carolstadt meldende seiner Wirtschafft. || Newe geczeyt vonn pfaffen vnnd mönchenn czu Wittemberg außgangen»), der in der englischen Übertragung nicht mehr wiederzuerkennen ist («Circular Letter by Dr. Andreas Bodenstein from Karlstadt Regarding His Household Recently Sent Out from Wittenberg About Priests and Monks»). Bei dem Titel der Schrift «Missive von der allerhöchsten Tugend Gelassenheit» (Nr. 1) hätte besser das Wort «circular letter» (als Übersetzung von «Sendbrief»/«Missive») verwendet werden sollen anstelle von «tract». Leider enthalten die Erläuterungen auch zahlreiche Fehler bei den historischen Angaben. Aus Platzgründen können nur einige Beispiele genannt werden: die falsche Datierung der Schrift Nr. 8 (S. 410, Anm. 41); der Leipziger Theologieprofessor und Gegner Karlstadts heißt nicht «Hans», sondern «Hieronymus» Dungersheim aus Ochsenfurt (S. 405, Anm. 8). Die Datierung von Karlstadts Predigt «Von den zwei höchsten Geboten ...» mit «März» 1523 ist nicht belegt (S. 229). Die Schrift «Von manigfeltigkeit ...» (Nr. 8) wurde nicht in Straßburg, sondern in Köln zuerst gedruckt (S. 408, Anm. 42). Die Rezeption der Schrift «De imitatione Christi» des Thomas von Kempen ist für Karlstadt nicht nachgewiesen (vgl. S. 27).

Der Hinweis auf diese Mängel soll jedoch die Leistung der Übersetzung nicht schmälern. Da das Fehlen einer hinreichend kommentierten textkritischen Ausgabe als Vorlage durch einen Übersetzer nicht kompensiert werden kann, stellt sich in solchen Fällen nur die Frage, ob diesem Defizit wenigstens durch eine ausführlichere Kommentierung entgegengewirkt werden kann. Deshalb sei für die geplante Übersetzung und Ausgabe der Abendmahlsschriften Karlstadts durch E. J. Furcha in Zusammenarbeit mit C. A. Pater (angekündigt S. 20) der Wunsch angemerkt, bei diesem Vorhaben konsequent vom Erstdruck auszugehen und mit kommentierenden Erläuterungen nicht zu sparen. (Wegen des Anfang Juli 1997 erfolgten Tods von Edward J. Furcha wird dieses Projekt kaum mehr verwirklicht. Red.)

Rezeptionsgeschichtlich bemerkenswert ist die Tatsache, daß die erste größere Karlstadtausgabe als Übersetzung und jenseits des Ozeans erschienen ist. Insofern ist das Erscheinen dieses Buches ein Ereignis, das zu denken gibt.

Hans-Peter Hasse, Leipzig

Karin Maag, **Seminary or University?** The Genevan Academy and Reformed Higher Education, 1560–1620, Aldershot: Scholar Press 1995 (St Andrews Studies in Reformation History), 210 p., ISBN 1-85928-166-4, £ 46,–

On the basis of a careful examination of manuscript sources at Bibliothèque publique et universitaire, Geneva, the Archives d'Etat de Genève, and the Staatsarchiv, Zürich, Karin Maag has produced a welcome analysis of Geneva's place among centers of higher education in the Reformed camp between 1559/60 and 1620. The volume appears in the St Andrews Studies in Reformation History, a series which incidentally is quickly establishing itself through its significant contributions to our understanding of institutions and events in the early modern period of European religious history.

The volume has seven chapters, an Introduction and a Conclusion. Several charts throughout the text provide graphic illustrations of the author's findings. A brief Appendix gives a list of the Academy professors during the period of the study and their respective term of office. A Working Bibliography and a General Index complete this carefully researched work.

In the first three chapters of the volume Maag gives particular attention to the Genevan Academy from its inception, through years of crisis and partial solutions up to the year 1620. In chapter one the author traces changes in the educational system of Geneva. She shows that John Calvin provided a major impetus through his ecclesiastical ordinances of 1541, and how some educational innovations were realized in Geneva between 1559 and 1572. Calvin's successor, Theodor Beza, is given his due for his contribution to Geneva's schola publica and for the particular changes he introduced. Among the expansions of the original vision for the Academy was the introduction to the curriculum of the teaching of law and medicine (since 1565).

Chapter two deals with mounting crises in the period between 1572 and 1585, precipitated by the St. Bartholomew's Day massacre in August 1572, and heightened by the Plague, the lack of adequate funding to attract first-rate professors, and a dearth of students from outside of Geneva.

As the author shows in chapter three, increased problems were partially resolved, thus allowing Geneva's schola publica to hold its own as an academy which espoused Calvinist notions in preparing future leaders in a variety of disciplines.

Having carefully examined relevant primary sources the author concludes convincingly that the place of the Academy was perceived differently by Calvin, the Genevan clergy, and many of the native Genevans. Whereas the clergy seemed to have aspired to establishing an exemplary training centre to educate Protestant ministers, Genevan laity sought to improve educational facilities for a wider public. Such ambitions may have secured funds for the Academy, but they also polarized somewhat the initial aims and objectives of the Academy and contributed at times to tensions in the choosing of suitable professors and in the curricular direction to be followed.

In chapters four to seven the author draws comparisons and points to contrasts between the Genevan Academy and France, Heidelberg, Zurich and Leiden. Her readers are made aware that Geneva's schola publica had in the end become more than a Latin school, but was not as yet able to compete with the established universities of the day. However, for mostly Genevan natives in "the later Reformation period" the schola publica offered, in the author's view, an innovative option for those seeking higher education.

Edward J. Furcha †, Montreal

Register

von Doris Klee Gross

Personenregister

Ortsregister

Bibelstellenregister